中国魏晋南北朝史学会会刊

中国魏晋南北朝史学会 编

第一卷

广西师范大学出版社
·桂林·

图书在版编目（CIP）数据

中国魏晋南北朝史学会会刊. 第一卷 / 中国魏晋南北朝史学会编. —桂林：广西师范大学出版社，2020.7
ISBN 978-7-5598-2670-1

Ⅰ. ①中… Ⅱ. ①中… Ⅲ. ①中国历史－魏晋南北朝时代－丛刊 Ⅳ. ①K235.07-55

中国版本图书馆 CIP 数据核字（2020）第 036812 号

广西师范大学出版社发行
（广西桂林市五里店路 9 号　邮政编码：541004）
　网址：http://www.bbtpress.com
出版人：黄轩庄
全国新华书店经销
北京盛通印刷股份有限公司印刷
（北京经济技术开发区经海三路 18 号　邮政编码：100176）
开本：787 mm ×1 092 mm　1/16
印张：19.25　　　字数：260 千
2020 年 7 月第 1 版　　2020 年 7 月第 1 次印刷
定价：88.00 元

如发现印装质量问题，影响阅读，请与出版社发行部门联系调换。

本刊编委会（以姓氏笔画排列）：

王　欣　　张学锋　　张荣强　　尚永琪　　范兆飞

章义和　　楼　劲　　戴卫红　　魏　斌

本卷主编：魏　斌

本卷助理编辑：刘　莹

复刊感言

楼 劲

中国魏晋南北朝史学会自1984年11月成立起，即决定编印《魏晋南北朝史研究通讯》(以下简称《通讯》)。1984年11月9日举行的学会首届理事会第一次会议，明确了《通讯》由时任副秘书长的童超先生负责，会议《纪要》上还专门说明其"暂为打印。不定期。今后有条件时改为铅印定期出版"。直至2004年，《通讯》共刊行了十八期，从1986年第三期开始，改油印为铅印，大体上每年1期(1999—2000年空缺)，但仍非正式出版物。1990年第六期至1992年第八期《通讯》的封面页下，标有"准印证"号：Z1541-900541，是其获准成批印刷内部发行的凭据。2001年第十六期至2004年第十八期署有本期责编单位名称，这表明进入新世纪后，《通讯》已不再由学会秘书处一力编辑，而是由其协调相关单位轮流负责《通讯》编务。

1984—2004年刊行的总共十八期《通讯》，包括了各年度研究讨论的热点、重要专题的学术综述、海内外学术动态与交流、书讯书评、重要研究团队的介绍与已故前辈纪念、学会工作及学术会议纪要等栏目和内容。这些都为海内外同仁的魏晋南北朝史研究提供了丰富信息，成为这二十年相关学术史的重要一笔。作为中国魏晋南北朝史学会的窗口刊物，《通讯》在学会发展史上自然具有值得被永远铭记的意义，并为我们今天继其统绪，弘其精神，实现其开创之际所明确的定期出版之志垂示了范则。自2019年诸位同仁筹划《通讯》复刊、定名、编辑、出版等各项事宜，到现在呈于读者面前的《中国魏晋南北朝史学会会刊》(以下简称《会刊》)第一卷,既是遵循、落实《通讯》所示轨辙成式的成果,更是一年多来相关编辑人员尤其是本卷主编魏斌先生续此创拓而辛勤工作的结晶(写下这些文字时,魏斌及本卷有些作者正为抑制新冠病毒疫情被困武汉城中),并始终得到广西师范大学出版社汤文辉、乔祥飞诸位先生的支持、指导,在此谨向他们表示崇高的敬意和衷心的感谢!

  从《通讯》刊行至第十八期止,到现在的《会刊》第一卷出版,这十五六年的魏晋南北朝史研究和学会状态均在随时代演进而日新月异。研究队伍新锐辈出,新资料、新领域陆续涌现和开拓,网络、数据库等工具、技术不断翻新,新的研究方法和观点丛至叠出,学会工作亦明显变化发展。这种状态或易引人联想到上个世纪中国史学呈现的一波又一波新潮,但稍作比较即可明白,上世纪发生的那几波大潮均在时代社会巨变之时掀起,在众制锋起而源流间出的新思新见中有其关注焦点,也在很大程度上解决了各家论说所共同面对的核心问题。当然在此层面之下作为其余波流绪而存在的,也有因外来思潮逐次影响,治学为文后出转精,前贤老去而中坚轮兴等进程所导致的新旧更替。以此衡之,近年以来包括魏晋南北朝史研究领域在内的学术新现象和新趋势,似应归为上述后一层面的事态,其主要还是上世纪80年代成长起来的学者逐渐退出研究一线的更新换代所致,而又有其特定背景。

  对于这些新现象和新趋势,在改革开放四十年和中华人民共和国成立七十年相关领域发展状态的总结瞻望中多有涉及。当前所未有的学术条件与同样前所未有的学术管理交相聚合,又值世风所煽人心浮动,知识分子品性退化而年轻学者处境艰窘亟思求变,这势必会使学界的更新换代出现特定态势,更不必说上一代学者的优长和局限均极为突出,一代新人亦自有其成长过程所染色调,遂使诸多新名新相尤其显得异彩纷呈。也正因为起于学界代际更替之际,目前出现的新局面,虽不像20世纪历次史学大潮那样,具有响应时代巨变的核心问题和截断众流的里程碑意义,而是承上一波大潮之余,各擅其长地在感兴趣的领域展开更为细密和规范的探讨,却仍可肯定其必将产生的长远影响。当此之时，同仁之间既甚期待其在学术滩头留下更多足供后人拾撷磨洗的可珍之宝，也就切忌取法乎下，自小其局，而须破除藩篱，秉持大道，开阔心胸，以君子之风共相策励，以有助于学术共同体的健康发展。

近年我曾多次申论创新求异蔚为风气之际，学界同仁深思继承与发展之道的空前重要。这一方面是考虑到现代中国不能不在不断变革中前行的特定历程，使得史学等人文社科领域经常处于批判过去而鄙弃保守的激进状态，学术的新陈代谢也就呈现了讨论主题屡经变换，研究方法反复更替，重点领域大幅转移，重起炉灶过多而沉潜积累偏少，面上的开拓探索远远超过逐层深入研究等态势。但前人业已揭示、触及的长时段历史问题，却只能在持续接力的研究讨论中方可逐渐廓清和推进认识。另一方面，这也是深感中古史界同样身处以往历次大潮相继形成的惯性之下，对其得失、局限和所存问题却迄今尚乏反思总结。尤其是经几十年来的风云际会和讨论积累，当今学者实已可在新的基础上进一步阐发清末以来几代学人在中古史上先后揭橥的不少历史头绪，解决其在文化、种族、经济、政治等多个方向上成果累累，却因学派相异、脉绪断续而彼此常有滞碍难通，又大体皆属同一层面的草创初拓而待深入展开、验证等一系列问题。也正有鉴于此，我觉得当前及今后一段时间的中古史界，已尤其需要总结中国现代史学发展的经验教训，深思以往几代学者筚路蓝缕的轨辙，珍惜其各阶段中人同此心的问题聚焦和所获成果，清理其对古代史学传统的爱恨交集和断续节点，从而把当下改弦更张、另辟蹊径的创新求异过程，真正建立在综诸前人研究之积累，拓展既往讨论之前沿，增进衔接旧识之新知，培扶古今相通之学脉的起点上。如果说这一事业在以往常因形格势禁而仅凤毛麟角，难以成为众人之识，那么其现在所具继往开来的种种可能、必要和条件，应当说涓流成河，适其时也。

因此，我不仅希望承《通讯》而兴的《会刊》，能够秉持及时全面、足供参考、无可替代的标准，以详实准确超越网上信息，以专业视野胜于一般刊物，以特色专题开扩研究前沿，以学术批评推进学风建设；更期待从事有关综论述评的各位《会刊》作者，在观察思考各领域发展态势之时，尤当纵览中国现代学术史和海内外中古史研究的脉绪流衍、成败得失，充分意识到当下我们已再次处于明辨慎择、知所归向的重要路口，使《会刊》诸文足以匡济同仁，引领风气，见证时代，非惟有益一时，且为不朽之业。

2020年2月9日

目 录

复刊感言 / 楼　劲　　　　　　　　　　　　　　　　　　　　1

第一部分　2018年度魏晋南北朝史研究

中国大陆 / 刘亚光　石　青　唐　普　　　　　　　　　　　3

台湾地区 / 林牧之　　　　　　　　　　　　　　　　　　　31

日　本 / 永田拓治著　刘　莹译　　　　　　　　　　　　　43

欧　美 / 姜虎愚　　　　　　　　　　　　　　　　　　　　52

传统的积蓄、深化与新可能性的探索
——韩国魏晋南北朝史研究的回顾与展望 / 赵晟佑　　　　62

第二部分　专题综述

秦汉三国户籍制度研究综述 / 崔启龙　　　　　　　　　　　77

中古士族研究的推进与展望——近年中古士族研究评介 / 权家玉　　118

二十年来的十六国史研究 / 周　莹　韩　旭　　　　　　　138

南朝高等级墓葬研究述评 / 莫　阳　　　　　　　　　　　186

南北朝墓志著录源流述略 / 王连龙　丛思飞　207

梁元帝《职贡图》研究综述 / 米婷婷　261

第三部分　书　评

《嬗变、趋同及比较：北朝后期民族认同及区域文化研究》述评 / 王　欣　285

别开生面、后出转精
——佐川英治《中国古代都城的设计和思想——圆丘祭祀历史的展开》读后 / 韦　正　290

编辑后记 / 魏　斌　297

【第一部分】2018年度魏晋南北朝史研究

2018年，国内外魏晋南北朝史研究出现了不少重要成果，不同国家和地区的相关研究展现出多元的研究视角，各具特色。今特邀国内外相关领域学者，就2018年中国大陆及台湾地区、日本、韩国以及欧美研究成果进行介绍，以观其大要。韩国学者赵晟佑先生在总结2018年成果的同时，还梳理了2000年以来韩国魏晋南北朝史研究的脉络，对了解韩国学界的学术发展颇有助益。

中国大陆

刘亚光　石　青　唐　普

一、三国西晋

较之秦汉时期，魏晋南北朝在政治、经济、思想文化、宗教信仰等诸多方面有较大变革。作为该时期的开端，三国、西晋不仅继承了前代制度与文化遗产，更是引发后世诸多的历史现象，许多后期关注的问题，如禅让易代、新礼制定、士族群体、城市与村落、南方人群族属以及佛、道教等均肇始于此。就20世纪的研究看，社会性质、社会经济、三国政治、西晋政争是此断代的核心议题。[①]近年来，受到材料限制及问题意识转变的影响，充分考证传统史料的生成背景、变化过程，更多地运用碑石、出土文献等新鲜材料，讨论社会基层状况与日常生活，是三国、西晋历史研究的新方法与新问题，这在2018年多篇研究成果中均有体现。下面结合具体论文，做一回顾。

政治集团与阶级升降，是陈寅恪先生较早引入中古政治史的分析框架。这种研究方法能够清晰地展示时代演进的特定线索，然宏大而线性的叙事，会掩

---

① 曹文柱、李传军：《二十世纪魏晋南北朝史研究》，《历史研究》2002年第5期。

盖诸多历史细节，①使我们无法认清时代面貌。逐渐告别线性叙述，遵循材料内在的叙事逻辑，是当前三国、两晋政治史研究的新鲜视角。②

从2018年的成果看，多篇论文以具体事件的细节考证入手，摆脱线性叙事，努力复原三国、西晋的政治变局。黄兆宏《步阐叛乱探微》（《西北师大学报》社会科学版，2018年第5期）③深入孙吴凤凰元年（272）步阐反叛投敌之事，指出此举打破了晋、吴两国于荆州的均势，加速了孙吴灭亡。步氏家族同江东世家大族的利益共同体受到孙皓威胁，是步阐叛乱的政治背景。杨恩玉《山涛、羊祜与晋武帝朝之政争》（《史学月刊》第4期）反思了羊祜与山涛的政治立场，认为二人并非反对贾充的领袖和首脑。晋武帝朝所谓奸佞派与忠直派的斗争，源于彼此政治立场之迥异。顾江龙《太康十年分封与杨骏的兴灭》（《华东师范大学学报》哲学社会科学版，第4期）关注到晋武帝太康十年（289）再度分封、改制之事件。晋武帝的分封制度，实乃西周五等之制的进一步发展，既受到儒家理想的强烈影响，又包含振作皇权、维系惠帝和太孙储位的实际需求。吕宗力《谶纬与曹魏的政治与文化》（《许昌学院学报》第3期）指出，虽然曹魏政权禁绝谶纬，但旧有政治文化传统仍具有巨大影响力。谶纬说辞在汉魏禅代合法性论证过程中，仍扮演重要角色。关于魏晋禅代问题值得一提的是，华喆《高贵乡公太学问〈尚书〉事探微——兼论"天命"理想在魏晋的终结》（《中国史研究》第2期）从经学及思想史的角度，提供了魏晋禅让

---

① 甘怀真：《政治制度史研究的省思——以六朝隋唐为例》，收入《中华民国史专题论文集第四届讨论会》第1册，台北：国史馆，1998年，第497~499页。

② 仇鹿鸣：《魏晋之际的政治权力与家族网络》第一节《学术史的回顾与反思》，上海：上海古籍出版社，2015年，第8~9页。又见氏著：《陈寅恪范式及其挑战——以魏晋之际的政治史研究为中心》，收入《中国中古史研究》第2卷，北京：中华书局，2011年，第209~220页。

③ 本文列举研究成果皆为2018年发表，后文不再标注发表时间。

模式变更的新思考。汉魏禅让仍遵循儒家传统的"天命"观念,庾峻问《尚书》一事时,魏高贵乡公力主郑说,是对"天命"的确认。后来的魏晋禅让缺乏"天命",开启后世的禅让更替模式。此文从思想深处揭示了儒家传统禅让观念与魏晋时期禅代革命之不同,颇有新意。此外,罗米、熊铁基《论曹丕受禅代汉》(《湖北社会科学》第12期)考察了黄初元年(220)曹丕受禅称帝事件。石玉《晋武帝拒行封禅及其自赎心态探微》(《历史教学》下半月刊,第3期)认为司马氏获得政权本为特殊路径,晋武帝拒行封禅乃与司马氏产生之自赎心态相关。

门阀士族构成魏晋南北朝统治阶级的主体,热议问题涉及门第、婚姻等。近来随着新材料的出现,学界倾向于士族谱系建构的讨论。吴孟灏《曹操家族世系新考》(《史学月刊》第8期)考析了汉末门第观念和贵族文化,指出曹操家族谱系乃构建而成,此谱系强调其自身所具有的曹参后裔身份和秦汉大族地位。借曹操家族谱系的演变过程,可见官方旧有和民间新造之姓氏学知识的融入。范兆飞《走向禅让:魏晋之际阶层的固化与易代模式》(《华东师范大学学报》哲学社会科学版,第4期)更是将士族问题融入魏晋禅让的政权更替模式,阐释禅让发生的时代与集团背景。魏晋之际士族阶层在政治上日渐强大,而相对和平的禅让易代,实质为不同大族间的权力流动,最符合士族阶层的利益诉求,也成为精英人群普遍认同的政治精神。

此外,洪卫中《汉末魏晋之际颍川士人的政治取舍与得失》(《郑州大学学报》哲学社会科学版,第2期)研究了自东汉桓灵以降至两晋,颍川地方士人在政治上的沉浮历程。陈新华、陶涛《魏晋南北朝士族射箭运动的兴盛及其影响》(《南通大学学报》社会科学版,第5期)则将问题延伸到士族的体育行为,分析了士族射箭运动兴起的背景、发展情况及影响。这种关切日常生活的话题使得士族群体面目更为丰满,而进一步发掘中古士族阶层在区域、地方上的生存场景,[1]或许也是今后这一问题延伸扩展的方向。

---

[1] 魏斌:《李鱼川推理》,《读书》2019年第5期,第80页。

制度史研究中，如何展示制度运作的过程，是今后此领域扩展延伸的方向。单敏捷《从左将军府到蜀汉建国——入川前后刘备集团的官僚体系演进及政治意义》（《湖北社会科学》第6期）从官制演进的视角观察蜀汉建国史。蜀汉虽继承汉统，但在政治制度上也有不少变动，其中左将军府、汉中王国配套机构及尚书台是变化过程中的几个要点。罗凯《卫将军"复兴"——汉魏制度变迁的一则案例》（《魏晋南北朝隋唐史资料》第三十八辑，上海古籍出版社。下同）深入汉魏之际的将军号问题。经历东汉长期阙置，卫将军权力已由众官分割，至魏时卫将军已无实权，具有"散官化"倾向，同时卫将军的阶次也不断置后，这种变化与汉魏政治大环境紧密相关。雷家骥《汉晋之间吴蜀的督将与都督制》（《魏晋南北朝隋唐史资料》第三十七辑）认为，曹魏都督制度最为完善，吴先行汉制后改行魏晋制度，蜀汉则较为保守汉制，因此都督制的主流仍在曹魏。王安泰《中国中古时期乐浪郡形象的变迁》（《南开学报》哲学社会科学版，第5期）检视了乐浪郡地方的建制问题。较于汉代，三国以后的乐浪郡成为极东之郡的代表，自曹魏以公孙渊为乐浪公始，乐浪郡兼具地方行政单位与封国两种形象，后世政权皆致力设置与乐浪有关的官爵，以实现名义上统有汉晋东界的象征。同氏另一篇论文《天命有归——三国时期的地方行政体系与正统观》（《华东师范大学学报》哲学社会科学版，第4期）指出，从东汉十三州至曹操九州，再到曹丕十三州，显示了曹魏继承东汉正统的历史线索。吴、蜀二国同样致力"恢复"东汉十三州，以宣示延续东汉的地方行政制度。该文借地方行政格局的设置，回应了当前关于三国正统观念的讨论。

礼制史研究领域，借考察某一礼仪制度设立、修改、终结的过程，往往可从侧面揭示该时代的政治变动。李万生《礼秩与国运——蜀汉亡国原因探讨之一》（《清华大学学报》哲学社会科学版，第4期）认为景耀六年（263）于沔阳为诸葛亮立庙之事，实为超越诸葛亮大臣身份之"非礼"行为，是自毁国家礼制之尊严，加剧了蜀汉灭亡。顾涛《汉唐礼制因革谱》（上海书店出版社）详细摘录了正史中的礼仪史料，将其按吉礼、凶礼、军礼、宾礼、嘉礼分类，并附之"仪制""考释""理据""因革""评论"等加以说明解释,条分缕析。

历史书写与史料批判脱胎自传统史学史研究,并受到后现代主义史学思潮的影响,"注重探求历史文献的构造、性格和执笔意图",[①] 揭示了许多以往未曾留意的现象。徐冲发表的两篇涉及汉献帝史传的专题论文与此相关。《〈献帝起居注〉与献帝朝廷的历史意义》(《华东师范大学学报》哲学社会科学版,第4期)指出,《献帝起居注》记事始于汉灵帝中平六年(189),或从八月的洛阳之变书起,终于建安二十一年(216)二月壬申,以"立春宽缓诏书不复行"为标志。此书以编年体为基本体例,围绕汉献帝皇帝权力的确立、展开与结束进行叙述,尤其重视记录汉献帝朝廷在和合宇宙秩序和制度建设方面的成绩,凸显了献帝朝廷的历史连续性及其时代意义。《〈献帝纪〉与〈献帝传〉考论》(《首都师范大学学报》社会科学版,第6期)认为,刘芳《献帝纪》的记事范围集中于初平二年(191)至建安元年(196),基于作者见闻展开叙事,成书应在建安年间。其书经历《汉帝传》《献帝纪》或《汉灵献二帝纪》之书名变更,本名不可考。《献帝传》为编年体,兼插叙人物小传,集中使用了大量曹魏官方档案,以构建曹魏皇帝权力起源之正当性,概魏明帝时国史撰述工作的一环。

除了深入系统地检讨史料,尽量复原文本原貌,考辨文献形成的源头,亦是一项重要工作。王京州《曹植〈白马篇〉本事新说》(《文献》第5期)便从《白马篇》本事说起,指出本事实为公孙瓒及其统帅的"白马义从",王粲《英雄记》概《白马篇》史源。公孙瓒与曹操之间本关系密切,故曹魏集团对公孙瓒持同情态度,曹植《白马篇》颂美公孙瓒及其"白马义从",并不违碍曹魏集团政治利益。曲柄睿《韦昭〈吴书〉原有"使臣列传"》(《江海学刊》第5期)借徐详本事,推知《吴书》中原有"使臣列传",可作为探求《三国志》形成过程的一种尝试。王书才、杨雯雯《严可均〈全三国文〉蜀汉部分缺误补正考释》

[①] 孙正军:《魏晋南北朝史研究中的史料批判研究》,《文史哲》2016年第1期,第21页。还可参见氏著:《通往史料批判研究之途》,《中国史研究动态》2016年第4期。

（《郑州大学学报》哲学社会科学版，第6期）针对《全三国文》蜀汉部分，摘择并补正其"漏辑文篇""漏辑语句""误署作者姓名""注释文篇出处有缺误"四方面的不足，并对前人难以解读的某些佚文做了校勘训释。

传世文献研究外，深入解读新、旧出土文献，为三国西晋史研究注入了新鲜血液。除了努力进行碑志的"史学分析",[①] 走出碑刻文字，重新回归碑石的生成过程，讨论其"物质性"的一面，更是近年新的研究方向,[②] 范兆飞《亦汉亦魏：〈司马芳残碑〉的时代及意义》(《史学月刊》第1期)详细释读《司马芳残碑》，挖掘石刻背后的时代要素，发现此碑兼具汉碑与北魏碑刻双重色彩，表明此碑曾经历后世翻刻。此碑碑阳末行文字出自司马准之手，虽然北朝司马氏追祖西晋帝室蔚然成风，但碑中并无攀附祖先的证据。碑阴同时刻写世系和故吏，具有从汉碑向魏晋碑志过渡的性质，存有不同时代的历史信息。

简牍文书方面。随着上世纪末走马楼吴简的出土，吴简研究成为简帛学的重要分支。2018年的多篇论文借解读吴简文字，研究了孙吴辖域内不同人群的身份、称谓、赋役等问题。陶新华《走马楼吴简所见百姓对政府租税的直接逋欠》(《中国社会经济史研究》第4期)提出，直接逋欠，指百姓未能按时按量向政府缴纳租税，分为户主与乡两种单位，与佃户、自耕农之身份相关。直接逋欠，既因天灾、战乱，亦因百姓个人意愿。政府对此除了详录百姓之逋欠外，另追征租税。吴简中亦见针对无法偿还逋欠人户加以免除的"癸卯"诏书。戴卫红《长沙走马楼吴简中所见"帅"的探讨》(《魏晋南北朝隋唐史资料》第三十八辑)先行梳理《后汉书》《三国志》中的"帅"，指出诸"帅"盖为不受政府控制的豪族或少数民族首领。吴简中的七类"帅"与传世文献不同，是国

---

① 陆扬：《从墓志的史料分析走向墓志的史学分析——以〈新出魏晋南北朝墓志疏证〉为中心》，《中华文史论丛》2006年第4期。

② 2017年11月1~2日北京大学中国古代史研究中心、北京大学历史系主办的"文本性与物质性交错的中古中国——中古研究新前沿国际研讨会"便是其代表。参会论文刊于荣新江主编《唐研究》第二十三卷"文本性与物质性交错的中古中国专号"，可参考。

家地方行政运作体系下的具体表现，为孙吴基层行政组织研究提供了参考。陈荣杰《论走马楼吴简中的亲属称谓"姪"》(《简帛》第十六辑，上海古籍出版社)在细致整理"姪"称谓组词形式的基础上，探讨其在语言学、辞书学及孙吴社会中的意义。齐继伟《也说汉代"訾算"——兼论吴简中的"訾"》(《湖南大学学报》社会科学版，第3期)认为"訾算"不同于"訾税"，汉初"訾算"是以"算"为单位的关于居民财产总额的统计。吴简中，"訾"概为"訾算"之简称，乃平訾过程中划分户等的依据，而非赀产税。苏俊林《走马楼吴简所见盐米的初步整理与研究》(《盐业史研究》第1期)涉及"入米简""其米简""出米简"三种简文，整理了吴简中的盐米资料，并对其格式、内容及相关制度等做了初步研究。

历史地理方面。在以往的政区地理、政治地理讨论王朝区域设置的话题外，结合环境史、生态史的方法，更能超越文本记载，找寻历史时期具体地域的自然环境背景。张靖华、陈浩《三国时期巢湖变迁与居巢县的陷没——基于"陷巢州、长庐州"现象的回溯性考察》(《中国历史地理论丛》第2期)便是这样一篇将自然地理与同政区地理相结合的论文。文章将巢湖环境史与居巢县置废相联系，从《三国志》解读入手，又参考明清方志与考古材料，发现居巢县和巢湖在空间上彼此依存。居巢县毁于吴魏战争期间濡须口的洪水，期间频发的地质灾害，又可能加剧了这一人为灾害，使得秦汉古巢湖越过堤坝东侵，导致"陷巢州、长庐州"的环境变迁。张旭华《魏晋南北朝时期中原城市与聚落的变迁》(《东岳论丛》第3期)提出，曹魏五都之制是古代都城史之创举，邺城中轴线、"铜雀、金虎、冰井三台"及霸府等都城布局对后世影响甚大。而以"村"为代表的新型聚落形态遍布中原地区，其演变路径有二：聚落到村之社会常态下的自然过程；与屯田、坞壁到村之社会动乱下的非自然过程。

民族史研究方面。鲁西奇《观念与制度：魏晋十六国时期的"杂胡"与"杂户"》(《思想战线》第4期)讨论了"杂胡"与"杂户"于历史语境中的含义。"杂胡"经历了从胡人内部人群区分到汉胡区别的变化过程。"杂户"为夷胡户，后转为编户。二者的变化过程，深刻展现了权力及制度框架的影响。该文回应了既有的研究成果，从具体背景和内涵出发，展现词语所蕴含的历史实际之变迁。王文光、徐媛媛《三国时期倭人的历史人类学研究》（《云南师范大学学报》哲学社会科学版，第2期）描述了古代东亚大陆汉人对日本列岛上倭人分布的认识过程，反映了三国时期中国人所掌握的域外知识及变化情况。

社会生活史包含的内容非常丰富。许继起《论曹魏两晋时期的宫廷女乐》（《中国社会科学院研究生院学报》第6期）一文探讨曹魏两晋时期宫廷女乐的管理、功能、来源及贵族阶层的蓄伎之风，为魏晋时期的乐府文学创作、发展及传播提供了参考。孙梓辛《汉晋间"表"的形制、使用及变迁——兼论汉代的表墓风气》（《文史》第一辑，中华书局。下同）通过"表"这一旌表制度物化举措的变动过程，力图展现其文化层面的意义，指出"表"之形制及功能变化的背后，反映了表墓风习的演变。张兴照《3—6世纪的北方水运与军事经略》（《东岳论丛》第10期）认为，魏晋时期北方水运因军事需求快速发展，表现为航道开发利用及军用造船业的发展，从而促使北方地区的水上交通呈现出新的面貌。

宗教与信仰研究，虽然是旧有的研究话题，然其骤然兴起至发展成为显学，则是近年来的研究趋向。佛教史方面，陈志远《〈般若经〉早期传播史实辨证》（《隋唐辽宋金元史论丛》第八辑，上海古籍出版社。下同）描述了建安年间许昌地方的佛教传播情况，又借《放光般若经》之取得与流通等史事，提出至西晋末年在河南洛阳周边及冀北中山附近，已形成《放光般若经》传播的两个中心。另一文《合本子注再检讨——早期佛典翻译史的独特方法》（《汉语佛学评论》第六辑，上海古籍出版社）再度辨析疑似孙吴僧人支谦所作的《合微密持经记》，认为其非支谦所为，而是5世纪南朝宋、齐年间昙斐整理、改定而成的。道教史方面，邓国均、孔令宏《汉晋道教与"黄初平"故事考论》（《宗教学研究》第4期）借黄初平故事流变，讨论其背后展现的学理背景。黄初平"叱石成羊""坐在立亡"等传说，实际反映了魏晋道教"重术"的思想倾向。从渊源上看，黄初平故事与秦汉之际的"黄石公"、张良以及先秦时期的"赤松子"故事有着某种内在联系。

以上梳理了2018年大陆学界三国西晋史的研究概况。总体而言，政治史包括制度史着墨最多，经济史转移到吴简所揭示的地方经济形态方面，思想史、文化史研究未见更多成果，宗教史领域缺乏对此时代之专题研究，社会生活史虽然展示了一部分时代的面貌，遗憾的是仍未揭示三国西晋基层民众的日常生活情况。关注的具体问题上，考析某一政治事件、禅让易代、士族群体、历史书写、礼制等，是学界热衷讨论的话题。若展望今后，深刻全面考析文本的源流，回归史料生成的具体环境，充分勾连不同材料之间的关系，从而借助文献揭示出更多的历史场景与文化现象，或许是一条可行的路径。

二、东晋南朝

回顾2018年东晋南朝史研究领域的优秀成果不难发现，除了政治、制度史研究，学者们对东晋南朝的宗教、文化及社会生活方面表现出浓厚兴趣。相对于北朝新资料不断涌现，东晋南朝出土材料较少，但学者们也在努力将材料利用范围扩大到宗教文献、集部史料等范畴，并尝试从新角度切入，用新的分析方法探讨问题，对史料进行更深入的发掘和解读，以期对该时代有进一步认识。当然学者们在探讨东晋南朝相关历史问题时不免进行时间上的前后追溯和延伸，注意南北方的互动，因此本文收集的文章皆是以东晋南朝历史问题为主的讨论，也旁及汉魏西晋、北朝及隋唐。

制度史方面，新视角的运用及史料的深入解读是这一领域研究的亮点。黄桢《中书省与"佞幸传"——南朝正史佞幸书写的制度背景》(《中国史研究》第4期)一文，从中书制度演变对佞幸书写的影响角度来考察南朝诸史"佞幸传"，揭示了书写背后的官僚群体心态。文章指出，魏晋时期为了加强皇权而设立的中书机构引发了朝臣的不满，因而中书令、监被史书斥为佞幸。南朝时，魏晋时代的中书令、监之职责转移至中书舍人，宋、齐则更多以寒人充其职，受到士人普遍非议，南朝史臣站在士人立场上将这些充任中书舍人的寒人收入诸史"佞幸传"。作者将这一现象概括为"制度性佞幸"。隋唐以后随着中书机构的演进，"制度性佞幸"现象瓦解，因而唐修《梁书》《陈书》中已无佞幸传。聂溦萌《避讳原理与政治背景：东晋郑太妃"春"字讳考论》(《文史》第三辑)从东晋郑太妃"春"字避讳议论出发，指出郑太妃"春"字避讳起初并不属于"国讳"范畴，而是公务运作时避简文帝的"私讳"，直到孝武帝追尊郑氏为太后，"春"字才上升为"国讳"。过去学者倾向于用政治斗争来认识王彪之等人关于郑太妃避讳的议论，实际上这只是政治运作规范化、制度化的体现。值得一提的是这篇文章对典制文献进行了细致深入的解读，透过文本所体现的文书结构来还原东晋学者关于礼仪的详细议定过程，这一研究方法颇具启发意义。周文俊《南朝官职除拜考述——以制度程序及过程为中心》(《魏晋南北朝隋唐史资料》第三十八辑)一文以"新除"为切入点考察除、拜的制度含义，并从制度时间、政务环节、礼仪程式等方面考察南朝官职除拜的程序。认为职官之任命在除授后要经历"新除"过程，直到受拜仪式完毕。官员的除日及受拜日这两个制度时间通过不同方式被记录，需要注意二者的区分。而官职的除拜都有其制度环节和礼仪程式，通过这种程序运作可以看到南朝官僚制度的基本秩序，及作为确认权力、责任及资源分配的授受关系模式。近年来制度史学者对公文运作程式及文书物质性颇为重视，制度时间的探讨也是一种独特的研究视角。

还有一些学者通过对东晋南朝某种制度的再探讨，提出了新认识。其中刘啸《从使职角度论汉隋间的"录尚书事"》(《中国史研究》第4期)一文将"录尚书事"放在官品和官职的框架下进行探讨，指出"录尚书事"最初只是因为尚书事务繁杂设置的临时职务，其由职向官的转化经历了漫长的演变过程，并非从设置之初就是一种官职。柴芃《十八班的实质及意义》(《文史》第三辑)一文指出，"十八班"源于东晋时期的官员迁转序列，在刘宋后期其架构及运作模式就已经形成，梁初由徐勉整理成文。南朝时十八班不仅用作官员迁转，还直接表明官员位次。十八班体制下官员升迁遵循班序，它的出现取代了旧官品，成为南朝最重要的位阶体系。此外，汪征鲁《典签、五品吏、七职考论》(《首都师范大学学报》社会科学版，第5期）认为，"典签"最早出现于《宋书》的原因在于，刘宋初期改典签"五品"为"七职"，地位提升。"五品"指与中正五品对应的小吏，而"七职"指南朝各州属吏中的七种大吏。杨恩玉《魏晋南朝的官阶探讨》（《江西社会科学》第6期）指出魏晋南朝之官阶应为官班，官员迁转根据官班，俸禄待遇取决于秩石，而官品指官职所需官才。过超、晋文《南朝时期的勋品及其升迁制度》（《南京晓庄学院学报》第2期）认为南朝时勋品是作为入仕资格授予寒人的，以此借助寒人打击门阀。梁武帝天监改制却再次剥夺了寒人的这种升迁渠道。

政治史方面。姜望来《中古史籍与道经中所见"六夷"与"中国"》（《魏晋南北朝隋唐史资料》第三十八辑）一文从宗教文献的政治倾向来认识当时南北分裂、胡汉对峙的时代背景与民族背景，体现出宗教文献对政治史研究的重要意义。吴南泽《晋元帝永昌改元事考》（《社会科学研究》第2期）通过晋元帝改年号事件认识晋元帝意图打击门阀士族加强皇权的意愿，但这一行动引起了士族不满，成为王敦之乱的导火线。李磊的《"肇构神京"与"缔我宋宇"：刘宋的王畿设置与疆域界定》（《社会科学》第9期）以刘宋构造王畿一事为观察视角，认为刘宋大明三年（459）是刘宋政治的重要转折点，这前后孝武帝的正统性塑造方式发生了变化。陆帅《萧梁前期的晚渡北人——新刊梁〈普通二年墓志〉小考》（《魏晋南北朝隋唐史资料》第三十八辑）详细考察了《普通二年墓志》。作者发现志主生前受到宠信，死后又被赐予殊礼，这是因为当时边境形势紧张，战事不断，优待南渡北人也是梁武帝招揽人心的一种手段。王永平《"位重任隆，击钟鼎食"——论入梁元魏宗室人物之境遇与影响》（《江海学刊》第4期）一文指出北魏孝文帝以后避乱南渡的北魏宗室在南方颇受重用，有的被任命为将，有的则被封王，并且他们北伐也得到了帮助。这些人中文化程度较高者深受南方学风之熏染。

六朝士族问题是魏晋南北朝史研究的基本问题之一，过去积累了丰富的学术成果，近年来又引起了学者们的重视，他们尝试从多个角度认识士族社会和知识精英的文化生活。黄承炳《再释南朝"素族"——以晋宋之际高门士族的变化为中心》（《魏晋南北朝隋唐史资料》第三十七辑）一文对士族心态作了探讨。文章在唐长孺、周一良等先生对"素族"一词诠释的基础上，进一步指出"素族"一词的背后包含朴素、清白、谦退不争的意义，是高门士族自矜、自卫心态的反映。晋宋之际门阀政治格局瓦解，皇权加强，高门士族一方面标榜自身门第，一方面以谦退的姿态避祸，正与"素族"意涵相合。有关士族问题的研究还有张学锋《释"安石不肯出，将如苍生何！"》（《南京晓庄学院学报》第5期），该文认为"安石不肯出，将如苍生何"之"苍生"指士族子弟，这句话意为由于谢安迟迟不肯出仕影响到了以后士族子弟的入仕顺序。谢安此举使东晋士族政治体失衡。

历史地理方面。顾江龙《〈太康地记〉考——兼论王隐〈晋书·地道记〉和〈元康地记〉》（《文史》第四辑）从西晋初北海、东莞二郡的废置入手，指出《太康地记》并非严格以太康三年（282）为断限，而是以太康三年至十年这一模糊区间为断限编纂的。同为西晋地志的《元康地记》也值得关注，此书与《太康地记》唐末五代时均已散佚，后世在征引《太康地记》所注出处常与《元康地记》混淆。魏晋南北朝时期存在大量地志文献，从《隋书·经籍志》的著录和南朝学者的几种地理书钞中可见一斑，然而这些文献尚存者少，佚失者多，其中不少志书都被其他书籍引用得以保留，因此收集整理和考察东晋南朝地志也是重要课题。此外，王安泰《〈宋书·州郡志〉与史料所见刘宋封国》（《中国中古史集刊》第五辑，商务印书馆。下同）探讨了《宋书·州郡志》与其他史料所见刘宋封国数量及分布的差异。余国江的短札《〈南齐书·王广之传〉"江阳"当为"欧阳"》（《中国历史地理论丛》第3期）认为《南齐书·王广之传》中"江阳"应作"欧阳"。

六朝学术方面。陈志远先生的两篇文章颇值得注意，内容皆是讨论佛教学术问题的，因此我们不倾向于将之归入宗教史研究范畴，而是将其视作对学术史问题的探究。学术史研究并不局限于对儒学、经学问题的探讨，佛教学术和道教学术以及三教交涉问题都可纳入学术史的研究范围，儒释道学问都是时人精神世界、知识学养的重要组成部分。陈志远的《辨常星之夜落：中古佛历推算的学说及解释技艺》（《文史》第四辑）通过考察中古流行的两种佛陀生卒年推算学说，展示了佛教学者们的各种学术方法。文章指出南朝、周、隋一系的庄王十年说是为了回应儒学对佛教的质疑，而北齐、初唐一系昭王二十四年说则是应对道教的挑战而产生的。这两种学说经过学者的反复演绎，不断推出新的解释方式，其中以南朝诸学者学术最纯，道安学术最精，费长房最广博，但唐初以后法琳的影响最为深远。他的《〈般若经〉早期传播史实辨证》(《隋唐辽宋金元史论丛》第八辑) 考察了《般若经》在汉末至西晋末年的翻译及流布情况，西晋末《般若经》流行于洛阳周边及冀北两个中心，南渡后江南建康和会稽两地的般若学传统大都来自西晋末的这两个中心。道安来到南方掀起了对勘异译本的新学风，而鸠摩罗什对《般若经》的重译使般若学讨论进入一个新时代。可以说多种译本的积累推动了学术方法的不断革新。

有关学术问题的研究另有严耀中《语境、参谈意愿与魏晋玄学之属性》(《魏晋南北朝隋唐史资料》第三十八辑)，通过考察魏晋玄谈发生的语境，参与者们的参与意愿和讨论话题，揭示出三者之间相互影响，同时也诠释了玄谈所负载的思想。苏小华《南岳慧思的求学与传教行迹辨证——兼论慧思在南朝佛学转型中的地位》(《中国中古史集刊》第五辑) 一文通过考察慧思的交游、行迹、驻锡地及弟子们的行迹，强调慧思学说对南朝佛学转型的影响。华喆《礼是郑学——汉唐间经典诠释变迁史论稿》(三联书店) 揭示了郑玄之学对汉唐间经学发展的影响。程苏东《从六艺到十三经——以经目演变为中心》(北京大学出版社) 第四章考察魏晋至隋唐经目的演变。邹远志《论两晋礼学对郑王之学的择从及其学术史意义》(《古代文明》第1期) 认为两晋礼无定制，大体趋势是郑王兼用。南北朝的两种礼学体系都源自西晋。王启发《南朝皇侃的礼记学及其经学史价值（上、下）》(分别刊于《湖南科技大学学报》社会科学版，第5期、第6期)，考察了皇侃《礼记义疏》的内容，同时透过孔颖达等对其观点的采择与评价观察其学说的特点与价值。

宗教研究方面，重视民众宗教生活。孙齐《六朝荆襄道上的道教》(《隋唐辽宋金元史论丛》第八辑) 透过对六朝荆襄道上的道教的探讨捕捉六朝普通民众的生活实态与心灵历程。主要从四个方面考察：道教与流民心理、道教与蛮族的关系、建康的文化辐射及青溪山与百里洲隐逸群体，勾勒出荆襄道教发展史背后的时代脉络。

此外还有刘屹《论东晋南朝江东天师道的历史渊源——以"大道"信仰为中心》(《文史》第一辑)，文章考察了张鲁降曹后五斗米道民的去向及永嘉南渡人群道教信仰的性质，认为永嘉之乱南渡的道教组织实际上是青徐兖豫地区信奉"大道"的流民，这种"大道"信仰源自汉末太一崇拜，与五斗米道有显著不同。江南天师道的源头并非巴蜀五斗米道，而是东部的"大道"信仰。刘屹还出版了关于灵宝经的研究专著《六朝道教古灵宝经的历史学研究》(上海古籍出版社)，书中详细梳理了灵宝经研究的学术史，对灵宝"旧经"与"新经"形成的先后，文本形成过程及思想，以及灵宝经教等问题进行了考察。范慕尤《女性地位与〈药师经〉的翻译与传播》(《史林》第4期)通过对比《药师经》梵文写本、藏译本及东晋与唐的译本中有关"转女成男"的文本差异，认为《药师经》最早可能形成于女性地位较低的地区，因此经书中两次提到诵药师名号可由女子转为男身。东晋时佛教的影响逐渐扩展到后妃及门阀世家，"转女成男"内容则多有省略。尚永琪《佛教史研究中的图像问题》(《中国史研究动态》第6期)强调图像对佛教研究的意义，提示我们关注佛教图像中叙事传统与崇拜传统的差异，地理图本，以及佛教金铜造像的草原传统。赵纪彬发表了一系列关于佛典序跋的论文，他强调佛典序跋对佛教史研究的重要意义，考察了它们的形成、发展、性质及特点。①

社会文化史方面。刘淑芬《东晋南朝"钟山文化区"的形成》(《南京晓庄

---

① 详见赵纪彬：《试论中古目录类佛典及其序跋》，《西北民族大学学报》(哲学社会科学版)2018年第5期；《试论中古佛典序跋的抒情性》，《中国佛学》2018年第1期；《试论中古佛典序跋的非单一性》，《临沂大学学报》2018年第4期；《中古佛典序跋的佛教史价值刍论》，《船山学刊》2018年第4期；《试论中古佛典序跋对佛典意旨的阐释》，《理论月刊》2018年第1期。

学院学报》第1期）一文指出东晋时期建康文化中心在秦淮河南岸，刘宋以后逐渐向北岸"钟山文化区"转移。刘宋在鸡笼山、钟山建立学馆、王邸，东晋以来钟山造林政策使这里孕育出大量佛寺，成为建康佛教的中心，萧齐时钟山脚下又增皇家府邸、士族园宅，文人在此进行宗教、文化活动。该文化区形成于刘宋元嘉间，至梁武帝时达到高峰。王永平《晋宋社会文化史论》（社会科学文献出版社）关注六朝时期反任诞风潮，隐逸家族的家风与文化，北府地域的学术群体、寒微学人、僧尼群体等问题。

经济史领域。韩吉绍关于魏晋南朝衡制演变的研究及王锃关于六朝会稽郡的海外贸易研究值得注意。关于魏晋南朝衡制演变的文献与实物资料都十分有限，因而难于考知。韩吉绍《魏晋南朝衡制发微》（《历史研究》第6期）一文运用道经中保存的相关史料对此进行了详细考察，指出魏晋南朝衡制经历了复杂变化，这些变化可以在葛洪、陶弘景、李淳风、孙思邈等人的著作中找到蛛丝马迹。这是宗教文献用于其他研究领域的又一成果。王锃的《六朝时期会稽郡的海外贸易——以古代中日之间的一条海上航道为中心》（《中华文史论丛》第2期）指出《三国志》中的"亶州"指日本，"货布"应作"货市"，表明早在东汉、三国时会稽郡与日本之间已经存在一条通商航线。这条航线有相对发达的航海技术支持，会稽的物产和手工业制品及日本的真珠成为六朝时会稽郡与日本之间交易市场的主要商品。日本人东渡会稽的登陆地点应是鄞县及句章两个港口，而双方的交易媒介可能是绵。

文本与历史编纂方面。林昌丈《汉魏六朝"郡记"考论——从"郡守问士"说起》（《厦门大学学报》哲学社会科学版，第1期）一文注意到汉魏六朝地志中一种特殊的文类——郡记，指出郡县上计文书是郡记编纂的重要资料来源。这种发掘出某种文类特殊性质的研究理路具有启发性。同时也有传统文献学的文本生成、传播、版本、校勘研究，如王承文《敦煌古灵宝经〈洞玄本行经〉版本结构论考》（《敦煌学辑刊》第2期），通过考察敦煌本《太上洞玄灵宝真文度人本行妙经》的结构及流传状况，认为该写本及唐宋史籍征引的都是东晋末年原书成书时就有的内容，并非南朝人续写。赫兆丰《〈宋书·宣贵妃传〉流传及佚文考——兼考今本〈宋书·刘子鸾传〉的错页》(《魏晋南北朝隋唐史资料》第三十八辑）发现，《宋书》所缺卷四一《后妃传·宣贵妃传》除了能据《南史》等史料补全外，还存在传文原文回补、篇章移接、错页等问题。这一篇的佚文保存状况是：《南史·宣贵妃传》保存了大致框架，《宋书·刘子鸾传》及《文选》李善注中保存了大量佚文。综合以上三者可窥见阙卷原貌。此外还有历史书写研究，即探讨文本背后的政治立场。如赵冰锋《〈晋纪〉编纂与庾、王之争》（《中国史研究》第3期）通过考察干宝的任官经历及《晋纪》的编纂过程，指出干宝任著作郎时正是王导和庾亮斗争显露的时期，建康政界出现派系分化，此时干宝作为王导的亲信执掌国史，因此《晋纪》背后体现的应是王导的政治意志。李磊的《东晋初年的国史叙事与正统性建构》（《史林》第5期），通过分析东晋初年干宝、王隐、虞预等人的国史文本，观察他们有关东晋政权合法性的叙述模式，指出东晋初年国史编纂与王朝正统性密切相关。

考古方面，以画像砖墓及造像的考察为主。莫阳《试论襄阳南朝画像砖墓的营建及图像布局》（《考古与文物》第6期）考察了一组南北朝时期襄阳地区的画像砖墓，通过视觉分析方法讨论这些画像砖墓的营建特点，指出画像砖垒砌与墓葬图像布局有关，襄阳地区的南朝画像砖墓在墓葬形制、垒砌方式及画像砖内容、题材上具有一致性。韦正、朴南巡《江苏镇江东晋画像砖墓的渊源和意义补论》（《东南文化》第6期）在发掘简报基础上指出江苏镇江东晋画像砖墓具有一定独创性，表现了时人对墓葬空间和思想的构建。师若予《古代丝路上的佛教假面艺术交流》（《中国国家博物馆馆刊》第8期）从邓县出土的南朝舞蹈画像砖上的胡头驱傩人入手，指出流行建康的"上云乐歌舞伎"乐中有多个假面角色，这来源于荆楚地区的胡头，而胡头则受荆楚地区粟特人的影响。其后这种假面艺术广泛流传至朝鲜半岛及日本。古代丝路上的假面艺术体现了东西方的文化交流。霍巍《论成都出土的早期佛教天王像》（《考古》第8期）认为成都市下同仁路出土的两尊天王像与成都万佛寺出土梁普通四年（523）天王像较为接近，可判断是梁代造像。目前出土的天王像实物与早期汉译佛典差别较大。已知公元5—6世纪四大天王像有三个系统，一为北魏承平元年（452）佛座上的四大天王像为代表的北方系，二为成都南朝造像为代表的南方系，三是于阗、敦煌为代表的西域系。霍巍《齐梁之变：成都南朝纪年造像风格与范式源流》（《考古学报》第3期）考察了近年来成都地区出土的南朝造像，指出成都及其附近的南齐时代造像风格主要还是受到西北地区凉州样式的影响，零星出现"南朝天人"式样因素，但未占据主流。直到萧梁时成都南朝造像风格才趋于定型，南方因素激增。齐梁之间成都南朝造像在题材、风格等方面发生了重大转变。另外还有对帷帐的考察，刘振东《新见汉晋南北朝时期的帷帐》（《文物》第3期）在前人基础上考察一批新出汉晋南北朝帷帐，这些帷帐中除少数形制特殊之外，大致可以分为两类，一类用作罩棺，一类用作罩祭台。汉晋墓葬中的设帐习俗应受到"事死如事生"观念影响。

民族史及东亚整体研究。关于南方族群及其华夏化过程的探讨有张兢兢的《南朝巴蜀僚人的华夏化》（《中国边疆史地研究》第2期），文章考察了巴蜀僚人在东晋南朝不同政权控制下的命运，梁代通过大规模设置州郡逐渐将其纳入统治，加速其华夏化。关于东亚整体史的研究有李磊的《东晋时期东亚政局中的政治传统与权力运作》（《学术月刊》第5期），文章重新探讨了两晋东亚世界形势，指出永嘉之乱后乐浪、带方二郡被放弃是西晋统治秩序的崩溃在边境的体现。此后朝鲜半岛和日本列岛都在中原王朝政治传统下构建多边关系。东晋的天下秩序通过百济延续，直至太元十六年（391）百济为高句丽所破，东晋天下秩序短暂退场。晋末北伐增强了对朝鲜半岛的控制，东晋王朝又成为多边关系的调解者。

文学方面，2018年出版的南朝人物传记有陈延嘉等著《萧统评传》（上海古籍出版社）。姜剑云、霍贵高的《谢灵运新探与解读》（中华书局）考察谢灵运其人及其交游，佛教、道教思想对其创作的影响等问题。孙鸿博《萧绎〈金楼子〉及其思想》（中华书局）先考察《金楼子》一书的版本和流传等问题，再从具体篇目出发来看它所传达的作者的思想。傅刚《〈玉台新咏〉与南朝文学》（中华书局）分为上下两编，上编考察《玉台新咏》的编纂与南朝文风，下编是对《玉台新咏》文本的校笺。孙明君《南北朝贵族文学研究》（商务印书馆）亦分为上下两篇，上篇对部分贵族文学代表作品进行了探讨，下篇辑录文人生平事迹。刘志伟主编《〈文选〉与汉唐文化》（中华书局）收录部分文章涉及六朝文人，结合其生平和作品进行探讨，有的也涉及对六朝社会风貌的考察。张承宗《诗史互证说六朝》（商务印书馆）以历代诗文为线索观察六朝文化、风俗。

以上对2018年大陆学界东晋南朝史研究概况做了梳理。总体而言，研究者对这一时期的政治制度、学术文化、宗教信仰及社会生活给予了较多关注，这一方面反映出六朝文化是今后东晋南朝史研究的重要课题，另一方面也表明以往学界在东晋南朝史研究上已经取得了丰硕成果，对传统史料的利用也比较充分，这使得部分学者将兴趣转向宗教文献和子部、集部文献。材料范围的扩大无疑拓宽了研究视野，使更多新问题不断涌现。东晋南朝史研究的推进也有赖于新视角的运用和提问方式的创新，在对既有问题进行反思提出新认识的同时，研究者也要深入地发掘史料中更深层次的信息。

三、十六国北朝

2018年关于十六国北朝研究的论文有八十余篇，专著、论文集十余部，集刊《北朝研究》第八辑（科学出版社）出版，共收录论文十七篇。以往研究的主要关注点——政治与制度史依然强劲，而以往研究较薄弱的宗教史也吸引了越来越多的青年学者关注。

2018年政治史研究依然成果丰硕。阎步克《族群互动与"南北朝"现象：一个体制问题的政治学思考》（《思想战线》第3期）从政治体制角度分析了北方族群建立的王朝对中国历史特别是南北朝时代的影响，指出北方异族王朝强化了专制集权，激活了官僚体制，对政治体制形成背后的原理、机制进行了理论性的思考。其他研究者则在重要的政治事件、人物、现象，以及十六国北朝诸政权正统性和士族社会等问题上展开了讨论。

论著方面，李硕《南北战争三百年：中国4—6世纪的军事与政权》（上海人民出版社）涉及十六国北朝时期北方政权的骑兵战术、南伐策略以及战争与政权的关系。俄琼卓玛《后秦史》（上海古籍出版社）论述了后秦的政治、制度、经济和文化等诸多方面。李凭论文集《北朝论稿》（北京师范大学出版社）共收录十篇论文，对北魏的诸多政治事件进行了讨论。黄寿成《嬗变、趋同及比较：北朝后期民族认同及区域文化探究》（中国社会科学出版社）从民族认同和区域文化视角入手，围绕制度、文化、社会风俗等方面论述了北朝后期胡汉文化的融合。

李磊《淝水战后关陇地区的族际政治与后秦之政权建构》（《西南民族大学学报》人文社科版，第7期）发现"关西雄杰"是影响淝水之战后关陇地区前秦苻氏和后秦姚氏兴衰成败的关键。彭丰文《从盛乐到平城：北魏王朝的国家建构与政治转型》（《西南民族大学学报》人文社科版，第7期）认为从盛乐到平城时代，拓跋政权通过学习、采用中原王朝的制度与文化，完成了从塞外游牧、中原王朝边疆属国政权向中原王朝和皇权国家的政治转型。刘继刚《北魏孝文帝迁都环境因素考论》（《中州学刊》第10期）将环境因素视为孝文帝迁都洛阳的外在因素之一：平城地区灾害频发、气候寒冷、人口膨胀带来严重的生存危机，而洛阳地理位置优越、人口较少、环境承载力较优。仇鹿鸣《〈隋唐制度渊源略论稿〉中的王肃》（《中国中古史集刊》第五辑）追溯王肃为北魏制礼作乐说源自隋代王通《中说》的叙事，陈寅恪关于王肃北奔对北魏制度建设的作用的论说可能受此影响。郭硕《高肇专权与高丽高氏的中原之路》（《社会科学战线》第4期）将高肇冒姓渤海高氏视为其进入北魏权力中心的重要方式，通过与渤海高氏联宗而被渤海高氏接纳，形成政治结合。阎盛国《北魏时期招降活动的主要特点及其社会影响》（《河北学刊》第5期）指出北魏招降活动具有技术创新、目标多元、安抚机构特定等特点，产生了多方面影响，如为招降而设置新的政区，产生移民活动，促进边远地区风俗变化。

关于十六国北朝诸政权正统问题，李磊《从水德到木德——前秦建立与权力更迭中的合法性诉求及其运作》(《中华文史论丛》第4期）大胆推测苻健建立前秦时定德运为水德以否定前、后赵，苻坚行"内禅"、改姓氏，自居木德以建立其称帝合法性。郭硕《五德历运与十六国北魏华夷观的变迁》(《中央民族大学学报》哲学社会科学版，第5期）关注十六国北魏诸政权利用五德终始说建立政权合法性的不同，发现五胡政权利用五德终始说与"五胡次序"的谶语建立胡族政权的合法性，而北魏建立初期自居黄帝子孙，定德运为土德以调和胡族血统与华夷之辨的矛盾，孝文帝改德运为水德，自居华夏，以文化区分华夷，超越了传统华夷观。李磊《〈魏书·岛夷萧衍传〉的叙事与魏齐易代之际的南北观》(《史学月刊》第11期）将《魏书》的编纂与北齐王朝建立的正统需求相联系，指出《魏书·岛夷萧衍传》中梁魏战争、通使和侯景之乱的叙述旨在贬斥萧梁政权以论证魏齐易代的合理性，叙事下限设置在梁武帝统治的终结，旨在颂扬北齐天命。胡克森《从〈元经〉看王通北魏正统的确立依据——兼评孝文帝的门阀制度重建》(《史林》第1期），从文化传承角度探讨王通《元经》以太和四年（480）为北魏正统起始年份的原因：刘宋末年政治混乱，门阀势力衰落，社会风气衰败，萧道成篡位，士人北逃，礼乐文化崩溃，而北魏采用门阀制度，重用汉族士人，礼乐文化得以复兴。上述数篇论文都重视正统性与史书编纂的关系。

政治文化方面。雷戈《变夷从夏——五胡政治观念-实践分析》(《文史哲》第5期）探讨了胡人建立的天王名号及称帝的政治实践，分析了胡人正统观对汉人观念的冲击，以及胡主对汉人价值理念和道义标准的认同。董刚《匈奴汉国汉化问题辨析》(《甘肃社会科学》第4期）从统治阶层的婚姻观念、文化修养和汉族士人对汉政权的参与三个方面论证匈奴汉政权具有相当的华夏化程度。王小甫以华夏化视角重新审视六镇之乱到宇文泰"关中化"政策实施的历史。《魏末北镇难民潮的化解》(《北京大学学报》哲学社会科学版，第3期）将六镇之乱视为难民潮，暴动是难民对府户的身份偏见和政治压迫与剥削的反抗，内迁难民通过荫附改姓、北魏末年的启立州郡和北齐天保七年（556）的省并郡县，成为编户齐民。《宇文泰"关中化"政策及其对华夏文化发展的影响》（《民族研究》第5期）重新审视陈寅恪的"关中本位政策"学说，提出宇文泰"关中化"政策是汉化政策的新说：府兵制并非鲜卑部落兵制，而是改变了内迁北人府兵身份的兵农分离制，和《周官》制度共同完成了内迁北人身份和文化的华夏化，改西迁汉将山东郡望为关内郡望的目的是以首望统领乡兵。

士族研究是中古史研究中具有深厚研究基础的领域之一，结合新出墓志探讨士族相关问题是现今士族研究的重要特征。党斌《新见〈源伯仪墓志〉及中古源氏世系补考》（《敦煌学辑刊》第1期）结合《源伯仪墓志》及其余源氏家族墓志，重新梳理了中古时代源氏家族世系。郭硕《中古源氏的郡望变迁与身份认同》（《魏晋南北朝隋唐史资料》第三十八辑）根据源氏家族墓志指出北魏迁都洛阳后，源氏家族的郡望经历了从凉州到洛阳的变化。刘军《北魏门阀士族制度窥管——以新见封之秉墓志为中心》（《社会科学》第9期）讨论封之秉起家官与乡品、迁转和仕进顺序、资质素养和道义责任等相关问题，以此透视北魏门阀士族体制。他的《从释褐看北魏"膏腴"群体的身份特质——以出土墓志为基础》（《四川师范大学学报》社会科学版，第5期）对北魏士族中"膏腴"群体的界定标准、起家品级、年龄和起家官清浊等问题进行了综合分析，以此明确"膏腴"群体在北魏门阀体制中的位置。

制度史研究集中于官、爵制度以及礼制、地方行政、都城等方面。张鹤泉有关于北朝爵制的系列论文。《论北魏孝文帝爵制改革后王爵的继承》（《河北学刊》第6期）认为北魏孝文帝爵制改革后实行以嫡长子继承为主、非嫡长子继承为辅、立过继子为后以绍封和蕃王制的王爵继承法；《西魏北周封爵的封地问题》（《吉林大学社会科学学报》第3期）指出西魏北周封爵封地虚封化，另通过"别食"的方式使受爵者获得实封地，爵位等级与上柱国以上勋官结合是获得实封地的条件；《东魏北齐实封爵食邑问题的考察》（《东岳论丛》第5期）揭示东魏北齐实封爵的食邑据爵位等级而定，没有完全脱离与封地的关联；《东魏北齐开国爵"别封"考》（《许昌学院学报》第5期）指出东魏北齐开国爵"别封"是对有"本封"开国爵的加封、重封，拥有实封开国爵、建立功劳或职官提升至规定的品级是别封的前提条件，"别封"开国爵的等级一般低于"本封"开国爵的等级，其封地与食邑相关联。除了爵制的研究，张鹤泉《论北魏时期的开府仪同三司》（《人文杂志》第7期）考察北魏开府仪同三司一职的变迁：北魏开府仪同三司和开府、仪同三司三职官并置，孝文帝改革后，三者品级相同，加授以所领将军号的品级为标准，主要对象是地位显赫的上层鲜卑贵戚和汉族世族。张金龙《唐前"兵部"尚书研究》（中华书局）涉及十六国北朝时期兵部尚书一职的演变。徐成《观念与制度——以考察北朝隋唐内侍制度为中心》（社会科学文献出版社）注意到北朝内侍制度发生了从草原传统到汉制的变化。

礼制方面。秦红发、孙险峰《论北魏西郊祭天》（《中州学刊》第2期）讨论了北魏西郊祭天中的多种文化因素：北魏西郊祭天的时间与天坛四门颜色来源于汉文化历法与五行思想，以可汗身份举行西郊祭天表明北魏君主具有"天子"与"可汗"双重身份。赵永磊《神主序列与皇位传承：北齐太祖二祧庙的构建》（《学术月刊》第1期）讨论北齐的太祖、二祧庙从孝昭帝所定的高欢、高澄、高洋变为齐后主所立高谧、高欢、高湛这一历史过程，并探讨了这一变化的政治原因和意义。刘凯《北魏九锡名物略考——物化礼乐视角下的北魏礼制渊源与变迁窥管》（《中国中古史集刊》第五辑）通过考证北魏九锡名物演变和应用的对象、时间和形式，指出北魏九锡恢复了褒奖功臣的原始功能。

地方行政与政区演变的研究方面，数篇论文关注北朝地方军府的变迁，此外政区沿革与地名变动也有深入研究。张鹤泉《北魏孝文帝官制改革后州军府问题的考察》（《地域文化研究》第5期）分析孝文帝官制改革使州刺史和将军号的品级规定明确化、固定化，州军府职官的设置规范化，州军府可以不同的方式征集作战的士兵。钟盛《从"依军号定品"到"依州等定品"——析论北朝州军府制度的变革》（《史学月刊》第5期）发现，北魏后期军府僚佐品阶据府主军号等级而定，而北齐和北周改为据州的等级定品。这一变化与北魏州军府制度的内在缺陷与军号滥授有关，军府设置方式的改革促使州军府向纯粹的地方行政机构变化，推动了地方行政机构的整合，有助于增强皇权与中央对地方的控制。他的《北朝州佐的"品阶化"进程——以北齐〈河清令〉为中心》（《江西社会科学》第6期）根据孝文帝太和改制时期的两次《职员令》和北齐《河清令》指出，北朝州佐职官被纳入官品序列而"品阶化"，北齐时代则被分别归入流内九品和流内比视官两个品阶体系，并推测了变革的原因。章鸿昊《东魏北齐"六州都督"探研》（《内蒙古社会科学》汉文版，第1期）考察东魏北齐时代设置的"六州都督"的变迁：东魏在邺城设置"六州大都督"府以掌控北镇鲜卑，罢废后六州事务由京畿大都督府处理。北齐末年，京畿大都督府罢入领军府，六州事务由领军府处理。此外，有四篇论文考察政区设置与地名变动。周伟洲《北魏泰州设置沿革考》（《中国历史地理论丛》第2期）在前人的研究基础上，考证了泰州的设置沿革。王蕾《金城津、关的设置及其交通路线》（《兰州大学学报》社会科学版，第1期）讨论了北周时代金城关的设置与金城郡治的变迁。王元林《十六国北朝时期关中东北部军镇李润（堡）镇考》（《中国历史地理论丛》第2期）考证十六国北朝时代重要军镇李润堡（镇）位于《大代宕昌公晖福寺碑》的发现地澄城县北寺村。赵杰《北魏长川与牛川位置考》（《魏晋南北朝隋唐史资料》第三十八辑）考证了《魏书》中记载的长川和牛川的地理位置。此外，魏俊杰《十六国疆域与政区研究》（复旦大学出版社）与毋有江《北魏政治地理研究》（科学出版社）也涉及十六国北朝的地方行政与政区，前者全面讨论了十六国诸政权的疆域变迁与政区沿革，后者从政治地理角度阐释北魏政权从草原向中原的发展与巩固统治的过程。

都城制度方面，坊制起源仍然是城市研究中富有争议的问题。刘莹《北魏平城中的坊》（《中华文史论丛》第2期）聚焦平城中的坊，认为北魏平城为安置"客"修建的客馆是坊的一部分，平城中的坊并非坊制，而是指围墙或围墙包围的建筑与区域，平城仍然实行汉魏里制。周胤《北魏武、明时期洛阳寺院布局与里坊规划》(《社会科学战线》第10期)发现北魏洛阳寺院为南北向格局,寺内主体建筑集中分布在佛寺的纵轴线上,寺院侵街、破坏坊墙与里坊制产生了矛盾。姚潇鸫《北齐凉风堂考论》(《史林》第1期)考证北齐时代邺城凉风堂位于太极殿后的昭阳殿西侧,本为皇帝消夏避暑所建,但逐渐成为皇帝与臣僚议政并处理政务的场所,这一变化与北齐邺城中枢决策中心由太极殿向昭阳殿建筑群转移有关。

其他制度也有学者关注。仇鹿鸣《北魏客制小考》(《史学月刊》第11期)指出北魏"客制"的主要施用对象是带有部曲的归附者,通过赐爵和除授官职,客被纳入职官系统,《魏书》中"客"的汉式名称叙述掩盖了其背后的草原传统。孙正军《宗子维城——北朝隋唐宗子军小考》(《魏晋南北朝隋唐史资料》第三十七辑)梳理了北朝隋唐时期由宗室子弟构成的宗子军的兴衰演变,以此管窥内亚政治体迈向华夏政权的制度演变过程。史睿《鲜卑婚俗与北朝汉族婚姻礼法的交互影响》(《文史》第二辑)主张北魏子贵母死制度的实行与废除和汉族士人"先外族而后本宗"的实质都是宗族和妻党、母党从冲突走向合作,汉族在鲜卑婚俗影响下更加重外家轻本宗,汉族和鲜卑婚俗相互影响。这三篇论文虽然研究内容不同,但都试图通过制度研究讨论北朝政权的草原传统。此外,滑裕、楼劲《北魏常爽学馆性质考》(《南京师大学报》社会科学版,第6期)认为太平真君元年(440)以后由常爽开立的学馆具有太学性质,是北魏太学数馆并置的体现。楼劲《释唐令"女医"条及其所蕴之社会性别观》(《魏晋南北朝隋唐史资料》第三十七辑)详细考察了唐代女医的来源、身份、居所及所习课程,并充分利用莫高窟壁画,以图证史,追溯其制度或源于北周,弥补了北朝女医制度史料不足的问题。

民族与中外交通研究方面,在各族群族源、迁徙、汉化,以及各族群间的关系等探讨较多的问题和族群认同等新问题上都有继续研究。

关于各族群族源问题,刘信君、邓树平《夫余与秽貊考辩》(《社会科学战线》第9期)指出关于夫余的族属夫余、秽貊和北秽三种观点中,夫余说更贴近历史事实。王素《北魏尔朱氏源出粟特新证——隋修北魏尔朱彦伯墓志发覆兼说虞弘族属及鱼国今地》(《故宫博物院院刊》第5期)根据《尔朱彦伯墓志》的记载对尔朱氏与虞氏族源提出新解：尔朱氏与虞弘所出鱼氏都源出粟特，尔朱氏本为粟特安氏，迁居尔朱川后改姓尔朱，虞氏迁居的鱼国实即渔阳国，鱼姓来自地名。这一新说有助于重新审视粟特人入华后的生存状态。涉及到族群迁徙的有艾冲、孟洋洋《鲜卑族乞伏部南迁时间与路线新考》(《宁夏社会科学》第3期)，该文认为鲜卑族乞伏部于东汉建光元年(121)至永建元年(126)间自漠北南迁"大阴山"，并考证了其南迁路线。少数族群的汉化是一研究积累丰厚的话题，高荣、贾小军、濮仲远《汉化与胡化：汉唐时期河西的民族融合》(中国社会科学出版社)发现十六国北朝时期河西地区发生了游牧民族的"汉化"趋势和汉族的"胡化"倾向。

族群之间的接触、交流等问题的讨论日益深化。罗新《统万城与统万突》(《中华文史论丛》第4期)通过考证统万城非汉语名称"统万突"的语源，指出古代汉语翻译非汉语特别是阿尔泰语时，语法差异会影响翻译结果，试图从语言交流来理解族群接触。袁刚《柔然与西域相关的几个问题》(《内蒙古社会科学》汉文版，第3期)考证了柔然羁縻西域数国、与悦般交恶、控制高昌和高车建国的时间，并提出了特勤这类突厥职官名可能吸收借鉴了柔然政治制度的观点。彭丰文《守在四夷：北魏北部边疆经略方针及其思想源泉》(《中国边疆史地研究》第3期)认为，北魏北部边疆经略方针中主动的军事讨伐时间短暂，防守、羁縻与怀柔则是长期、稳定的，中原王朝传统的边疆经略思想"守在四夷"是北魏北部边疆经略方针的重要思想源泉。

族群认同理论的引入，引发了新问题的研究和旧话题的反思。温拓《执壶鲜卑：段部源流三题》(《社会科学战线》第4期)揭示了鲜卑段部族属认同演变历程：段部自东汉末年以北族自居自称单于，入魏后自称晋人，西魏北周时自认正统鲜卑而东魏北齐却模糊先世族属，隋唐时代以武威、辽西、邹平为段氏郡望。苏航《"汉儿"歧视与"胡姓"赐与——论北朝的权利边界与族类边界》(《民族研究》第 1 期)借助族群边界理论重新思考北朝后期常见的"汉儿"歧视与胡姓赐与现象,指出"汉儿"是混合了地域、政治、文化等各种因素的特定人群,东魏北齐的"汉儿"歧视和西魏北周的赐姓政策都是为了强化六镇集团的身份边界和统治地位,通过"族类"划分制造政治利益集团的身份边界。

关于中外交通,吴昊、叶俊士、王思明《从〈宋云行纪〉路线看中原与西域的交流——以鄯善、左末城、末城为例》(《中国农史》第 1 期)梳理了《宋云行纪》记载的西行路线中鄯善、左末城、末城三地农业物种和农业状况。此外,关于高句丽的讨论也较为丰富。王旭《高句丽食邑制研究》(《社会科学战线》第 9 期)全面考察了高句丽食邑制实施的时间、实质和消亡原因。华阳《论高句丽人的死亡观》(《社会科学战线》第 9 期)指出高句丽人重视死亡和丧葬礼仪与中原一致,但不避讳死亡的态度与中原不同,这与高句丽人相信灵魂、祖先崇拜和信奉化生说有关。李爽《长寿王时期高句丽与北魏的关系》(《社会科学战线》第 6 期)呈现了高句丽长寿王时期与北魏的关系从交好到紧张、恶化和缓和的跌宕起伏的过程。

宗教史研究既在传统的宗教典籍研究等问题上有所推进,也通过利用碑刻等材料在宗教社会史上有所突破。

佛经研究方面。刘屹《穆王五十二年佛灭说的形成》(《敦煌学辑刊》第 2 期)对佛教史料关于北魏正光元年(520)佛道论争已涉及周穆王五十二年壬申岁佛灭的记载提出质疑,推定周穆王五十二年佛灭说应迟至唐初才确立下来。圣凯《圆融思想与末法观念——北朝〈大集经〉的流行与刻经》(《佛学研究》第 1 期)梳理了修习《大集经》的地论师、敦煌遗书《大集经》注释残卷《大乘五门实相论》的无碍思想和末法思想与现存北朝《大集经》刻经的关系。他的《北朝佛教的义学体系建构——〈大乘义章〉与〈菩萨藏众经要〉比较》(《西南民族大学学报》人文社科版,第 11 期)通过比较西魏、北周《菩萨藏众经要》与东魏、北齐《大乘义章》的组织结构、编撰意图,探讨了二者的学术特点与义学水平。池丽梅《〈高王观世音经〉的源流和传承——先行研究与现存文本综述》(《隋唐辽宋金元史论丛》第八辑)总结了《高王观世音经》的研究和现存文本。她的《〈高王经〉的起源——从"佛说观世音经"到"佛说高王经"》(《佛学研究》第1期)通过梳理"高王经"出现的历史背景和现存"高王经"诸多文本中的经名,讨论了"高王经"经名的最初含义和其制造目的。

宗教社会史方面。尚丽新《从刘萨诃和番禾瑞像看中古丝路上民间佛教的变迁》(《西南民族大学学报》人文社科版,第11期)总结了中古时代刘萨诃信仰在丝路的传播方式和其被上层社会接纳的历程。魏斌借助"历史记忆"理论讨论碑刻所涉及的宗教文化活动。《从领民酋长到华夏长吏:库狄干石窟的兴造与部落记忆》(《历史研究》第3期)通过分析库狄干石窟摩崖碑文展现了北朝地方官祈雨活动中汉魏传统的继承和佛教的参与、内迁领民酋长的部落身份记忆;《昙始碑考证:史传阙失与地方记忆》(《文史》第三辑)考证《昙始禅师行状记》的年代为北宋大观二年(1108),探讨了关于昙始的地方记忆和昙始活动地点与政局变化、经典翻译之间的关系。

经学等学术研究方面。庄芸《论青齐学术在北朝的兴衰》(《江海学刊》第6期)从《伪古文尚书》北传切入,梳理了青齐学术从北魏洛阳时代的兴盛到东魏北齐时代的衰落过程。王启发《北朝熊安生的礼记学及其经学史意义(上、下)》(《湖南大学学报》社会科学版,第1期、第2期)分析熊安生《礼记义疏》的四个特点,即沿袭郑注而有所引申、提出不同于郑义的解说、称引纬书及其郑玄注以为己说、称引其他经书与典籍以解义,并根据孔颖达《礼记正义》对其的征引和评判,展现了熊氏礼记学的学术价值。

经济史方面。杨荣春《北凉手工业研究——兼论北凉的经济贸易》(《新疆大学学报》哲学·人文社会科学版,第2期)利用吐鲁番文书探讨了北凉时期冶铸业、酿造业、蚕桑业、纺织业等手工业的发展和买卖、借贷、租赁等经贸活动。侯亮亮、古顺芳《大同地区北魏居民生业经济的考古学观察》(《郑州大学学报》哲学社会科学版,第6期)根据考古资料指出北魏时期大同地区狩猎、游牧的生业经济逐渐萎缩,农耕经济逐渐成为居民最主要的生业经济。拓展史料、借助考古成果或是以后经济史研究的突破点。

考古和出土材料方面。王音《北朝晚期墓葬形制研究——以北魏洛阳时代至北齐都城地区的墓葬为例》(《故宫博物院院刊》第3期)对北魏洛阳时代至北齐都城地区的墓葬进行了类型学分析,认为北魏与东魏、北齐在墓葬形制结构方面建立起了较严格的等级制度,墓葬文化也有创新之处。吴松岩《鲜卑起源、发展的考古学研究》(上海古籍出版社)对早期鲜卑墓葬进行考古学分析以探讨鲜卑早期历史的发展。齐运通、赵力光主编《北朝墓志百品》(中华书局)精选一百种北朝墓志影印出版,提供了一些尚未公开发表或尚未刊印过的新材料。

史籍校勘与考证方面。吴玉贵《〈北史〉校读札记》(《文史》第二辑)将《北史》与《隋书》卷八一至八五的内容对读,订正了点校本《北史》的若干失误。何德章《两篇东魏〈檄梁文〉的作者与相互关系》(《文史》第三辑)考证《魏书·岛夷萧衍传》与《文苑英华》所载东魏檄梁文的作者俱是魏收,二文独立成篇,《萧衍传》檄文袭取了《英华》所录檄文部分文句。李昊林《〈魏土地记〉成书年代考》(《中国历史地理论丛》第4期)考证北魏地理总志《魏土地记》成书于太和二十一年(497)至正始二年(505)间。

总体而言,2018年十六国北朝史研究论文、著作众多,成果丰富。虽然有些传统领域如经济史论文较少,但基本上各领域都有成果问世,以往关注较少的宗教史等领域则吸引了更多学者。社会学、人类学等理论如"族群边界""历史记忆"的引入促使以往被视为定论的研究得到重新审视,展现了更为丰富的历史图景。利用墓志、碑刻等新材料展开研究的论文数量减少,表明充分、细致地解读出土材料、挖掘新问题应成为今后研究努力的方向。此外,新材料的利用也存在着不均衡的情况,墓志的搜集、出版和研究较多,而造像记的整理状况则并不理想,其研究也集中于宗教史层面,社会史层面的探讨较少。总之,十六国北朝史研究仍然深具潜力。

台湾地区

林牧之

2018年台湾地区的魏晋南北朝研究在文史学界皆有相当丰富的成果,以下分为历史学界与中文学界,分别介绍。

一、历史学界

首先,在政治制度史方面,赵立新《汉魏两晋南朝官僚选用文书的演变及其意义——以状、行状、簿状和簿阀为主的考察》(《早期中国史研究》第10卷第2期),焦点在考察选用制度下关于"状"文书的形式、用途与相关制度。在两汉时期,"状"逐渐发展成为上书、公文中说明缘由的官方文书,并应用在选用制度上。而汉末到魏晋时的状语、品状已偏向人物评论。作者进一步讨论汉代到魏晋的"条疏行状",指出这并非如唐长孺认为的是"条疏""行状"两种文书,而是条列人物行事的文书。另外,汉末到魏晋,概括死者生平志业的行状也逐渐盛行。魏晋以降的选用制度受到士族意识的影响,更加关注官僚家族历代人物,因此也出现以家族为主的簿状、簿阀类文书。在汉魏间九品官人法的选用体制确立后,"状"文书的功能、发展与形式,也随着门阀社会的展开而随之变动。总体而言,"状"文书可说是探讨魏晋至唐宋间政治文化与制度的重要线索。

关于历史文献的探讨部分,赵立新另文《〈南齐书·百官志·序〉所见中古职官文献与官制史的意义》(《台大历史学报》第62期),意在通过《南齐书·百官志·序》来厘清当时官制史的撰述趋向。该文详细剖析萧子显《南齐书·百官志》序文(《志序》)的文意结构,借此厘清萧子显撰述《南齐书·百官志》时书写方式的缘由,并了解东汉以来关于官制史书写倾向的演变脉络。根据《志序》可知许多已散佚的职官文献。这些文献的撰述与流传,在宋、齐时达到极盛。萧子显也将这些职官文献视为"史注"之一,其撰述《百官志》也不重述其他职官文献的内容,以采录时事为主。另一方面,从《志序》也可了解到,《汉书·百官公卿表》以来,以《周礼》为框架的百官志撰述传统是以理念框架来描述现实官制。而此种职官文献的撰述方式,在魏晋以后产生了转变,逐渐着重实用层面。《晋令》中的官制规范,则明确"施行制度"的主旨,也成为此后的职官文献的撰述基础。《志序》则凸显了《晋令》的规范性功能与典范意义。简言之,通过《志序》,可以观察到当时百官志所蕴含的理念与现实,也可知这期间职官文献撰述趋向的演变。

另一研究趋向,是以碑铭史料作为问题意识的开端。郑雅如《理想人生的新向度——北朝隋代在家女性墓志中的信仰描述》(《早期中国史研究》第10卷第1期)一文,整理、分析了北朝后期到隋代间(495—618),在家女性墓志书写中包含信仰描述的部分。首先指出,北魏迁洛后,墓志内容朝向以颂扬志主为重心,开启信仰入志的书写空间。不过,受限于墓志文类更偏重于人伦功业等正统文化价值,信仰入志的比例不高。但信仰描述集中于佛教,可能反映了佛教在当时被认为较具正面价值,且与正统文化有所接合。随着时间推移,信仰入志的地域分布也随着政治、宗教中心的迁转而转移;阶层则集中于统治阶级,隋代时才明显向下延伸。志主不只身处政治文化中心,也多为上层阶级。因此,虽然信仰入志比例少,却可能也作为文化力量的代表。关于信仰入志的形式，在初期多作为凸显志主道德、才学的元素之一，北魏末期以后才较凸显宗教实践的部分。至于信仰入志为志主增添的理想品格，以慈悲心与般若智较为突出，超出了传统女性形象。亦有不少引用佛经女性作为模拟对象者，运用时也多少会做一些转化，以更符合当时社会的理想。再者，信仰描述也会凸显志主超脱俗世的取向，或是将一些重大人生变故连结信仰。其中相当典型的变故是夫亡孀居。但作者指出，许多信仰入志的志主虽然同时也是孀妇，志文中的孀居守节与信仰描述之间并无紧密关联，孀居与信仰的关系可能到6、7世纪间才受到更多关注。最后的结论指出，信仰入志的现象反映了佛教价值的渗透，其发展根源应是来自当时佛教对中古社会女性精神世界与生活环境的影响。

曾尧民《北朝僧官制度的递嬗——以沙门大统为中心》(《早期中国史研究》第10卷第1期)一文指出，在比对《续高僧传》与出土的其他碑铭史料的记载后发现，在北朝时期作为最高僧官的沙门统，到北齐时有增加员额的趋势。同时配合《魏书·释老志》与《隋书·百官志》中关于僧官编制的记载可知，北朝僧官除了员额增加，也有层级增加的情形。作者对比不同沙门大统法师的经历，认为北齐之所以设置两位以上的最高僧官，与国家意图分散权责、平衡当时各僧团间的势力有关。

除了碑铭中的文字之外，碑铭的造像，以至于墓葬中的美术取材，同样也是焦点之一。潘亮文《北朝时期的维摩诘经美术研究——以单体造像作品为中心》(《佛光学报》新4卷第2期)指出，《维摩诘经》单体造像的地域分布遍及河北、河南、陕西、山西、山东、甘肃、四川、安徽，其中以河南的数量为多，时间也最长（北魏晚期到北齐北周结束）。作者通过对个别造像的分析，指出相关造像应始于河北定州。随着北魏迁都洛阳，龙门石窟也成为造像的中心。而原本云冈石窟中的造像呈现的庶民性格也越来越强。而从造像题记来看，可知当时人已知所造的像为何者之像。其中的祈愿内容也都十分相似。此一结果，或许与私人供养的祈愿较强调造像功德有关。

庄蕙芷《古墓星空：洛阳北魏元乂墓天象图的再思》(《中华科技史学会学刊》第23期)，从出土于北魏元乂墓中的天象图展开讨论，谈魏晋到隋唐时天象图构图的发展与定型化。文中指出，东汉以前的天文图，多半有许多神话与想象的元素。而元乂墓的天象图，应是参考当时的科学天文图（即盖图）绘制而成，与东汉以前的特征有别。北朝另外几座墓葬的天文图，也是以视觉经验为基础绘制，但主题不一。这显示当时图像制作尚未稳定的状况。时至隋唐，这种天象图仅可见于三品以上官员墓葬，显示这类天象图受到控管，成为阶级社会中展示身份的一种方式。

史料考证、校注方面亦有成果。蔡宗宪《南朝梁大爱敬寺地理位置考》（《早期中国史研究》第10卷第2期）指出，南宋张敦颐《六朝事迹编类》记录梁武帝所建大爱敬寺位于钟山北高峰上，此说也被近代学者所沿用。作者通过南朝与唐人文献的相关记录加以考证，认为大爱敬寺应位于钟山西峰山麓地带。作者附带校订了刘世珩《南朝寺考》的"大爱敬寺"与"草堂寺"之条目，列于文章之末。

此外，"中研院"历史语言研究所"《续高僧传》研读班"自2016年开始运作，针对《续高僧传·感通篇》各传逐一展开研读校注。研读班希望藉由校勘、注解、现代语译《续高僧传》，来了解其原始内容，厘清不同版本的差异，并分析道宣的编纂过程。目前已于《古今论衡》发表了感通篇前三传译注成果：《〈续高僧传·感通篇〉译注（一）：〈勒那漫提传〉〈释超达传〉〈释慧达传〉》（《古今论衡》第31期），分别由林圣智、郑雅如主译。主持人仓本尚德也在篇首介绍《续高僧传》的版本流传系谱，并说明道宣著述《感通篇》的可能动机。

学位论文部分，计有硕论两篇、博论一篇。其中蔡宜宸硕论《"明神道之不诬"——干宝〈搜神记〉背后的史学传统与神道系统》（台湾暨南大学历史学系硕士论文），尚未公开。兹就可见者做简单介绍。

施厚羽《迩于戎事：晋唐之间女性的战争参与》（台湾大学历史研究所硕士论文），以女性的战争参与为线索，试图在性别史中铺陈女性参与战事的情形、需要与诠释方式，并进而探讨在战争场域下所反映的性别架构。首先指出，晋唐之间的女性参战事例，多与非汉族群文化、与军事事务接触甚多等背景有关。除了领导战事外，通过后勤等方式参与战事则为女性参与战争的常态。由于女性的性别属性被认定为"阴"，当时对女性参与战争的诠释、评价多以批判为主。在历史书写上，对女性参与战争的描写从先秦到隋唐亦有变化，魏晋南北朝时期描述参与战争的女性，多半亦包含个人在家庭职份中的品格特质；唐代以后则更着重于其尽忠朝廷的描写上。最后的结论指出，晋唐间的女性参战，与其所处地域文化风俗、社会组织有密切关系。尤值注意者，女性通常是在父系家族的组织下参与战事。对于女性参与战争的描写，基本上侧重对既有秩序的维护，整体来说还是呈现女性服从既有性别权力关系的状态。

庄蕙绮《中国中古时期的南方疾病与地理想象》（台湾师范大学历史学系博士论文），讨论魏晋南北朝隋唐时期对"南方"的疾病论述与地理认识。作者通过先秦两汉对"南方"概念的界定，中古时期记事、文学作品中的南方论述，医学典籍中叙述的南方风土病，唐代墓志中透露的南方瘴疠记忆等四个层面，探讨中古时期"南方"的范围，以及其附带的疾病、地理想象等相关论述。另外也从唐代士人的记述，探讨时人在前往南方时的自保之道。

从上述研究成果可以发现，传统文献的细读与出土史料的运用皆受到相当重视。尤其出土史料对既有课题不只有补充作用，甚至可以作为问题意识的开端，展开新课题的研究。除了碑铭史料已被广泛运用之外，造像、图像所具有的史料价值，也越来越受到重视。史料的多样化，同时也拓展了研究课题的广度。尤其是与佛教相关的主题受惠甚多。而在学位论文部分，也可以看到有别于过往的选题，令人耳目一新。操作此类过去较少谈论的题材，需要清楚所谈论的框架为何，同时也要掌握与相关研究主题间的关联性，如此才能更明确掌握这类新课题的讨论方向，而不只是标新立异。在上述成果中，也可以看到相当成功的案例。

二、中文学界

首先关于礼制部分。陈燕梅《六朝官方吉礼祀议及施行之源流考》(台湾学生书局),是改写博论所出版的专书。中国古代礼仪的施行根据在于经典,但由于礼仪记载内容不一,实际在施行时也产生许多礼仪。六朝时期,国家致力落实经典的礼制规范,因而必须处理过去的礼仪。本书的主旨,是讨论六朝官方吉礼祭祀议论,与礼仪实践的状况,厘清经、史间的距离,并说明儒门在吉礼祭祀的影响达到何种程度。作者分别通过郊祀、社祭、庙享及其他相关议题展开析论。由于两汉礼学发展疲弱,六朝的礼仪与实行,基本上是在东汉末以后郑玄、王肃的意见上展开。在各种礼仪的实践上,或申郑,或从王。也有不少礼仪课题是实践过程中产生的。也有因为政治客观环境的变化,或天子妄作而产生的礼仪变异。

狄君宏的博论《魏晋服议中的经权研究》(台湾大学中国文学研究所博士论文),从丧服相关讨论探究经权的运用状况。魏晋时门第兴盛,需要严格准则厘清家族分际,因此丧服礼仪备受重视。相较于先秦儒学的情礼并重,魏晋时个体自觉、重情思潮,深刻影响服议的议论走向。儒家经典中所强调的权变思想,也是魏晋经权思想的来源。从魏晋时的服议可以看到,许多学者为使论点符合需求,往往重新诠释经典,在守经的同时也略有权变之内涵。服议依据课题的不同,或偏向权变,或经权并重,但议论均源于经典。由此来看,经典在当时仍具极高价值。

关于宗教、思想的探讨有三篇文章。纪志昌《"万方有罪,在予一人"——谈南朝忏法中的家国关怀》(《(台湾)清华学报》第48卷第1期),通过对南朝忏文的分析,梳理其中透露出的宗教实践理念与家国关怀。作者指出,《尚书》《论语》等本有帝王下诏罪己的传统,却成为南朝帝王援引格义其"菩萨行"精神的语脉。同时"在予"也被赋予"菩萨行"的意涵。从南朝的《净注子》、梁武帝"六根大忏",以及陈文帝的忏法实践可知,他们通过"共感"性原理链接身、家、国与现、生、后三报,这与菩萨行的解怨释结、自忏忏他的功能相应。从而南朝帝王的"舍身",除了传统意义上的"赎罪"之外,更是精神上体"空"所作的"清净大舍"。当时忏文的内容,也呈现出富含家国关怀的意向。斋主(统治者)不只是作为赎罪者,也是体察、怜悯世间苦难的皇帝菩萨。这也反映了当时忏法在一己身心以至于家国众生的疗愈作用。

王岫林《论魏晋人物品藻对人物气、性之鉴赏》(《中国文哲研究通讯》第28卷第3期)一文指出,魏晋时期品藻人物,系以"气"与表现出的"性"为基准而展开。由于当时"气化宇宙论"这种万物均由"气"所构成的理论,仍是当时人认识世界的基准。构成人的"气",以及藉由这种"气"所组成的本质"性",也就呈现了这个人会具有什么样的特质。当时品藻人物,会以其先天质气的"清""朗""升""畅"为重点,并以此为据视其能否切合世用。

何维刚《六朝季子庙祠祀的雅俗交涉》(《中国学术年刊》第40期春季号),以六朝季子庙为考察对象,探讨此类贤者祠祀如何由民间信仰进入官方祀典的过程。东汉以来有民间祭祀季札的记载,并且有着民俗色彩、追求灵验的信仰性质,揭示其信仰的"俗"之一面。刘宋时禁绝淫祠,但却因延陵季子庙有着孔子题碑的缘故,其祭祀活动也被官方认可而正当化,使其信仰也被塑造出"雅"的一面。在两者相互支持下,才使得信仰流传长久。

与士人文化相关的主题,有施又文《晋宋庄园经济下的别墅与园林文化》(《东海大学图书馆馆刊》第32期)。该文强调当时别墅与园林的差别。别墅虽通常布置园林景观,但园林未必等同别墅建筑。别墅除颐养士人心志外,也同时承载士大夫家族、同侪情感交流等日常功能;但园林更强调自然的一面。佛教传入中国时,其山水性格也与晋宋士人崇尚自然的风尚不谋而合。

文本分析部分也颇有成果。李玲珠《语境中建构的道德思维——〈世说新语·德行〉抉微》(《高雄师大国文学报》第27期),指出《世说新语·德行》中包含部分不能以儒家或道家道德观来解释的记事。因此作者藉由重新还原其作为志人小说的性质进行讨论,整理出四点特征:1.前十条以名士为对象以树立道德典范;2."孝行"占全篇四分之一篇幅,为所有德行中最高,且已开展出与任情的结合;3.从编排来看,可知《世说新语》同时肯定仕、隐的不同价值;4.通过邓攸、王献之的故事,《世说新语》编者应有意回应道德实践中难以控制的命运变量。

萧旭府《干宝〈韩凭夫妇〉故事重探》(《真理大学人文学报》第21期),将文本放在魏晋时期的历史、文化语境中,从干宝"神道不诬"等意义下展开探讨。作者通过对故事情节的分析,指出《韩凭夫妇》除了关于两人爱情的描写之外,故事情节其实也反映了时人对传统道德反省的企盼,也投射了时人在面对旧有秩序的崩毁与建构理想新秩序等的心态。

陈俊伟《东晋孙盛〈魏氏春秋〉之王族历史叙述》(《东海中文学报》第35期)一文指出,孙盛所撰《魏氏春秋》与当时其他三国时期记史文献相比,虽具文学色彩,却也具有相当的真实性。而从其王族历史叙述来看,呈现出高层统治者内部的矛盾冲突,以及未被其他史书记载的历史论述。对于东晋以后的三国历史认识,孙盛的贡献也相当显著。

关于文学体裁、词汇运用的研究,尤其受到中文学界关注。周诚明《南北朝乐府诗阐论》(元华文创),对当时乐府诗的源流、产生背景做了详细析论,再介绍乐府诗的分类、体制,其后逐首考证民间乐府诗,评介南北朝拟乐府诗的作者。最后则讨论乐府诗的特色与价值,指出其杂糅雅胡乐,反映民间文学、南朝商市生活之特色,并析论其促进宫体诗兴盛,影响后来隋唐胡乐、唐诗宋词等文体的发展。

郭章裕《论〈文心雕龙〉"杂"之观念与"杂文"》(《东吴中文学报》第35期)一文,分析文学、思想内关于"杂"的概念,以及《文心雕龙》中的"杂文"概念。关于文学语境下的"杂"观念,实际上承继先秦两汉,其所蕴含的美学观念与"文"之间是相互对应的,当时对两者的理解会用颜色的相错配合来呈现。而在思想上,"杂"是相对于"纯/正宗"的支流、衍生物。在这样的脉络下，刘勰所说的"杂文"，所指涉的是与主要文体相对的次文体。其所叙述的"杂文"项目中，主要包含对问、七、连珠三个文体。从《文心雕龙》来看，这三个文体可推断是源出赋体。由于三个文体与"赋"之间在题材、审美重点等有别，因此别立"杂文"项专论之。

王润农《寓心事于游戏：论南朝四首建除诗》(《"国立"彰化师范大学文学院学报》第17期)指出，过去对建除诗的讨论，只将之当作南朝文学集团中应制、酬作的游戏之作，缺乏个人情志。但从现在仅存的鲍照、范云、萧詧、沈炯四人所作之建除诗来看，这四首其实都蕴含了著者深刻的内在思想，更可看到宋、齐、梁、陈四代的朝政缩影，实有深入解读、探究的价值。

祁立峰《废余美学——论六朝辞赋中的微物、丑物与剩余物》(《成大中文学报》第61期)，探讨六朝关于"废""余"题材的辞赋。作者通过三种主题，渺小之物、审丑之恶物、闲散之人与残陋之居来探讨，指出这些题材或许因为当时追求新变、时局动荡等因素，给予当时创作者灵感。而从文学史的角度来说，唐代吸收了六朝文学的养分，也将一些难登大雅之堂的题材割舍掉。本质上这些被割舍的部分，就是代表一种"废""余"的本质。这也是探讨"废""余"题材辞赋的核心意义所在。

朱先敏《典故、形式与譬喻——从"南枝"论诗歌新语词的形成》(《中国文学研究》第45期)，从汉末《行行重行行》中的"胡马依北风，越鸟巢南枝"开始，探讨六朝、唐代对"南枝"一词的运用情况。"南枝"由于诗歌文体发展为五言，字词结构上利于对偶，以及"南方"逐渐具有温暖、隐逸等意象，"南"也被赋予"安居""所生"等意象，两者相结合产生借指家乡的语义。这些特征，使诗人创作时更倾向运用这一词汇。在历史的发展中，藉由诗歌形式变化、语义衍生运用，使"南枝"逐渐在诗歌中词汇化。

顾敏耀《声律论的递进／演进——〈文心雕龙〉与〈闲情偶寄〉比较》(《美和学报》第36卷第2期)一文，比较来自不同时期、不同主题文论中的相同篇章《声律》。刘勰《文心雕龙》以韵文为对象，强调声律和谐的重要，呼应沈约"永明体"的声韵理论,从而对"永明新体(近体诗)"的流行起了关键作用;李渔《闲情偶寄》回应当时汤显祖、沈璟的论争,综合二人观点,讲求戏曲中的声律需要让唱词优美动听、宾白字字分明。这对后来《长生殿》《桃花扇》的创作,以及王国维、吴梅的戏曲理论,均具有重要影响。

关注于书写对象形象演变的研究主题,也有不少成果。人物形象演变的部分,有朱书萱《典型的塑造——钟繇的时代及其"正书之祖"形象的确立》(《中国学术年刊》第40期秋季号)。该文探讨钟繇如何成为书法界的"正书之祖"。钟繇原本不以书法闻名,但因其传人继承其艺术形式,并赋予最高评价,使其书法的地位在六朝时确立。经过唐人对钟繇故事的渲染,更加强了其书法艺术家形象。最后,作者通过隶书到楷书的书法演变史,指出钟繇的作用。其关键是钟繇在当时"草隶"的基础上加以创造发挥,形成流行的新字体,并成为东晋书法盛世的发展基础。此后此种新字体的传承,乃钟繇被尊为"正书之祖"的主因,也使他在艺术史中成为指针性的文化符号。

李百中《从纵情任性到纵弛失礼——〈论世说新语·任诞〉"谢安始出西戏"的编者观点》(《奇莱论衡:东华文哲研究集刊》第6期),试图还原刘义庆当时的视角,以说明刘义庆所以将谢安负面形象的"谢安始出西戏"编入《任诞篇》的原因。作者认为,尽管刘宋时玄风仍盛,但士大夫之行止仍受儒学影响,重视"礼""节"。而从刘义庆本传、《世说新语》编排亦可看到刘义庆具此倾向。从当时士人的车行观念来看,谢安此则记事中"纵弛赌戏""徒行失礼",是被刘义庆选录于《任诞》的理由。

除了人物之外,城市作为书写对象,也是学者讨论关切的主题。李姿莹《论洛阳城的两种书写面向与寓意:以〈洛阳伽蓝记〉与〈洛阳道〉为观察对象》(《东吴中文在线学术论文》第42期),探讨不同时空背景的书写者,对同一城市(洛阳)不同的叙事方式。北朝杨衒之《洛阳伽蓝记》与南朝文人《洛阳道》虽均以"追忆"的方式书写洛阳,但前者着重于呈现其正统性与权力空间;后者则着重于描写文化古都的美好,并通过记忆拼凑出其意象之美。

祁立峰《想象之城：南朝诗歌中的洛阳长安书写及其文化意涵》(《国文学报》第63期）也以探讨南朝诗歌对洛阳、长安的书写为主题。其中指出，当时较少描写六朝都城建康的诗歌，但却有不少以洛阳、长安为题的作品，其潜文本均可追溯到两汉的都城大赋。这些作品往往充满细节、实物，但所折射出的意象，已经是一种想象。这些作品所写的洛阳、长安，虽未必是以建康作为实际描写城市，也没有蕴含复国的意志，却也呈现南朝士人对洛阳、长安的独特想象。

另外，《中国文哲研究通讯》为庆贺哈佛大学东亚系教授宇文所安（Stephen Owen）荣退，于2018年第1期（第28卷第1期）出版《庆祝宇文所安荣退专辑》。其中收录文章如下：刘苑如、黄则彰（Harrison Huang）访谈记录《冬访宇文所安——"汉学"奇才／机构"怪物"的自我剖析》；陈雅琳《洞见与想象：宇文所安研究的台湾影响初探》；邱琬淳《走向世界——论中国学界对宇文所安的接受与研究》；谢薇娜《文学史的建构：从欧洲汉学的书写传统论宇文所安的中国文学史观》；罗佩瑄、陈雅琳《宇文所安（Stephen Owen，1946—）学术年表》。

学位论文部分，狄君宏博论已在前文介绍，另有两篇已公开的硕士论文：

孔令安《竹林意识的形成》（台湾清华大学中国文学系硕士论文），旨在探讨竹林意识在当代的形成、象征与演变过程。作者指出竹林意识起源于竹林之游的偶然组合，并指出这与当时兴起的"自觉"有密切关系。《魏氏春秋》首次使用"七贤"之称，《世说新语》更将七贤的言行定调为"任诞"的个体自觉展演。东晋时竹林意识的内涵才完全成形。从南朝时对竹林七贤的描写、援用来看，竹林之游的抵抗性被弱化，留下的是回归自然式的"逍遥"意象。

甄景童《六朝以前鱼类变化叙事研究——以人／鱼变化为中心探讨》（政治大学中国文学系硕士论文），以汉魏六朝鱼类变化叙事中的"人／鱼变化"为主题，探讨其中的叙事结构与内涵演变。作者基于李丰楙所阐释之"常与非常"来讨论此一问题。首先分析此类叙事源头的"颛顼化为鱼妇"，指出"死后变化复生"是人化鱼的原始叙事结构。其深层叙事结构则建基于"日夜交替"与"季节转换"等神圣概念，并涉及到认为万物运作都是循环往复的"圆形时间观"。而要掌握六朝以前叙事内涵的转变，需要从"气化论"来理解，也就是宇宙万物都是气化而成。至于六朝时的"鱼化人"叙事是六朝特有，标识着叙事深层结构中神圣性的降低，取代的是以生活经验为主的叙事。这些叙事多表现"怪异非常"的一面，呈现"真实—奇幻—真实"的叙事走向。总而言之，"人／鱼变化"主题的叙事，是在当时"常与非常"的认识框架下，重新探讨以人为本位思考的问题，藉由精怪作为叙事象征精怪与人间的互动，影射当时人间百态与众生之象。

其他尚未公开的中文系学位论文，还有陈俊伟《魏晋时期"帝魏"之三国国史撰述评议》（台湾大学中国文学研究所博士论文）、赖怡君《魏晋志怪与感应故事研究》（中兴大学中国文学系硕士论文）、尹华《论魏晋南朝文人的经济生活》（台湾清华大学中国文学系硕士论文）、王睿含《六朝志怪小说中的"酒"及其文化意涵》（政治大学中国文学系硕士论文）、钱玮东《六朝时期宋玉辞赋的经典化及其意义》（政治大学中国文学系硕士论文）、黄凯筠《论萧纲诗写景咏物中的"观看"》（台湾师范大学国文学系硕士论文）。

上述中文学界的研究，有许多课题其实与历史学界密切相关。其中关于礼制、经学的讨论，以及当时宗教交涉、士人文化等课题的研究成果，可以说是历史学界从事相关研究者所不能忽视的。至于文体演变、文本分析等，虽与历史学处理的问题重叠较少，但历史学研究仍需立基于文献解读来处理问题。若能借重此类成果，相信亦能开展许多魏晋南北朝史的新课题。

日 本

永田拓治 著　　刘 莹译

　　2018年，引领学界的安田二郎逝世。在1976年的回顾与展望中，安田二郎曾提出"六朝史研究所面对的学问上的'困难'，正是至今为止的六朝史研究所取得的成就。但无须多言，这一'困难'必须被克服，为此，深入到每位研究者的方法及其对历史之理解的总体性的把握和探讨，是不可或缺且行之有效的"。在深入每位研究者的方法及其理解历史的思想之后，对各研究进行分类也是克服困难的一步吧。但是，自安田先生的回顾之后已过四十年，研究成果有了更多的积累。对于如何以相关研究成果为基础，对2018年发表的魏晋南北朝史研究进行分类，笔者深感困难。究其原因，则在于以迄今为止的丰富的研究积累为基础，从多种研究视角出发，探究历史事件与现象的多层次的研究有所增加。

　　因此，首先介绍具有多种研究视角的论文。山口正晃《"中国佛教"的确立与佛名经》（《关西大学东西学术研究所纪要》51）通过对一直不受重视的、仅罗列诸佛名号而被称作佛名经的佛典进行分析，不仅明确了对于费解佛经难以理解的民间信仰之状态，还揭示了佛教渗透中国社会的多层次过程，指出在佛教向不怎么关心佛教的知识人阶层进行渗透的过程中，佛名经曾为一臂之助力，可谓高论。此外,作者还提到,本为外来宗教的佛教得以在以中国为中心的汉字文化圈扩散,通俗易懂的佛名经是重要原因之一。此点殊为重要。本论文立足于佛名经的基础研究,展现了佛教向广泛的阶层渗透过程中的政治、社会与国际关系的研究视角。

接下来要介绍佐川英治关于都城的一系列研究。佐川的研究不仅仅停留在都城研究的框架内,而在以中轴线为线索的研究基础上更进一步,在更多层面拓展了研究的领域。《围绕都城制度分期的历史学和考古学》(《中国考古学》18)从文献学的角度对考古学复原的曹魏邺城复原图进行了批判,但也指出了文献学的问题点,"都城整体的复原图,是以部分的考古学为依据,再通过与文献相印证而制成的。此时,重要的是文献的记载和出土的地层,如果不十分小心地进行剥离,就可能错将后世的制作当成前代的东西",而要避免这样的错误,必须有历史学与考古学的相互检证。此外,佐川的论文不仅论及各时代都城的共性与特点,还从隋唐与日本、朝鲜半岛的都城比较出发,对当时东亚国际关系中的都城历史变迁抱以关心。其《六朝建康城与日本藤原京》(黄晓芬、鹤间和幸编《探寻东亚古代都市的网络》,汲古书院)一文认为,藤原京向平城京的变化,并非相同设计的延长线上的发展,而是与南朝系统(六朝建康城)和北朝系统的设计差异相呼应,后者给予了从北魏洛阳城延续至唐代长安城的一条南北向道路以特殊的地位。《唐长安城的朱雀大街与日本平城京的朱雀大路》(《唐代史研究》21)则以贯穿都城中心的朱雀大街和朱雀大路为线索,对唐长安城和日本平城京加以考察。这一系列论文具有分属于政治、礼制、国际关系等研究领域的研究视角。另外,揭示都城多重性的论文还有内田昌功《西晋五胡十六国时期的长安》(《史朋》50)与角山典幸《北魏洛阳的治安维持官》(中央大学《人文研纪要》91)。前者指出十六国时代的长安欲比肩西晋洛阳,具有利用既有的城墙、街道以连接皇宫与东宫等特征。后者则探索民族构成复杂的北魏洛阳的治安维持组织。都市治安维持的视角在多样化的现代都市研究中也是紧要的课题,选题深富意味。

原田直枝《论谢灵运〈撰征赋〉》(《六朝学术学会报》19）是一篇研究视角很难归入文学研究框架内的论文。文章着眼于行旅之际由于外因而作赋这一点，对谢灵运受东晋安帝之命，为慰劳刘裕之武功而作的《撰征赋》加以探讨。其中，作者评价了谢灵运直述未在历史叙述文本化过程中被正式评价的话题一事，并推测，与刘孝标注《世说新语》有其信息背景一样，《撰征赋》也自有其信息来源。作者虽未直言，但谢灵运写作《撰征赋》在义熙年间，正与著作郎徐广撰成《晋纪》四十六卷的时期重合。这显示了成书于刘裕威权已著的义熙年间的《晋纪》，可能是《撰征赋》信息来源之一。作者对行旅之赋中历史叙述的来源的探讨，去除了后世意义上的"文学"与"历史"的界限，隐含了提出新的历史图景的可能性。牧角悦子《"文"之概念成立中的班固的位置》(《六朝学术学会报》19）指出被视为六朝文论基点的班固的文的意识本质上是儒教的文的意识，与儒教有密切的关系。这种文的意识在建安时期发生了重大变化，六朝时期，"文"逐渐从儒教的价值观中取得了自律的价值。同氏《建安的乐府和诗》（《二松学舍大学人文论丛》100）认为儒教价值中的"文"产生新的文学性是在建安时代。在此基础上，作者指出将近代意义上的文学与建安时期的"文"等而视之的危险性，认为至少古代典籍中的"文"是儒教价值的一部分，其观点值得重视。有关其专著《经国与文章》（汲古书院）的整体评价交给专业书评，在此一提的是，本书涉及近代视为对立的政治与文学之间的关系。据此，这一时期的"经国与文章"和"政治与文学"并不同义，而是明确体现了作为同质的价值观同时存在的经与文之间的关系。

东汉魏晋时期，《国语》经过了多次注释，高桥康浩《魏晋的〈国语〉注》（《二松学舍大学东亚学术综合研究所集刊》48）以已经散佚的王肃、孔晁注为中心进行了论述。韦昭注引用了以《左传》为中心的各种儒教经典对《国语》进行解释，意图将其经典化。相比于此，以汉代传统的章句之学为基础进行注释的王肃、孔晁等人的注并不具有优势。有"春秋外传"之别名的《国语》借儒教经典《左传》提升了地位，《左传》在所谓"史"的观念的形成中具有重要的作用，这对了解当时的经史领域之分界十分重要。此外，渡边义浩《〈古史考〉与〈帝王世纪〉》(《早稻田大学大学院文学研究科纪要》63）及《"史"的文学性》(《东洋研究》208）关注魏晋时期从经中剥离而出的史。前者论及以儒教（经）为依据的史的记述的意义，后者指出了南朝的史的文学性。三木启介《杜预〈春秋经传集解〉中的地理注释的态度》(《三国志研究》13）发现，杜预《春秋经传集解》的地理注释追求实事求是，而这样的态度似乎与史的意识相关。以上各论均着眼于经史、文史的连结处而非断绝处，揭示了运用综合的视角对这一时期的著述进行考察的必要性。

2018年还有通过魏晋南北朝时代出现的各种边界的连结性特征探究历史特质的论文。王朝之间的边界是考察魏晋南北朝时代边界问题最显著的标识，特别是南北之间的边界，对这一时代的历史特征产生了极大的影响。淝水之战对这一边界的划定具有划时代的意义，佐川英治《汉帝国以后的多元世界》(《南川高志编《378年 历史的转变期2》，山川出版社)、藤井律之《江南开发和以南朝中心的世界秩序的构筑》(同上），即分别从南、北的视角对这一战役进行考察，探讨其对后世及当时的国际形势所产生的影响。由于南北朝边界的存在而产生的另一种历史解释则以胡族得以控制华北为背景，推想其所具有的军事优越性。针对这一看法，峰雪幸人的《五胡十六国——北魏前期胡族的华北控制与车马供给》(《东洋学报》100-2）以支撑这一军事优越性的马匹为线索，提出了疑义。作者对以关东为根据地的后赵的军马状况加以细致讨论，指明其军马供给源为盘踞东北的宇文部。而即便是此类五胡、北朝政权，由于国际关系变化，以及向华北、南方扩展等状况的影响，要确保军马的稳定也会变得困难。小野响《后赵建国前夜》(《立命馆东洋史学》41）与《石勒十八骑考》(《立命馆文学》657）则深化了关于后赵国家形成的理解。同样以马为视角的还有吉田爱《北朝后期的军马供给》(鹤间和幸、村松弘一编《马所诉说的古代东亚世界史》，汲古书院）。文章指出，北朝时期存在区别农业地带与游牧地带的边界领域，并考察以不利于马匹供给的农业地带为基础的北魏后期、东魏、北齐，如何调配在前近代中国决定军事优势的马匹。在南朝看来，北朝国家并无区别，而这两篇论文不仅明确了北朝在不同时期和地域所具有的差异，同时也探讨了马匹的获得对国内外的影响，即与国内统治和当时的国际关系之间的密切关系，殊为优异。

这样的视角也见于佐川英治《北魏道武帝的"部族解散"和对高车部族的羁縻统治》（宫宅洁编《多民族社会的军事统治》，京都大学学术出版会）。作者从被视为部族解散之例外的高车部所面临的状况入手，对北魏道武帝部族解散的意义进行了再检讨。文章不以国内统治为视角，而将其置于北魏与当时兴起的柔然等部族之间的关系等国际形势之中进行宏观考察，阐明北魏分别利用中央集权的郡县支配与部族联合，对游牧与农耕两个世界加以统治的特质。藤井律之《前秦政权中的"民族"和军事》（同上）通过对邓太尉祠碑等石刻资料的分析，探讨前秦建立的、由各种民族构成的军队的实态。同样从国际关系的视角出发，讨论三国关系的论文有：野中敬《邓艾的鲜卑移徙》（《史观》179）；菊地大《孙吴的南方发展及其影响》（竹内洋介、大室智人编《〈华阳国志〉的世界》，东洋大学亚洲文化研究所）。野中敬指出通常被认为是邓艾施行的鲜卑迁徙，实际是司马昭主导的措施，其背景是蜀汉之间的抗争。菊地大则提出孙吴为了对抗曹魏势力向东亚的扩张而向交州以南拓展生存空间。为此，孙吴选择与扶南加强经济关系，而非扩大其政治秩序。另一方面，吴与林邑的关系恶化，此又为东晋所继承。

在理解这种具有强烈流动性的时代方面，地图制作是把握边界领域的有益的研究手法。前岛佳孝《关于西魏统治领域划分的补论》（中央大学《人文研纪要》91）言及其效果，称"借助绘图，可以发现此前未见之问题"。接着，从制图所依据史料的可信性并不确定、地域划分在地理上的不自然等方面，针对毛汉光所作西魏军府管辖分布地图提出了疑义。这也启示我们将历史事件中的边界实现地图化的长处与难处。正如作者所言，与行政区划的制度不同，结合南北朝时期的实际情况进行划分的研究并不少见。小尾孝夫《义熙土断中的刘裕的政治意图》(《东洋史研究》77-1）即以军郡为线索，探究东晋末年刘裕施行义熙土断的政治意图，指出北府、西府诸督将以无实土的侨置郡县之侨民为主要军事力量盘踞要镇，是东晋时期所特有的政治背景。在政治的影响下，这一时期的行政区划频繁地伸缩其边境线。要将这样的区划在地图上明白示之则牵涉到流动性的固定化。在各个研究者都能比较容易地制作地图的研究状况下，更要对地图资料的有效利用给予充分的注意。

接下来，将目光转移到难以被可视化的意识之边境上。南北朝时期出现了可称为权力构造边界的意识上的边界。李济沧《六朝贵族研究中的乡品和家格》(《中国》33）涉及中、日六朝贵族制研究，再次着眼于作为确定贵族与非贵族界限指标的乡品二品。同氏《南朝贵族制与皇帝权力再考》(《东洋史研究》76-4）发现"二品才堪"与"门第二品"之间自有界限，"二品才堪"指适合乡品二品所对应的官职，但实际上并未获得乡品二品身份的寒人、寒门出身者。由此，得出"二品才堪"是王朝内部贵族自律性的体现的结论。只是作者并不将此界限看作贵族与非贵族，甚至贵族与作为其后盾的皇帝之间的对立，而是在两者的边界领域中看出了这一时期的历史特征。此外，大上正美《阮籍、嵇康与隐者孙登》(《二松学舍大学人文论丛》100）指出有时被视为隐者的阮籍与嵇康两人，虽对隐者有着憧憬，但绝不能成为隐者。一方面，仕官与隐者之间虽有明确的界限，但另一方面，对当时的知识人来说，却很难单纯地将两者进行分离。文章既从摇摆于仕官与隐遁之间的知识人的自我表现中看到了这一时代特有的文学性，又暗示了知识人在贵族、非贵族之外还有隐者这一多重边界，富有深意。

山下洋平《北魏文明太后崩御时的孝文帝的服丧礼仪》(《东方学》135）针对孝文帝为文明太后冯氏所行服丧礼仪具有改变北族传统习俗的目的这一普遍看法，指出这一礼仪的施行是以避免北族社会既有秩序的摩擦，导入新的礼仪秩序和官僚体制为目的的。孝作为服丧的精神，已被视为当时人与人之间规范性的观念，在这样的社会背景中，孝文帝将自己置于践行孝道的有德之君之位，又以孝约束官人与庶民。这一讨论与以汉化视角探讨孝文帝改革的研究可谓判然有别。而孝文帝对文明太后的孝行也影响到了北魏都城与陵墓之间的关系。村元健一《北魏洛阳北邙墓群的构成与变迁》(《东洋史研究》77-3)提到,为了从视觉上展示对文明太后的孝,孝文帝在营建于都城郊外的永固陵附近修建了自己的寿陵,从而使具有隔离都城与皇陵区之特征的平城时期的墓群发生了变化。而为了强化皇帝权力,又巧妙地利用了墓地的配置,迁都洛阳后所营建的北邙墓群便明确地显示了鲜卑内部皇帝—宗室—其他鲜卑的阶层性,论证颇具说服力。此外,两篇论文也使我们意识到了界定皇帝权力强弱界限的标准。

户川贵行《南北朝的天下中心》(《唐代史研究》21)指出,以影长为基准,确定洛阳为天下之中的典据是《周礼》,但若依此,长安和建康都具有非天下中心的弱点。文章即对长安与建康,而非洛阳与建康进行了比较。北周依据《周礼》制定了国家制度,这不仅仅是宣扬复古的时代错乱之物,也是对利用《周礼》宣示正统性之策略的继承与发展,这与未能在洛阳建都、具有同样苦恼的南朝刘宋与梁利用《周礼》的做法如出一辙。这一灼见不是将南北割裂,而是着眼于二者之间的联动性,潜藏着构建南北朝历史新图景的可能性。只是,文中所言的宣示正统性如何实现?长安与建康都不具有洛阳所有的正统性依据,那么,在两地的刘宋、梁、北周是通过什么宣示正统性,又如何确保其正统性?在此,欲与同样论及正统性问题的冈田和一郎《北朝国家意识形态》(《唐宋变革研究通讯》9)一文合而观之。文章认为,由于北魏建国并非源于前代王朝的禅让,因此正统性的证明是北魏的大问题。为此,自建国以来,北魏在设计制度时,虽以前代诸王朝的故事为根据,但面对与南齐的紧张关系,孝文帝一朝主张继承西晋以确立本王朝正统性,因此采用了西晋时被固定化的汉魏故事,与《周礼》一起,成为制定制度时的两个依据。这一事实显示,这一时期正统性的表达有多种方式,迁都洛阳虽有利于宣示正统性,但仅仅如此是不够的。津田资久《〈华阳国志〉所见的蜀汉叙述》(《〈华阳国志〉的世界》)、《许嵩〈建康实录〉的撰述与望气者的预言》(《史朋》50) 也言及正统性宣示与洛阳的关系。前者再次探讨了被"正史"经籍志等归类于"霸史类""伪史类"的《华阳国志》中所包含的作者常璩的政治意识，提出常璩是依据"土中"，即洛阳来确定王朝正统性的。后者指出，许嵩意图将《建康实录》作为一本预言之书，在所谓五百年的大分裂周期的前提下进行叙述。为了实现这样的叙述意图，作者发现与江南对峙、君临中土洛阳的华北王朝是另一个正统，由此明确了《建康实录》中存在两个正统。文章显示，在多王朝分立的魏晋南北朝时代，正统性的宣示必不可少，对正统性这一高度抽象的议题进行个别且具体的探讨十分必要。

窪添庆文《墓志研究杂感》(《史学杂志》127-3) 提到了包括自己在内的魏晋南北朝史中涉及墓志的诸研究，其中，既有只限于志文的研究，又有在埋葬墓志的墓葬情况和墓志以外，关注陪葬品、志石种类、墓志上雕刻的花纹、书法等综合的墓志研究方法。这一现象反映的并不是当前墓志研究水准的高低问题，而是在研究成果不断积累的情况下所见到的新课题，再次强调了就长远看来，对其继续进行研究的必要性。与其意相合，关尾史郎《高台县古墓群发掘调查简史》(《资料学研究》15) 认为全面搜集、整理每一个古墓群的信息，对于研究高台县古墓群出土的多种文物，提炼今后的新课题必不可少。此外，安部聪一郎《魏晋简牍研究之现状》(《古代文化》70-3) 立足于走马楼吴简的研究积累，提到不仅是简牍记载的文字，把握简牍作为遗物的性质也日渐重要。另外，满田刚《虞溥〈江表传〉》(《创价大学人文论集》30) 收集、整理了《三国志》之外有关孙吴的、有比较完整佚文留存的虞溥《江表传》佚文，并阐述所得之认识。仓本尚德《碑文与〈续高僧传〉诸本的比较研究》(《日本古写经研究所研究纪要》3)，对各种《续高僧传》的文本与碑文资料进行了全面的整理比较。佐野诚子《难以企及的原文本》(中国古典小说研究会编《中国古典小说研究的未来》，勉诚出版)以《搜神记》等为例，谈到文本研究工作的必要性。而正如其所言，这一工作需要在长期的研究视野下展开，以便确定精确度更高的文本。而饭塚胜重《〈华阳国志〉所见的巴郡世界》(《〈华阳国志〉的世界》)、田余庆《北魏道武帝的忧郁》(田中一辉、王铿译,京都大学学术出版会)也提出,细致解读《华阳国志》之类颇具魅力但又难解的史料,只停留在史料批判层面是不够的,这样的探讨应在长期的研究中占有一席之地。

最后,具有通贯南北观点的著作还有池田恭哉《南北朝时代的士大夫与社会》(研文出版)和堀内淳一《南朝文化在北朝社会中的融合》(东方书店)。柿沼阳平《中国古代货币经济的延续与转变》(汲古书院)则提出以东汉三国两晋之时代轴为研究的时间基轴。无需赘言,要理解魏晋南北朝时期,必须理解东汉社会。但另一方面,从正面探讨两者之连续性的研究却不可谓多。在这样的研究状况下,关于魏晋南北朝研究领域的界限究竟为何这一问题,各研究者既要结合自己的研究选题进行自省,学界也需继续追问。通过多重的研究视角探究流动的魏晋南北朝时代的边界,观察其连接性而非断裂的一面,或许能构建出新的历史图景。

欧　美

姜虎愚

本文将对尽可能收集到的2018年西方学界所发表的魏晋南北朝史研究做一概览，以期为汉语学界了解西方早期中古史的优秀成果及最新进展提供一些参考。需说明的是，"魏晋南北朝史研究"这一学术分野大致对应于西方学界"早期中古研究"，回顾中部分西方研究并不仅限于该时期，也涵盖了东汉、唐代乃至更大的时间范围，譬如若干佛教研究所关注的石窟、壁画及传世文献并不局限于中古早期，因此其中的魏晋南北朝史内容需就原文加以具体甄别。所涉作品汉译名称均为方便回顾暂拟，非正式译名。

学术专著方面，田菱（Wendy Swartz）的《阅哲与作诗：中古早期意义生产的文本间性模式》以嵇康、孙绰、陶渊明等中古早期重要作家为例，考察了他们如何在用典中借助既有文化资源，拼接出自身独特的文化符号读写模式来，这种读写模式即"文本间性"——对符号进行移情、改编与重塑等种种加工。[1]

---

[1] Swartz, Wendy. *Reading Philosophy, Writing Poetry: Intertextual Modes of Making Meaning in Early Medieval China*. Harvard University Asia Center, 2018. 相关书评参 Xin Fan, Reading philosophy, writing poetry: intertextual modes of making meaning in early medieval China, *Global Intellectual History*, 4:1(2019), 82~83；及 Haun Saussy, Book review,《中國文化研究所學報》*Journal of Chinese Studies* No.68, 2019, 281~284.

傅云博（Daniel Fried）《历史中的道与迹：中国古代与中古时期的道家元符号学》：所谓"元符号学"受德里达"元书写"概念启发，探究缺乏系统性的符号学理论指导的社会，其关于"意义"的观念与实践。本书从比较哲学及中古早期文学与宗教研究等角度出发，考察2—6世纪道家关于符号（语言与非语言）及意义的话语，对当时社会如何认识语言与表意的关系进行了更深入的思考。[1] 韩献博（Bret Hinsch）《早期中古中国的女性》是英语学界就中古中国女性研究的开创性专著，从婚姻、母亲、教育及她们在政治与宗教事务中所扮演的角色等多个方面入手，综合性地考察了当时中国女性的生活世界。[2] 田晓菲在《赤壁之戟：建安与三国》中分析了关于建安时代两种历史追忆间的分裂与对话：分别是以隽爽诗文与文学批评为代表的"文"与散发英雄主义及男性魅力的"武"，两种历史追忆从一开始的交织状态逐渐在流变中彼此分离。[3]

论文集方面有田菱与康儒博（Robert Ford Campany）合编的《中国中古时期的记忆：文本、仪式与社群》。文集认为历史记忆可以由仪式构建、受文本形式限制并由社会群体的接受与期待所塑造，共收录相关论文九篇，前六篇均为六朝研究，关键词分别是陆机之《辩亡》、江淹的仿古诗、《礼记》与《世说新语》、文士身份与回忆、庾信的宫廷诗、《千字文》。[4] 六朝古籍翻译方面则有

---

[1] Fried, Daniel. *Dao and Sign in History*: *Daoist Arche—Semiotics in Ancient and Medieval China* (SUNY series in Chinese Philosophy and Culture), State University of New York Press, 2018.

[2] Hinsch, Bret. *Women in Early Medieval China* (Asian Voices), Rowman & Littlefield, 2018.

[3] Tian Xiaofei. *The Halberd at Red Cliff*: *Jian'an and the Three Kingdoms* (Harvard—Yenching Institute Monograph Series), Harvard University Asia Center, 2018. 书评参 Thomas Jansen, Book review, *BSOAS*, 83, 2020, 174~176.

[4] Swartz, Wendy and Campany, Robert Ford, eds. *Memory in Medieval China*: *Text, Ritual, and Community*. Brill, 2018.

Zhang Zhenjun 的《幽明录》译注。①

　　相对于之前学术专著集中于文学及知识史范围，2018年单篇论文的研究主题则更显多样。政治史方面，研究者的兴趣主要在于政治权力的合理性问题上。谢伟杰（Wicky Tse）的论文《边缘政权的正统树立：前凉统治下西北边境的忠诚性与地域性》考察了前凉政权在西晋覆灭之后正统性的确立：远离江左东晋的地区政权如何利用对帝国的宣誓忠诚，又与五胡国家实现和解，在效忠以获取正统性及确保地方利益间维持某种平衡，最终确立独立统治的既成事实。针对其正统性成立手段的多样性，作者提出了"多重"正统性的概念。②刘璞宁《入主中国：北魏正统性是如何建立的》对北魏政权正统性研究进行了梳理与综合，其着力点主要在以下方面：从代到魏的国号更替、从土德变为水德、迁都洛阳、祥瑞与国家祭典等。本文对易号、迁都、变俗、改易德运等措施均予以深入探究，进一步展现了正统性确立对北魏王朝的迫切性及其手段的复杂性。③上述两篇关于正统性的文章都重视对既有研究进行整理与突破，将零散的研究成果综合到专题研究中来。艾柏田（Sebastian Eicher）《袁宏对汉魏禅代的评断》通过比较袁宏与陈寿、范晔、习凿齿等史学家对汉魏禅代之认同的差异，展现了晋宋时期对于曹氏代汉之话语的成立过程。袁宏对该问题的认识别具特

---

① Zhang Zhenjun. *Hidden and Visible Realms: Early Medieval Chinese Tales of the Supernatural and the Fantastic*, Columbia University Press, 2018. 另，康儒博近年来在灵验记及志怪小说英译方面可谓成绩卓然，参其 *A Garden of Marvels*（异苑），University of Hawai'i Press, 2015 及 *Signs from the Unseen Realm*（冥祥记），University of Hawai'i Press, 2012.

② Tse, Wicky. Fabricating Legitimacy in a Peripheral Regime: Imperial Loyalism and Regionalism in the Northwestern Borderlands Under the Rule of the Former Liang (301~376), *Early Medieval China*, 2018: 24, 108~130.

③ Liu Puning. Becoming the Ruler of the Central Realm: How the Northern Wei Dynasty Established its Political Legitimacy, *Journal of Asian History*, Vol. 52, No. 1 (2018), 83~117.

色：其将汉祚之移归结为献帝本人的决策失当。①毕嘉宏（Ignacio Villagran）《镇国基石：中古早期关于分权统治的思想》讨论了中古时期就汉代集权抑或周代分封，究竟哪种统治方式更能维持久安的问题。作者质疑了一直以来认为汉代以来文化群体均持集权观点的看法，以魏晋时期曹炯与陆机为例，论证了部分思想家也认同分权统治一说。②制度史方面，谭凯（Nicolas Tackett）为《牛津研究百科全书（东亚历史）》撰写了《帝制时期中国政府与社会的空间组织》一文，总结了从秦到清针对华夏腹地的农耕区与其他空间组成部分的各种政治与经济统治形式。③

文化史方面，高德耀（Robert Joe Cutter）在《建安时代的宴集诗：早期中古中国的饮食与记忆》中突出了宴会饮食对建安文学的重要性，认为其已经构成了该时代文学的特质之一。这些宴集诗所体现出的不仅是饮食背后的文化记忆和实践，还有对既有诗歌文化的继承与创造，更反映了社会关系和文化意涵。④吴伏生在《三世纪中国朝臣间的赠答诗与权术》中以西晋潘岳与陆机围绕贾谧所作两首赠答诗为中心，同样关注了作品的内、外部语境，并以赠答诗的生成为契机，描绘了宫廷侍臣间的权术角力图景。⑤唐巧美的《分隔南北：中古早期的性

---

① Eicher, Sebastian. Yuan Hong's Evaluation of the Han-Wei Transition, *T'oung Pao* 104 (2018), 511~536.

② Villagran, Ignacio. "Sturdy Boulders that Protect the Realm" Early Medieval Chinese Thinkers on Decentralized Governance, *Early Medieval China*, 2018: 24, 82~107.

③ Tackett, Nicolas. Spatial Organization of Chinese Imperial Government and Society, in *Oxford Research Encyclopedia of Asian History*. Oxford University Press, 2018.

④ Cutter, Robert Joe. Gastropoetics in the Jian'an Period: Food and Memory in Early Medieval China, *Early Medieval China*, 2018: 24, 1~23.

⑤ Wu Fusheng. Poetic Exchange and Power Plays among Third-Century AD Chinese Courtiers, *Asia Major* (2018) 3d ser. Vol. 31. 2: 41~68.

别、诗歌与政治》讨论了南北朝时期的分隔统治所导致的巨大文化差异。①Wang Mengling 的硕士论文《玉台新咏与早期中古的选集实践》则聚焦于《玉台新咏》的实际编纂过程，对其编纂者、纂成时间、编纂方式都提出了自己的新解，并对选集编纂的社会与政治背景，特别是南朝梁的宫廷文化进行了考察。②

艺术史方面，金鹏程（Paul R. Goldin）《数据库辅助下的谢赫"六法"二题》对"六法"表述之句法及"气韵"提出了新的认识。作者参与到从 20 世纪 30 年代就开始的关于印度"六支"及谢赫"六法"间关系的讨论中，借助数据库工具找到了梅维恒（Victor H. Mair）在论据上的失误，即"序数+X，Y 是也"的句式已出现在 6 世纪汉语散文中，并认为哪怕"六法"确实来自印度，但仍不清楚这一观念是如何被容受进来的。③Zornica Kirkova 则在《圣山、弃妇与廉吏：中古早期诗歌中香炉形象的多面性》中指出，从宋代文物专家开始，对博山炉的关注主要集中在器物形制与神仙信仰间的关系，却忽略其外部语境，特别是在文化上层生活中产生出的多样意义。该文即此重新考察东汉至六朝相关咏物诗中呈现出的丰富意涵。④

校勘学方面，斯蒂芬·彼特·布姆巴切尔（Stephan Peter Bumbacher）在《葛洪的庄子》一文中指出，葛洪所据《庄子》无疑是一个未经郭象编订过的版本，而《神仙传》所引《庄子》与郭注本《庄子》相吻合的文句可视为最接近

---

① Tang Qiaomei. Divorcing North and South: Gender, poetry and politics in early medieval China, *Journal of the Oriental Society of Australia*, The Volume 49 (2018), 50~70.

② Wang Mengling. Yutai xinyong and the Practice of Anthologization in Early Medieval China, THESIS Presented in Partial Fulfillment of the Requirements for the Degree Master of Arts in the Graduate School of The Ohio State University, 2018.

③ Goldin, Paul R. Two Notes on Xie He's "Six Criteria", Aided by Digital Databases, T'oung Pao 104 (2018), 496~510.

④ Kirkova, Zornica. Sacred Mountains, Abandoned Women, and Upright Officials: Facets of the Incense Burner in Early Medieval Chinese Poetry, *Early Medieval China*, 2018: 24, 53~81.

该文献汉代面貌的部分。比勘较郭注本更早的《庄子》引文确有利于恢复该文献原貌，这一思路也可能适用于其他文献的整理。①

宗教文化，尤其是佛教，仍是西方学界与魏晋南北朝研究的重要接触面。埃里克·格林（Eric M.Greene）在《何为"佛教"？：早期中古中国想象中的佛教图像崇拜》中对"像教"概念进行了精致的知识考古：从"与印度正法相似"的教变为"以偶像崇拜为特征"的教，这一概念嬗变背后的图像崇拜又是如何在佛教入华的最初四个世纪为文献所呈现。不同以往，作者提出图像崇拜是在5世纪后期才被视作非华夏的独特实践的，佛教入华时汉地已有本土偶像崇拜传统，偶像崇拜单独被反佛文献挑剔是5世纪后半才出现的现象。②但值得指出的是，作者所考察的"偶像崇拜的批判"并不包括六朝人对奢靡造像之风的批判（或说在5世纪后半以前，士人哪怕反对造像靡费但也并不反对偶像崇拜），而后者在《三破论》之前早已有之。对"偶像崇拜"作为一种纯粹的宗教理念与实践进行知识史考察当然很有必要，但它究竟能不能从佛像崇拜传统在入华后极大地改变了本地景观，强烈刺激本土知识人观感（这也是许理和等前人对佛像崇拜相关表述的措意所在）的历史语境中剥离出来，还值得进一步的思考。何书群（Michael Radich）的《三部来自五世纪中国南方的同类经典：摩诃摩耶经、过去现在因果经及法显名下的大般涅槃经》建立在作者关于T7《大般涅槃经》及如来藏经典的既有研究基础上，考察了与T7相关的两部南朝经典T189《过去现在因果经》和T383《摩诃摩耶经》，认为二者都是船山彻所谓"翻译与编纂之间"的"中间性"经典，而非翻译或伪经的僵硬二分法可以归类。作者即此观察了5世纪南朝的文本生产及文本间交互过程，如这组文献在编译过程中更倾向于利用同时代不同区域译出的文献而非更早的同类型经

---

① Bumbacher, Stephan Peter. Ge Hong's Zhuang zi, *Asiatische Studien—Études Asiatiques* 72(4), 2018: 1021~1058.

② M.Greene, Eric. The "Religion of Images"? Buddhist Image Worship in the Early Medieval Chinese Imagination, *The Journal of the American Oriental Society*, Vol. 138 Issue 3, 2018, 455~484.

典，反衬出知识的空间传播已具备相当效率。值得注意的是作者对文本间关系的分析利用了分析软件"TACL"，极大地提高了相关语文数据的处理质量，详参该文第4页注6。①康儒博《灵验记中的经典容受：370~750年间〈法华经〉在中国的个案研究》从接受理论角度观察了中国中古经典权威的生成机制，并以《法华经》为例揭示灵验记所反映的经典容受过程之一：经典不仅仅是教义的媒介，其本身也是神异的主体，对信徒们的供奉活动予以积极回馈。日韩佛教史中的同类故事也被纳入了考量。②史蒂芬·柯里（Stephan Kory）在其《暗根与明枝：对圣人单道开的多种叙述》中考察了单道开4世纪中叶逝去后相关记载的不断丰富化，其形象与个人生涯在后世得到儒释道三家从不同角度的推广。作者指出关于单的早期模糊描述为后来对其身份愈发清晰的叙述留下了空间，并考察了后世对该形象进行重塑的种种语境与动机。③有趣的是，作者此处也遇到了与汉语学界早期高僧研究者同样的窘境，即早期零散模糊的史料（"暗根"）部分难以支撑大量论述，因此只能对后世衍生出的历史记忆（"明枝"）展开研究。"暗根"问题的解决恐怕仍有赖于新材料的加入与多种史料及方法的综合构建。陈世崇（Frederick Shih-Chung Chen）的《早期中国中古的五道大神》

---

① Radich, Michael. A Triad of Texts from Fifth-century Southern China: The *Mahāmāyā-sūtra, the Guoqu xianzai yinguo jing, and a Mahāparinirvāṇa-sūtra Ascribed to Faxian, *Journal of Chinese Religions*, 46. 1, May 2018, 1~41.

② Campany, Robert Ford. Miracle Tales as Scripture Reception: A Case Study Involving the *Lotus Sutra* in China, 370~750 CE, *Early Medieval China*, 2018: 24, 24~52. 另外康氏在2018年还发表长文继续思考西方话语中的"宗教"在中国之对应存在的问题。提出比起弃用这一概念或对其不加批判地使用，更应检讨文化他者中的对应现象究竟在多大程度上符合西方的"宗教"概念。参 Robert Ford Campany. "Religious" as a Category: A Comparative Case Study, *Numen* 65 (2018), 333~376.

③ Kory, Stephan. Ambivalent Roots and Definitive Branches: Discourses on the Holy Man Shan Daokai (d.359? ad), *Asia Major* (2018) 3d ser.Vol.31.2: 69~106.

对五道大神形象在中古早期的起源与发展在杜德桥（Glen Dudbridge）的研究基础上又做出了推进。唐以前五道大神均出现在佛教相关语境中，而所谓中古时期非佛教的五道大神本土信仰的记载，作者认为可能出自慈云遵式等宋代天台僧人，其人为推广素食、变杀牲祭祀之俗而创作出了相关记述。①最后，伯夷（Stephen R. Bokenkamp）为祁泰履（Terry F. Kleeman）关于天师道的突破性著作做了介绍性书评，肯定了祁对天师道研究所做出的巨大贡献，也为相关研究的继续开展提出了问题与建议。②

佛教医疗史在2018年成果丰硕，其中以古尚（C.Pierce Salguero）的贡献尤为突出，③古氏在该年发表了三篇长文，分别是：1.《治疗和（或）救赎：中国中古佛教中宗教与医药之关系》。本文分别从声闻乘与大乘的角度介绍了减轻病痛与究竟涅槃这对理念在中古佛教文献中的关系。由于作者曾在中古时期"宗教/医疗市场竞争"的现实背景下讨论过佛寺医疗，因此这篇文章主要关注概念本身在文献中的具体表达。④2.《一寻之身：中古佛教经典中的肉身与苦行理念》。身体及各器官一直是佛教文化中观想、探索与崇拜的重要对象。在中古时

---

① Chen, Frederick Shih-Chung. The Great God of the Five Paths (Wudao dashen 五道大神) in Early Medieval China, *Journal of Chinese Religions*, Volume 46, Issue 2, November 2018, 93~121.

② Bokenkamp, Stephen R. Celestial Masters：History and Ritual in Early Daoist Communities by Terry F. Kleeman (review), *Harvard Journal of Asiatic Studies*, Volume 78, Number 1, June 2018, 248~255 (Review).

③ 古氏近年来在佛教医疗史研究方面的贡献可参 James A. Benn（贝剑铭）为其所作书评：James A. Benn. *Buddhism and Medicine: An Anthology of Premodern Sources*. Edited by C. Pierce Salguero. Columbia University Press, 2017. (review), *Journal of the American Academy of Religion*, 2018, 1~3.

④ C. Pierce Salguero. Healing and/or Salvation? The Relationship Between Religion and Medicine in Medieval Chinese Buddhism, Working Paper Series of the HCAS "Multiple Secularities–Beyond the West, Beyond Modernities", Leipzig, April 2018, 5~30.

期倡导苦行的经典中,文献中的"肉身"究竟是如何被叙述的?从中可发现尽管以超越俗世为第一要务,佛教仍然对身体有着细致入微的认识,同时还引入了大量当时的印度医学理念。文章也是对李约瑟关于"佛教思想中部分固有观念无益于对现象世界的认知"之判断的反思。①3.《中国医疗史的缺环:〈大正藏〉中医药内容的研究提要》。从教理、寺院医疗实践等角度为西方世界的中国医疗史研究者提供了一份关于《大正藏》中医药相关材料的介绍。这些内容相对零散,且尚未受到西方学界的足够重视。②此外,罗维前(Vivienne Lo)等编辑的论文集《想象中国医药》中也收录了两篇关于中古早期医疗史的文章:③1.王进玉《敦煌石窟壁画中的医疗、保健与身体修炼图像》关注了敦煌壁画中的医药卫生图像,强调这些与医疗相关的图像出现在壁画中存在各种偶然性,或并不以传播医疗知识为第一目的,但仍提供了许多理解宗教背景下医疗文化的契机(第251~270页);2.张瑞贤、王家葵、徐源(Michael Stanley-Baker)《最早的石刻医药铭文》考察了龙门药方洞对佛教医疗的展示与传播方式,对诸药方铭文的外部文化环境,铭文纪年的精确化及与若干敦煌卷子间的关系也做了深入探讨(第373~388页)。

从上述简要回顾中不难发现,西方学界的早期中古史研究对材料的外部语境相当重视,④但同时也在对概念本身做脱离外部语境及非线性的考察。这一思

---

① C. Pierce Salguero. "This Fathom-Long Body": Bodily Materiality and Ascetic Ideology in Medieval Chinese Buddhist Scriptures, *Bulletin of the History of Medicine*, Volume 92, Number 2, Summer 2018, 237~260.

② C. Pierce Salguero. A Missing Link in the History of Chinese Medicine: Research Note on the Medical Contents of the *Taishō Tripiṭaka*, *EASTM* 47 (2018): 93~119.

③ Edited by Vivienne Lo, Penelope Barrett, David Dear, Lu Di, Lois Reynolds, Dolly Yang. *Imagining Chinese Medicine*, Leiden: Brill, 2018.

④ 如何书群文以文献内容语文学分析为主,其审稿人提出意见:"只有追索到具体作者及其背后的社会环境,这篇文章才可算是成功的。"见该文注89。

路与非汉语母语学者一直在探索最合适的汉文译文，重视概念界定与方法论反思等考量有关，也经常能给予我们不同程度上的知识刺激。欧美学界在新软件分析工具的利用，①将命题置于整个东亚研究语境中等方面也颇有值得借鉴处。此外，西方研究一般对学术史梳理得普遍较为仔细，重视将不同语言之学界研究成果纳入考察范围，这一点对研究者而言颇为实用。其对作者的思辨与叙事方面亦较重视，也注意照顾各种知识结构的读者的需求，因此文章可读性普遍较强。无法否认，西方学界的早期中古史研究对多种史料的综合利用方面还有提升的空间，时或出现汉字转写失误等瑕疵，但其成果无疑仍值得进一步吸纳与借鉴。

---

① 在运用各种数据库的同时，西方研究者往往也带着对"算法批判"（algorithmic criticism）及"远距离阅读"（distant reading）一类与运用计算机进行大批量文献分析相关之理论问题的反思（如金鹏程文）。

传统的积蓄、深化与新可能性的探索
——韩国魏晋南北朝史研究的回顾与展望

赵晟佑

韩国学界于20世纪50年代末、60年代虽出现过关于南朝社会经济史的几篇专论,①有介绍国外关于西晋的占、课田制,重新检视史料的先驱性研究等研究论文,②但魏晋南北朝研究真正变得活跃是从1984年魏晋隋唐史研究会成立并正式举行发表会开始的。这一研究会从1993年开始刊行学术期刊《魏晋隋唐史研究》,于1997年改称魏晋隋唐史学会。2004年与先秦秦汉史学会合并,并以中国古代史学会之名运行。2006年再将学会名称改为中国古中世史学会,并开始刊行学术期刊《中国古中世史研究》。从名称得见,学会是以从先秦到唐,时而至五代为对象的研究学会,而并不限于魏晋南北朝研究。在韩国研究魏晋南北朝史的学者大体上也以此学会为中心进行学术交流。以笔者之力,将20世纪80

---

① 李公范:《南朝의 山林薮泽问题》,《史学研究》3,1959年;《南朝의 门生·故吏》,《成大論文集》4,1959年。

② 闵斗基:《西晋의 占·课田制 研究에 대하여》,《历史学报》15,1961年。

年代中叶到2019年的韩国魏晋南北朝史研究成果,在有限的篇幅内做简要介绍确属勉强,也一定会有笔者未能准确掌握而至遗漏之处,或难以详细涉及的部分。在本文之前,已有数篇介绍韩国魏晋南北朝研究的中文文章,本文简要介绍其大体脉络,但主要介绍2000年之后,特别是最近十几年间的研究成果。

韩国的魏晋南北朝史研究呈现如下几种倾向或特征:

1.研究最多的对象是五胡十六国与北朝,特别是北魏。相较于此,对东晋及南朝缺乏关注,对三国与西晋的研究也相对鲜见。在韩国学界并不区分魏晋南北朝与隋唐,而是放入中古中国的范畴,个别研究者中也有很强的兼顾魏晋南北朝与隋唐的传统。到了2000年之后,在相当数量的年轻学者中出现只研究魏晋南北朝或隋唐的倾向。

2.到20世纪90年代为止,虽有不少关于北魏均田制、南北朝时代的身份制等社会经济史的研究成果,但2000年以后社会经济史研究逐渐开始退潮,近年不见有正式的研究成果。

3.作为新的倾向,与思想和宗教相关的研究正逐渐增加。为此,使用之前并不为韩国学界所特别瞩目的史料的情况也开始变多。

4.通过检视韩半岛诸国与中国之间的关系而重新说明国际关系的尝试仍在持续,对之前并无太多研究者关注的草原地区或西南地区等中原周边区域的关注也在增加。

一、五胡十六国与北朝研究

整体介绍魏晋南北朝史的概论书出自韩国学者之手本身便有意义。①但如前所述,韩国魏晋南北朝史学界多少偏重于五胡十六国北朝时期。究其原因,还是五胡十六国与北朝的历史经验如何反映在隋唐的支配体制之中这一问题意识

---

① 李公范:《魏晋南北朝史》,知识产业社,2003年。

所致。在这一情况下，便不能不涉及胡与汉的问题，而朴汉济从20世纪80年代中叶以来持续提示"胡汉体制论"这一框架，提出对从五胡十六国到唐代这一时期独立性的认识。相较于胡的汉化，更强调汉的胡化，进而通过以游牧因素（胡）与农耕因素（汉）的融合形成的第三文化形态这一框架去理解北朝与隋唐。朴汉济对北中国胡与汉两民族并存、冲突、反目、融合的进程，和以胡汉问题为中心的所有社会问题都欲以胡汉体制的框架加以把握。以胡汉之间的冲突与反目终究趋向于融合为前提，认为其融合的结果便是开放性质的世界帝国——隋唐。朴汉济从发表以该视角分析前秦苻坚政权的论文开始，①认为北魏的均田制是反映游牧政权管理农耕社会的独特的制度，②北魏皇帝们维持了作为游牧君主的可汗意识，③在对柔然政策与对南朝政策中也反映出强烈的游牧民族特性，④同时，对于洛阳的结构与性格等也以这样的假说予以说明。⑤以首尔大学在职教授与同门为中心执笔，于1989年出版的《讲座中国史》系列第二册《门阀社会与胡汉的世界》中，以贵族制为中心理解魏晋南朝的《魏晋南朝贵族制的展开与其性格》一文，以及综合整理朴汉济胡汉体制论的《胡汉体制与其构造》一文的大部分内容都被简要整理在内。⑥韩国学界也有否定北魏汉化的观点，认为鲜卑传统与汉族传统经过融合形成了新的支配体制。崔珍烈发表了多篇论文，重新检讨孝文帝的所谓汉化政策，指出其仍然保持了强烈的胡的因素，

---

① 朴汉济：《前秦 苻坚정권의 성격：胡汉体制와 统一体制의 구축과정과 관련하여》，《东亚文化》23，1985年。

② 朴汉济：《北魏 均田制의 성립과 胡汉体制》，《东洋史学研究》24，1986年。

③ 朴汉济：《北魏王权과 胡汉体制：北魏社会의 变质과 관련하여》，《震檀学报》64，1987年。

④ 朴汉济：《北魏 对外政策과 胡汉体制：统一体制指向과 관련하여》，《历史学报》116，1987年。

⑤ 朴汉济：《北魏 洛阳社会와 胡汉体制：都城区划과 住居分布를 中心으로》，《秦东古典研究》6，1990年。

⑥ 首尔大学校东洋史学研究室编：《讲座中国史》2，知识产业社，1989年。

强调胡族国家性格与北朝相关。① 许多研究者以五胡十六国与北朝为研究主题，如长期从事鲜卑拓跋氏研究的金荣焕，② 连续发表有关五胡十六国各政权研究的池培善、李椿浩，③ 发表数篇北魏相关研究的金圣熙等。④

朴汉济通过胡汉问题来解释初期呈现优势的北齐最终为北周所征服的原因，指出东魏、北齐未能从根本解决胡汉冲突与对立的问题，西魏、北周则通过大胆的胡汉合作形成了新的制度，集结了国力。⑤ 这样的理解自然延续到了对隋

---

① 崔珍烈：《北魏孝文帝의 胡姓 改称과 그 性格 — 孝文帝의 汉化政策의 实证的 检讨》，《大东文化研究》，2013年；《北魏后期 洛阳거주 胡人들의 生活과 文化 - 孝文帝의 '汉化政策'의 再检讨》，《中国古中世史研究》24，2010年。

② 金荣焕：《魏书 序纪로 본 传说时期 拓跋鲜卑考：兼论 鲜卑史 研究의 新资料·新方法》，《中国学报》36，1996年；《拓跋鲜卑 周围의 西部 考释：西部의 时期别 变迁 过程을 中心으로》，《中国古中世史研究》4，1998年；《魏晋南北朝时期 北方民族史研究：拓跋鲜卑族의 历史와 文化》，아이반호출판사，2003年。

③ 池培善：《中世东北亚史研究：慕容王国史》，一潮阁，1986年；《中世中国史研究：慕容燕과 北燕史》，延世大学校出版部，1998年；李椿浩：《五胡十六国时期 后燕의 中枢之官에 关한 研究》，《中国古中世史研究》19，2008年；《五胡时期 慕容前燕의 建国과 그 性格：'勤王'의 出现 및 그 运用을 中心으로》，《东洋史学研究》113，2010年；《五胡时期 汉人王朝 冉魏와 그 性格：胡汉对立과 그 克服의 限界를 중심으로》，《中国古中世史研究》23，2010年；《五胡王朝의 胡人 支配方式과 그 性格：大单于의 任职과 单于台의 设置를 中心으로》，《东北亚历史论丛》31，2011年。

④ 金圣熙：《'白虏'에서 '索虏'의 世界로：4世纪末 河北 覇权의 向背》，《东洋史学研究》99，2007年；《北魏의 河北 经营과 山西·河北间 交通路 修筑》，《历史学报》198，2008年；《五胡十六国 北朝 时期 母后의 干政》，《中国古中世史研究》33，2014年。

⑤ 朴汉济：《西魏·北周时代 胡汉体制의 展开：胡姓再行의 经过와 그 意味》，《魏晋隋唐史研究》1，1994年；《东魏·北齐时代의 胡汉体制의 展开：胡汉葛藤과 二重构造》，《分裂과 统合：中国中世의 诸相》，知识产业社，1998年。

唐支配集团与支配体制，乃至国家性格的说明方式上。同样以胡汉体制论为基础的诸篇文章并非毫无论争，出现了对所谓"胡"这一概念理解使用的模糊性，研究中经常使用的"游牧的"这一概念的不准确性等质疑。另外，对于定居平城以后的拓跋鲜卑到底有多少游牧因素的问题，是否能够从汉族的传统去理解均田制等问题，也有新的认识与批判。即便如此，构建以政治、经济、文化等胡汉体制论，综合说明五胡十六国北朝到唐的宏观理论体系无疑是韩国学界的重要成果。

二、东晋南朝史研究

对朴汉济的胡汉体制论提出的质疑之一，就是若按胡汉体制的框架说明南北朝史，则东晋与南朝便会被排除在外这一点。对此，为理解东晋南朝的历史，朴汉济提出"侨旧"体制这一框架，[1]将永嘉之乱以后大规模的人口从华北南下而形成主导江南政治、社会、军事的"侨"，与之前便居于江南的人口"旧"，相冲突、妥协、共存等现象概念为"侨旧"体制。然而，这一体制仍留下了问题。是否可以将包括蛮越的复杂人口结构的江南原居民仅做"侨"与"旧"的区分而加以理解？并且，因地域的不同，是否会受限于"侨旧"体制的框架反而难以把握其准确的历史面目等。从事东晋南朝时期荆州相关研究的洪廷妸也发表过以侨旧问题理解荆州地域社会的文章。[2]

另一方面，相比于提出宏观框架，也有通过缜密的论证聚焦东晋南朝政治

---

[1] 朴汉济：《东晋・南朝史와 侨民：'侨旧体制'의 形成과 그 展开》，《东洋史学研究》53，1996年。

[2] 洪廷妸：《东晋南朝时代 荆楚地域文化와 '荆楚人' 意识》，《东洋史学研究》118，2012年；《东晋南朝时代 荆・雍 地域人의 出仕와 侨旧의 葛藤：南郡王 刘义宣의 反乱을 中心으로》，《中国古中世史研究》30，2013年。

与制度的研究。金裕哲发表了系列文章，包括通过对"北伐"的分析，揭示东晋皇权脆弱实质的研究，以及关于梁武帝时期官制改革、南朝政治史，乃至涉及少数民族等多种主题的研究。① 李周铉则长期致力于关于东晋南朝的将军制与将军所开幕府的指挥官与府僚的研究。②

2010年以后，梁镇诚关于文书行政体系的一系列研究值得瞩目。梁镇诚持续关注这个问题，如认为"敕"在魏晋南北朝时期增列为皇言的一种形式，在唐的公令式中确定了下来；证明"牋"的形式首次出现于后汉时，在三国两晋以多种形式被使用，而以刘宋为起点，确定为对皇太子的专用文书形式，以至唐代；认为在南朝的文书行政中，诏书经"门下"执行，相较于"敕"处上位等。③

三、社会经济史研究

社会经济史研究中受到瞩目的还是北魏均田制。关于北魏均田制，金铎敏曾在20世纪80年代发表文章，强调北魏均田制以桑田为中心，目的并非为清

---

① 金裕哲：《北伐을 통해 본 東晋朝廷의 国家观과 皇帝权》，《中国古中世史研究》6，2000年；《梁 天监初 改革政策에 나타난 官僚体制의 新倾向》，《中国古中世史研究》1，1994年；《南朝의 通货政策에 대하여：财政 确保策과 关联하여》，《东洋史学研究》19，1984年；《宋齐时代 亲王의 政治的 性格과 活动 基盘》，《历史学报》126，1990年；《魏晋南北朝시기 僚의 분포와 國家權力》，《中国古中世史研究》17，2007年。

② 李周铉：《后汉末 三国时代의 参军》，《中国古中世史研究》1，1994年；《六朝 军府의 领兵과 指挥官》，《忠北史学》4，1994年；《军府体制로 본 魏晋南北朝史》，《中国学报》38，1998年。

③ 梁镇诚：《南朝의 王言 勅의 定立과 그 运营》，《中国古中世史研究》27，2012年；《魏晋南朝에서의 笺에 대하여》，《东洋史学研究》121，2012年；《南朝时期 王言의 构造와 운영：诏书의 事例를 中心으로》，《中国古中世史研究》32，2014年。

算原本的土地所有关系进而产生新受田的小农，而是为了落实原有的所有关系，增大税收。①白允穆与金圣翰数年来也持续有关均田制细节问题的专门研究。②

一方面，如前简述，朴汉济将北魏均田制度也认作"胡汉体制"的代表事例，即将北魏均田制理解为源于游牧君主在统治农耕地区新的征服地的过程中所采取的独特的把握人民与接收方式。认为其核心在于分地于民，督促、监督生产，主张这种基本构想源于游牧传统。③对此，金铎敏则指出，朴汉济认为是"胡"的特性的那些因素并不必然仅仅是"胡"的，相反，在汉的传统中也可以被理解。金铎敏、金圣翰原本就有过对"胡"概念模糊性的反论，后因金铎敏致力于唐代律令研究与律令相关史料的译注，金圣翰则转向韩中关系史研究，对均田制的关注随之有所下降。

李启命从20世纪80年代后期开始一直从事士族与官僚制度研究。2016年出版了以范阳卢氏与河东薛氏为例考察北朝门阀社会成立过程与门阀士族存在

---

① 金铎敏：《균전제下에서 田种의 성격과 受田의 의미：北魏均田制를 中心으로》，《历史学报》109，1986年；《北魏의 三长制에 관한 研究》，《史丛》24，1980年；《北魏 太和 이전의 胡族의 편제와 经济的 기반：均田制와 三长制의 理解를 위한 前提》，《历史学报》124，1989年。这些论文出版收录在其著作《中国土地经济史研究》，高丽大学校出版部，1998年。

② 白允穆：《北魏 均田制下의 露田의 성격에 대하여：그 发生을 中心으로》，《历史와 境界》18，1990年；《北魏 均田制의 实行에서 还受 问题에 대한 检讨》，《中国史研究》24，2003年；《初受田者 男夫에 대한 再检讨》，《中国史研究》104，2016年；金圣翰：《西魏 均田制下의 麻田의 성격：计账户籍文书에 대한 分析을 통하여》，《东洋史学研究》55，1996年；《北魏 均田制의 새로운 理解：受田 资格을 中心으로》，《历史와 境界》70，2009年；《中国土地制度史研究：中世의 均田制》，新书苑，1998年。

③ 朴汉济：《北魏 均田制의 成立과 胡汉体制》，《东洋史学研究》24，1986年；《北魏 均田制 成立의 前提：征服君主의 中国统治와 资源确保策》，《东亚文化》37，1999年。

形态等广泛涉及门阀士族的专著，2017年出版了关于西魏、北周、隋唐官僚门阀士族研究的另一著作。两部著作都是收录已发表论文的论文集。作者并未使用日本学界提出的"贵族"这一用语，而代之以士族。其分析士族家族的结论否定了隋唐贵族制论而主张隋唐官僚制论。① 同时，有研究者也提出对"贵族"研究方法新的批判性意见。主要研究唐代士人与科举的河元洙指出，士阶层中存在多种的层位，如果只关注形成门阀的最上层的士阶层，则可能会错误地理解士整体的性质，提出乡品、三品以下的士也应被当作检讨对象的问题。②

关于身分制，辛圣坤发表了数篇论文。与魏晋南北朝时期贵族呈现世袭性相同，作为兵士隶属于军府的兵户，隶属于官府从事杂役的杂户，隶属于官府吏役的吏役之户都是世袭的官府隶属民，③ 在民间一般也将作为豪族武力的部曲，承担家内杂务的衣食客，承担农耕的佃客当作是世袭的具有人身依附关系的隶属民。④ 另一方面，全永燮否定以与唐代良贱制的关联或作为其对北朝身分制作为检讨的视角。他在探寻北朝自身身分构成原理方面，发表了以作为国家的身分制官贱民为主的研究成果。⑤

韩国的魏晋南北朝史学界正式利用走马楼吴简的研究虽还难说相当活跃，但利用西北地域出土文书的社会经济史研究在不断进行。朴根七原来主要发表

---

① 李启命：《위진북조의 문벌사족 연구》，全南大学校出版部，2016年；《西魏北周隋唐의 관료의 문벌사족 연구》，全南大学校出版部，2017年。

② 河元洙：《魏晋南北朝 时期'士'에 관한 一试论：日本学界에서의'贵族'论에 대한 再检讨를 中心으로》，金庆浩主编：《前近代 동아시아 历史上의 士》，成均馆大学校出版部，2013年。

③ 辛圣坤：《身分史로 본 魏晋南北朝史》，《中国学报》38，1998年。

④ 辛圣坤：《東晋시기 部曲·兵户의 构成과 部曲主의 性格》，《中国史研究》24，2003年；《杂户 身分의 变迁과 그 性格》，《历史学报》115，1987年；《魏晋南北朝时期 部曲의 再考擦》，《东洋史学研究》40，1992年等。

⑤ 全永燮：《中国中世身分制研究》，新书苑，2001年。

有关唐代财政问题的论文,近来利用出土文书详细比较五胡十六国、北朝、隋唐的户籍文书,发表了追踪户籍历史性变迁过程的论文。①

四、思想与宗教研究

金锡佑提出,随着承袭王肃之学的西晋春秋学者杜预开辟出通过历史理解"礼"的根本的方法论,独立的史学开始出现,②更进一步分析了杜预《左传》注释中反复出现的叙述模式,认为杜预欲为可以批评君主权提供空间,③且主张杜预春秋学的核心相较于义例,更在于阐明事实关系,阐明"礼"为人类社会普遍真理,便是春秋之义。④此外,尚有思想宗教题目研讨的其他成果,如李荣奭将一直以来连续发表的南北朝佛教相关论文集结出版的著作,⑤安洵亨连续发表的有关南北朝时期佛教的论文等。⑥当然,直至七八年前,韩国魏晋南北朝史学

---

① 朴根七:《中国 古代의 户籍 记载样式 变化와 计帐样式의 关系:唐代의 户籍制度 成立过程과 关联하여》,《讲座 韩国古代史》9,2002 年;《隋代'输籍定样'考》,《汉城史学》17,2003 年;《前秦建元 20 年(384)籍과 户籍 记载样式의 变迁:4~10 세기 西北地域 出土户籍类 文书의 分析을 中心으로》,《東洋史学研究》131,2015 年。

② 金锡佑:《礼学에서 史学으로:王肃과 杜预 学问의 比较를 中心으로》,《中国史研究》86,2013 年。

③ 金锡佑:《西晋时期 杜预 注释의 몇 가지 形式과 그의 政治的 理想》,《东洋史学研究》130,2015 年。

④ 金锡佑:《西晋时期 杜预의 春秋学과 史书에 基础한 经典 解释의 实例》,《中国学报》74,2015 年。

⑤ 李荣奭:《南北朝佛教史》,혜안,2010 年。

⑥ 安洵亨:《东魏·北齐时期佛教动向과 文宣帝의 佛教观》,《历史와 境界》7,2010 年;《南朝时期의 烧身供养》,《中国古中世史研究》2,2012 年;《〈十诵律〉의 传来와 江南에서 繁荣》,《中国史研究》85,2013 年。

界关于思想或宗教主题的研究并不太多也是事实。2010年后，随着关注领域的扩大，这一领域的研究逐渐增加。同时，此前韩国学界研究者不太利用史料作为对象的研究局面也在得以改善，有通过志怪、镇墓文、道教科仪书，阐明为儒教丧葬礼仪所遮蔽的死者与死后世界观念的研究成果发表，① 使用买地券、造像记、墓志等资料作为对象的研究也在开展。洪承贤不仅考察了后汉以来买地券的时期与地域性特点，② 也指出刘宋时期的买地券受到天师道的影响而呈现道教色彩。③ 关于墓志，通过分析北魏迁都洛阳之前制造的三基墓志，指出北魏墓志因受南朝的影响而趋向定型化。④ 此外，还出版了包括洪承贤在内，少壮派学者利用石刻史料共同研究的成果。⑤

另一方面，克服了历史学者在研究与宗教相关主题时实际上并不太利用宗教文献的限制，真正利用宗教文献的研究也在增加。赵晟佑通过检讨佛教经典与敦煌写本中发现的北朝时期的佛教伪经，分析了法灭观念的流行、宗教叛乱，以及月光童子、弥勒等佛教救援者，并以此为基础取得了对5世纪以来中国佛教与政治关系的研究成果。基本的问题意识，始于将北魏时期开始频繁出现的宗教叛乱的口号或理念无差别地与弥勒下生信仰做连结的既有视角的批判。是对佛教经典中只言及弥勒会下生于遥远的未来，而在对弥勒信仰与北朝发生的宗教叛乱有何关联未做具体论证的情况下，便认为与弥勒信仰相关这一认识提出质疑。他指出当时的中国因北魏太武帝镇压佛教而普遍存在着法灭的危机意

---

① 赵晟佑：《中世中国生死观의 一面과 道教：殃祸의 观念을 中心으로》，《中国古中世史研究》3，2011年。
② 洪承贤：《后汉 买地券의 分类와 历史的 地域的 特征》，《中国史研究》101，2016年。
③ 洪承贤：《三国～南朝 买地券의 特征과 性格》，《中国古中世史研究》40，2016年。
④ 洪承贤：《洛迁 이전 墓志를 통해 본 北魏 墓志의 展开——'冯熙墓志' 前史》，《中国史研究》110，2017年。
⑤ 《中国古中世史研究》42，2016年。

识，但到5世纪为止，难以觅见弥勒即将来到现实世界的观念出现过的痕迹，①到6世纪主要崇仰月光童子作为守护佛教的存在。推论，是否直到6世纪末、7世纪初，在法灭的危机中弥勒才作为救世的存在而被信仰。②苏铉淑利用美术史方法论分析了北响堂石窟北洞外观形态之后，发表论文，将这一石窟所呈现的理解为转轮圣王象征的阿育王塔，认为实际是北齐文宣帝的政治纪念碑。③作者认为，文宣帝在并非自身政治根据地晋阳的邺城附近建造这一石窟的原因，是为了向反对的势力与从洛阳移居而来的北魏旧民展示自身正统性的象征。此外苏铉淑也发表了数篇有关梁武帝与佛教的论文，④最近还发表了关于在邺城北吴庄新出土造像的论文。⑤

五、国际关系研究及史料译注

金翰奎利用"幕府体制"这一概念解释汉至南北朝时期的政治秩序，⑥不仅

---

① 赵晟佑：《5세기 北魏 佛教에서 보이는 危機意識：'大慈如来告疏'를 中心으로》，《中国古中世史研究》36，2015年。

② 赵晟佑：《6세기 北朝의 佛教 信仰과 反乱：中国의 佛教 救世主 信仰과 关联하여》，《中国古中世史研究》39，2016年。

③ 苏铉淑：《北响堂石窟 北洞의 转轮圣王 象征》，《美术史学研究》255，2007年。

④ 苏铉淑：《梁武帝의 佛教政策》，《韩国古代史探求》2，2009年；《梁武帝와 同泰寺》，《佛教学报》54，2010年。

⑤ 苏铉淑：《东魏·北齐 邺城地域 佛教文化의 新面貌：新出 北吴庄 造像을 中心으로 살펴본 '邺城样式'의 多样性》，《中国古中世史研究》47，2018年。

⑥ 金翰奎：《汉代 幕府의 机能》，《韩国文化研究院论丛》44，1984年；《魏晋南朝霸府의 构造와 机能》，《东亚研究》10，1986年；《汉代 幕府体制의 社会经济的 基础》，《中国学报》29，1989年；《魏晋南北朝时代 幕府体制의 社会经济的 基础》，《东亚研究》28，1994年。

仅针对中国，而且将其扩大理解到韩半岛的古代国家，提出了欲从更宏观的视角审视东亚世界秩序研究。①一个时期来，连续发表研究成果，通过对像突厥一样的游牧民族的研究，②开展对西南地域的研究，③更加扩大与深化对南北朝时期的理解。

在这些个人研究之外，值得特记的是随着2006年东北亚历史财团的设立，跨越时代与地域的、广泛涉及东北亚历史的多种共同研究变成可能。这类共同研究的成果大部分以研究著作或史料译注的形式出版发行。其中与魏晋南北朝史相关的重要成果是出版了中国正史外国传的译注。这一译注作品不仅针对魏晋南北朝时代，而且是以中国正史为对象。这一译注作品为关心这一时期东亚国际关系的研究者提供了巨大的帮助。④

此外，与魏晋南北朝史研究相关，应受关注的史料译注作品还有朴汉济译

---

① 金翰奎：《古代东亚细亚幕府体制研究》，一潮阁，1997年。
② 丁载勋：《西魏 北周时期（534~581）의 对外政策》，《中国学报》42，2000年；《隋文帝의 统一指向과 对外政策：西北民族에 对한 对策을 中心으로》，《中国史研究》13，2001年；《曹魏，西晋时期 幷州 匈奴社会：五胡十六国의 前奏曲》，《中央아시아研究》15，2010年；《突厥 阿史那氏의 原住地 再检讨—阿史那氏의 发生과 移住，그리고 势力化 过程》，《中央아시아研究》16，2011年。
③ 郑勉：《「爨龙颜碑」를 通해 본 5世纪 云南 '西爨' 势力의 性格》，《中国古中世史研究》18，2007年；《6世纪 中国 王朝의 云南地域 支配와 '西爨'：爨瓒·爨震 父子의 '窃据'와 南北朝时期 '边州'의 性格》，《历史学报》202，2009年；《'爨蛮'의 出现과 构成：'西爨白蛮'과 '东爨乌蛮'의 区分问题》，《中国古中世史研究》23，2010年。
④ 东北亚历史财团编：《三国志 晋书 外国传 译注》，东北亚历史财团，2009年；《宋书 外国传 译注》，2010年；《南齐书·六书·南史 外国传 译注》，2010年；《魏书 外国传 译注》，2010年；《周书·隋书 外国传 译注》，2010年；《北史 外国传 译注》上、下，2010年。

注的《二十二史札记》。该作品不仅仅是对清赵翼的《二十二史札记》中卷一至卷二二，即相当于《史记》到《五代史》部分原文的翻译，还包括赵翼所引资料原文对照在内的相当严谨的译注。① 同时，也有从历史角度对《颜氏家训》的进行翻译与注释的作品出版。②

  以上简要介绍了韩国的魏晋南北朝史研究。最近，韩国学界不分专业，以量化方式评价研究业绩的整体情况多少令人忧虑。年轻学者虽有参考国外的研究成果的便利，但并无余力充分深化自身的问题意识及分析史料。在这种情况下，要写出数篇论文的压力在变大。然而，随着韩国学界主要涉及五胡十六国北朝的政治、社会、经济及制度史的研究成果的不断积累，希望有机地理解北朝与隋唐的尝试也能得以持续。考察近期的趋向，像这种传统的主题与方法论深化研究仍在持续的同时，也开始出现对多种主题尝试利用新材料研究的动向。希望研究者今后在继承韩国学术传统的同时，积极与国外学界交流，继续出现有特色的研究成果。

---

① 赵翼撰，朴汉济译：《二十二史箚记》1~5，소명출판，2009 年。
② 金钟完：《颜氏家训》，푸른역사，2007 年。

第二部分 专题综述

秦汉三国户籍制度研究综述

崔启龙

户籍制度是中国古代一项重要制度，曾被视作"民之大纪，国之治端"，在国家管控人口、征调赋役方面都发挥着关键作用，历来受到统治者的重视，后世论之者也不乏其人。秦汉三国时期作为户籍制度的发轫阶段，研究意义不言而喻。如将1914年罗振玉、王国维所撰《流沙坠简》视为秦汉三国户籍制度研究的滥觞，至今则已有百余年的研究史，其间涌现出的优秀学术成果众多。通过统计其时间分布，可以发现整个20世纪的研究成果总共不过三十余种，但在21世纪的前二十年内，相关成果就已有百余种之多。这种井喷式增长，与出土材料的大量出现不无关系。20世纪，可供讨论的资料相对有限：除了传世史料中的零星记载，出土材料也主要以居延汉简、睡虎地秦简为主，这一时段的研究呈现出以综论性成果为主的特点。进入21世纪，更多与户籍制度直接相关的出土材料相继刊布。比之前一阶段，出土材料在此时开始成为主角，围绕着单种材料集中讨论的文章明显增多，由此推动了户籍制度研究的进一步深入。正是基于这样的特点，本文拟将秦汉三国户籍制度研究分为20世纪和21世纪以来两个阶段分别综述。由于篇幅所限，本文对于与户籍密切相关的其他制度（如身分制度、赋役制度等）的研究成果只能做简要叙述。此外，学术成果的搜集和梳理，难免存在挂一漏万的情况，如有不当之处，祈请方家不吝指正。①

一、20世纪秦汉三国户籍制度研究综述

20世纪中前期，吕思勉、梁方仲等学者就已对秦汉三国户籍制度进行了论述。当时的研究主要是在通论中国古代户籍制度时兼顾各断代情况，并未对具体问题做重点研究，但其中不乏卓见。

吕思勉在《中国制度史》中专辟《论中国户口册籍之法》一节，对中国古代户籍制度做了概述，认为户籍的意义不在于普查人口总数，而在"会稽谷食"和统计应役人口，故户籍所载"必非全国人口总数"；还注意到户籍载体对于贮藏机构的影响，指出战国至秦汉"尚无纸，户籍称版，可知不书以缣帛，断不能悉至诸郡县之廷"，认为彼时户籍可能大都贮存在"乡亭"，郡县掌握的可能只是"都数"。②梁方仲在《中国历代户口、田地、田赋统计》总序中指出，汉唐时期，户籍是官府的"基本册籍"，登载有人口、土地、赋税三项内容，也兼具后世"户口册、土地册和税册"三种功能，即使当时存在单独编制的"地籍或税册"，也仅是"附属文件或补充文件性质"。③陈直《居延汉简研究》中有《名籍制度》一节，对居延汉简中所出现的各色名籍做了搜集，认为"名籍"即汉代文

---

① 为行文简洁，文中所列前辈学者姓名之后，统一省去尊称，敬希读者谅解。
② 吕思勉：《中国制度史》第十一章《户籍》及附录《论中国户口册籍之法》，上海：上海教育出版社，1985年，第507~544页。据杨宽所撰前言，可知该书原稿共十七章，草成于20世纪20年代，后经修改，在30年代刊出其中四章，但包括《户籍》一章在内的其余十四章当时并未刊出。直到1985年，全书才以《中国制度史》之名整体刊行。
③ 梁方仲：《中国历代户口、田地、田赋统计》，上海：上海人民出版社，1980年，第10页。该书实际脱稿于1959年，详见《〈中国历代人口土地田赋统计〉一书已脱稿》一文（《学术研究》1959年第10期）。

献中的"名数";还搜罗到司马迁《太史公自序》及许慎《上说文表》中两条传世文献中的户籍实例,并与居延汉简中的名籍著录方式对比异同;但书中对户籍的定义似乎还比较模糊,致使行文间出现了"名籍"与"户籍"混用的情况。①

20世纪五六十年代,台湾地区和日本的秦汉史学界也曾就居延汉简中的名籍展开过一场讨论。陈槃《由汉简中之军吏名籍说起》认为居延汉简中的"徐宗简""礼忠简"是军吏的户籍,②而平中苓次《居延汉简与汉代的财产税》则断定其为财产税和人头税申报书。③这场争论也催生出佐藤武敏《汉代的户口调查》一文。佐藤氏认为陈槃与平中苓次的争论是因对"汉代的户籍制度不清楚而产生的",因此厘清汉代的户籍制度就显得十分必要。文章对先秦秦汉户籍制度的各方面都做了细致的考察,提出了不少重要观点,如:两汉造籍时间不同,西汉时三月造籍,东汉则在八月;汉代户口调查是"对户内全体人员不分男女老幼都一律进行的",这与对服徭役者的调查统计口径不同,所以二者分开进行;户口调查与财产调查也是分开进行,故户籍中不登载财产;户口调查方法采取民众"自占"与官府核查相结合的方式,核查的地点可能在县也可能在乡;户籍制作是乡和里配合完成,里收集并制作初步资料,乡汇总里提供的资料,最终以乡为单位上报至县户曹。④

---

① 陈直:《居延汉简研究》,天津:天津古籍出版社,1986年,第47~51页。按作者自序,此书完稿于1962年。
② 陈槃:《由汉简中之军吏名籍说起》,《大陆杂志》第2卷第8期,1951年。
③ [日]平中苓次:《居延漢簡と漢代の財產税》,《立命館大學人文科學研究所紀要》1953年第1期,收入其著《中國古代の田制と税法——秦漢經濟史研究》第8章,東洋史研究叢刊,1967年。
④ [日]佐藤武敏:《汉代的户口调查》,原载《集刊東洋學》第18号,1967年。中译本见中国社会科学院历史研究所战国秦汉史研究室编,姜镇庆译:《简牍研究译丛》,北京:中国社会科学出版社,1987年,第295~322页。

国内较早对秦汉户籍制度系统研究的是朱绍侯和韩连琪。1963年，朱绍侯《从户籍制度中看汉代的阶级关系》认为秦商鞅变法后建立名田宅制，其户籍中应载有田宅等内容；居延汉简中所见诸多名籍中，属于户籍性质的只有"吏卒名籍"和"吏卒家属名籍"；汉代户籍中除了记载户主及家属的个人信息，还登载有赀产情况，奴隶作为赀产的一种记入赀产项；户籍按赀产多少划分为上中下三等，按身份可分为官籍、宗室属籍、七科谪籍等；依附民阶层依然属于编户民范畴。①1978年，韩连琪《汉代的户籍和上计制度》对汉代户籍的称谓、著录内容、造籍时间及其与上计制度的关系都做了考证，认为汉代的造籍时间是每年八月，户籍著录内容包括家内人口和田宅财产；此外，作者将居延汉简中的各类"名籍"直接认作是"户籍"，并在此基础上讨论汉代户籍制度，这在一定程度上影响了结论的可靠性。②

1975年，睡虎地秦墓竹简出土，次年，"云梦秦墓竹简整理小组"在《文物》杂志上陆续公布了除"日书"外的竹简释文，③并在1978年出版平装本《睡虎地秦墓竹简》。④在出土的竹简中，有《秦律十八种·傅律》《为吏之道》后所附魏《户律》以及《封诊式·封守》三种与户籍制度相关的史料。新史料的出现推动了相关研究的进一步深入。

王毓铨在1979年发表的《民数与汉代封建政权》是较早利用睡虎地秦简研究秦汉户籍制度的文章。作者首先明确了户籍制度对于国家财政的重要意义，

---

① 朱绍侯：《从户籍制度中看汉代的阶级关系》，《开封师院学报》1963年第2期。后收入其著《秦汉土地制度与阶级关系》，郑州：中州古籍出版社，1985年，第184~227页。

② 韩连琪：《汉代的户籍和上计制度》，《文史哲》1978年第3期。后收入其著《先秦两汉史论丛》，济南：齐鲁书社，1986年，第378~396页。

③ 云梦秦墓竹简整理小组：《云梦秦简释文（一）（二）（三）》，分见于《文物》1976年第6、7、8期。

④ 云梦秦墓竹简整理小组：《睡虎地秦墓竹简》，北京：文物出版社，1978年。

并考察了造籍过程中案比、上计、检核三个环节，以及汉代的"户口政策"，但并未论及居延汉简中的各色名籍。① 同年，日本学者池田温出版了专著《中国古代籍帐研究》，其中第一章二、三节论战国秦汉户籍制度。由于缺少户籍实物，作者立论较为谨慎，认为居延汉简中所见包括"徐宗简""礼忠简"在内的诸多名籍均是日常行政中按需制作的名籍，并非户籍；而汉代的户籍主要是记载户口，田宅财产则可能并不计入户籍。造籍制度方面，作者认为汉代是八月造籍，案比常在县廷所在地进行。第二章魏晋南北朝时代则着墨不多，只是征引了王隐《蜀记》和孙盛《晋阳秋》中晋灭蜀、吴时受降统计的史料，指出三国时期户籍开始凸显"一般民籍与士籍、兵籍的差别"。《中国古代籍帐研究》的研究时代跨度自先秦至隋唐，重点落在籍帐资料众多的隋唐时期，而秦汉三国时代只占其篇幅的十分之一，凸显出实物资料多寡对于户籍制度研究的影响。②

20世纪80年代，秦汉户籍制度专题研究开始升温。苏鉴诚在1983年发表的《头会箕敛与八月算人》是较早对案比制度进行研究的专文，虽是以札记形式，但观点值得关注。作者认为秦代的"头会箕敛"和汉代的"八月算人"属于对同一事的不同称呼，并将汉代"度田"与案比结合考察，认为汉代案比人户均是在乡间举行，《张迁碑》中"八月算民，不烦于乡"应是指张迁能够"不烦"而亲自下乡抚恤百姓的行为，并非指其擅自违制在乡里举行案比。③ 同年，傅举有《从奴婢不入户籍看汉代的户口数》重新揭开了对"奴隶是否入户籍"问题的讨论，文章认为汉代文献所统计的人口数是专指编户民而不包括奴婢。④

---

① 王毓铨：《民数与汉代封建政权》，《中国史研究》1979年第3期。后收入其著《莱芜集》，北京：中华书局，1983年，第33~64页。
② [日]池田温著，龚泽铣译：《中国古代籍帐研究》，北京：中华书局，1982年，第47~83页。
③ 苏鉴诚：《头会箕敛与八月算人》，《中国史研究》1983年第1期。
④ 傅举有：《从奴婢不入户籍看汉代的户口数》，《中国史研究》1983年第4期。后收入其著《中国历史暨文物考古研究》，长沙：岳麓书社，1999年，第148~150页。

但杨作龙对此提出商榷，他在《汉代奴婢户籍问题商榷》一文中指出汉代奴婢分为官、私两种，前者不入户籍，而后者又分为两种情况，宗室贵族的奴婢因其主人不列民户之籍而不入户籍，一般平民之奴婢还是列入户籍。①

1987年，高敏《秦汉的户籍制度》利用《秦律十八种》对秦代户籍的申报、迁移和削除等制度进行研究，将什伍制度和户籍制度有机结合，认为"为户籍相伍""大约是按五家为'伍'的办法编制户口册"，并提出秦汉除平民户籍外，另设有"宗室籍""市籍""宦籍"等特殊人口户籍。作者将"户籍"和"名籍"的概念等同，以居延汉简中各色名籍讨论汉代户籍的登载内容。此外，文章对汉代户籍和户籍迁移程序也做了考察。②关于"市籍"和"宦籍"，高敏还曾在《秦汉史杂考十二题》第二、三节中加以讨论，认为汉代并非所有商人均有"市籍"，而"市籍"也只流行于秦和西汉，东汉已经消亡；此外还确认了官吏户籍的存在。③程敦复《汉代的案比和上计》对汉代案比制度做了考察，指出上计的主要内容即是案比所得之户口、垦田数等数据。④同年，张金光也撰成《秦制研究》书稿，此书虽名为"秦制"，实际上常是"秦制""汉制"合论，其中第十二章《户籍制度》就包括了不少秦汉乃至三国户籍制度的内容。作者认为秦汉编制户籍的主要目的在于建立基层什伍组织，以便"将社会人口按户纳入国家社会行政编制"；并强调籍注在秦汉户籍中的重要作用，指出"大""小""老""癃"等反映人口身体状况的注记，是国家派遣徭役的主要依据；秦汉户籍是"户、役册合编，户籍同时是应役者的徭役档案"，故容纳包括

---

① 杨作龙：《汉代奴婢户籍问题商榷》，《中国史研究》1985年第2期。
② 高敏：《秦汉的户籍制度》，《求索》1987年第1期。后收入其著《秦汉史探讨》，郑州：中州古籍出版社，1998年，第156~173页。
③ 高敏：《秦汉史杂考十二题》，收入其著《秦汉史论集》，郑州：中州书画社，1982年，第370~411页。
④ 程敦复：《汉代的案比和上计》，《扬州教育学院学报》1987年第1期。

受田数、租赋徭役完给情况在内的一切与民户相关的信息；秦汉均为每年八月造籍；乡官里吏掌握着户籍编制过程中审定籍注的关键环节，因此具有决定性作用。①

1988年，钱剑夫《汉代"案比"制度的渊源及其流演》认为案比制度源于春秋战国，秦汉时期案比常在八月举行，地点在县城，由户曹吏负责简阅，民众必须亲自到场，这"主要是为了征收'人头税'（算赋）和登记应服徭役的平民"，并根据"八月算民"等史料，强调案比的目的更侧重于征收口算赋；"户籍"作为"案比"的最终成果，最终用于上计。②杜正胜《户籍制度起源及其历史意义》与钱文的侧重点不同，主要是从征发徭役、兵役的角度来理解户籍的作用，指出户籍具有消除"封建时代"身分制、人身依附关系的意义；并认为"名籍"与"户籍"不同，前者登载"单一个人的身分资料"，而后者是"合户的身分资料"；春秋战国以来，在制度上经历了一个由"名籍"到"户籍"的演变过程，"老幼靡遗"的户籍登录制度逐渐建立；至于户籍的具体形式，文章认为只要将居延汉简中"戍卒家属在署廪名籍"的"用谷数"和"身体特征"都删去即是户籍，内容包括"家属的私名、亲属称谓、课役类别和年龄"；春秋战国以来户籍与田籍虽有区别，但很可能是"合册"书写。③黄今言在以往研究的基础上撰成《秦汉赋役制度研究》，其中第九章《赋役征调与名籍、上计制度》集中论述秦汉户籍制度。从标题即可看出，作者将"名籍""户籍"的概念等

---

① 张金光：《秦制研究》，上海：上海古籍出版社，2004年，第774~832页。按，据作者在序言中自述，此书1987年即已撰成。但书中引用史料偶见1987年后的出土材料，如《二年律令》、江陵高台汉墓木牍等，应是作者后所补加。
② 钱剑夫：《汉代"案比"制度的渊源及其流演》，《历史研究》1988年第3期。
③ 杜正胜：《户籍制度起源及其历史意义》，《食货月刊》1988年第4期，第98~121页。后收入其著《编户齐民》第一章第三节《户籍的出现及其意义》，台北：联经出版事业公司，1990年，第1~48页。

同，认为"名籍"是秦汉王朝征发赋税、徭役的基础；官府依据不同的身份和职业，编制了不同种类的"名籍"分别管理；并引居延汉简中"徐宗简""礼忠简"及廪名籍为例，证明汉代名籍包括户主和家庭成员个人信息以及户赀；在造籍时间上，认为汉代通常每年八月案比造籍，边远郡县可能三年一造。①

1989年，邢义田《汉代案比在县或在乡？》回应了王毓铨、池田温关于汉代"案比在县"的观点，指出汉代案比虽在名义上由县道主持，具体实施却是由县吏和乡里吏共同负责，但同时谨慎地认为政府的案比活动受地域和时代影响，不能绝对地认为在乡或是在县；又根据唐代的貌阅制度，推测汉代每年的案比也是重点核查"赋役身份将有改变，身份需要重新核定的一部分人"，但与唐代不同，汉代案比专核"民数"而不及财物，故户籍只登载户口信息，土地、赀产则"另有文簿、图册，别有查验制度，不可相混"。②

1992年，孙筱《秦汉户籍制度考述》认为秦代户籍登录的主要目的是控制成年男丁，内容包含户口、土地、财产等；在造籍时间上，观点与佐藤武敏类似，认为西汉和东汉分别在三月和八月造籍；并将汉代户籍分为"编户齐民籍""宗室籍""七科谪籍"三种；在"编户齐民籍"中，又分出用于征发徭役的"傅籍"。③

1993年，湖北省江陵高台汉墓中出土了数枚"告地策""遣策"文书。1994年，黄盛璋《江陵高台汉墓新出"告地策"、遣策与相关制度发复》一文予以专门讨论，认为这批文书虽不是户籍实物，但亦是模仿户籍所做之物，其中反映了汉代户籍迁徙、妇女立户的实态，也反映出汉代户籍登载财产的事

---

① 黄今言：《秦汉赋役制度研究》，南昌：江西教育出版社，1988年，第369~396页。
② 邢义田：《汉代案比在县或在乡？》，《中研院历史语言研究所集刊》第六十本第二分，1989年，第451~487页。后收入其著《治国安邦：法制、行政与军事》，北京：中华书局，2011年，第211~248页。
③ 孙筱：《秦汉户籍制度考述》，《中国史研究》1992年第4期。

实。①由于汉代户籍实物的稀缺，故这批文书特为学界所重，此后屡被引用。

1996年，马新《编户齐民与两汉王朝的人口控制》通过总结居延汉简中的三种名籍样式，间接归纳出汉代户籍中必备项目，即：户主及家庭成员的个人信息、财产名目及估价，并特别指出"有的学者直接把礼忠、徐宗简目为汉代户籍的代表格式，这是不妥的。在尚未发现汉代户籍的可靠原件前，我们只能根据上述文献与简牍的资料，勾勒出汉代户籍格式的大概"；在案比时间方面，与孙筱论点一致，并指出案比的方式分为在县和在乡两种形式。②1999年，陆建伟《秦汉时期市籍制度初探》分别考察了秦汉"市籍"的起源、性质、功能等方面，认为"市籍"不仅是商人的户籍，也有"经商许可证"的性质。③

随着史料逐渐丰富，在20世纪90年代，国内还出版了中国古代户籍制度专著，即宋昌斌《中国古代户籍制度史稿》，全书分为"户口调查登记""立户规则""户口类别"等九章，按各断代顺序依次论述，并广泛搜集了当时所见与秦汉三国时期户籍制度相关的史料。④

反观20世纪三国时期户籍制度研究，则呈现出不一样的特点。由于史料所限，三国户籍制度研究无法像秦汉时期那样，按造籍时间、造籍程序、户籍登载内容等制度细节依次展开，因此主要议题大都集中在"吏户""兵户"等所谓"特殊户籍"上。"吏户"和"兵户"的讨论肇端于唐长孺的一组文章。50年

---

① 黄盛璋：《江陵高台汉墓新出"告地策"、遣策与相关制度发复》，《江汉考古》1994年第2期。

② 马新：《编户齐民与两汉王朝的人口控制》，《东岳论丛》1996年第5期。有关居延汉简中"礼忠简""徐宗简"的新说，可参汪桂海《汉简丛考（一）》，收入李学勤、谢桂华主编《简帛研究二〇〇一》，桂林：广西师范大学出版社，2001年，第382~384页。

③ 陆建伟：《秦汉时期市籍制度初探》，《中国经济史研究》1999年第4期。

④ 宋昌斌：《中国古代户籍制度史稿》，西安：三秦出版社，1991年。

代，他在《〈晋书·赵至传〉中所见的曹魏士家制度》①和《三至六世纪江南大土地所有制的发展》第一章中，②分别对三国时期兵与吏的身份及在户籍中的特殊性做了阐释；80年代，《魏晋南北朝时期的吏役》一文进一步明确了观点："吏和兵都空户从役，名籍固定，是隶属官府的特殊户口。"③虽然唐长孺多次强调吏、兵户口的特殊性，但对于其在户籍中的反映一直较为谨慎。这从他晚年所撰《魏晋南北朝隋唐史三论》中可见一斑："三国时代之吏分立于民籍之外，不只是吴国，蜀汉也是如此，而且有迹象表明，魏晋同样如此。但据上引，兵、吏都有口数，无户数，又似不列于户籍之外，即使将兵、吏加上，也同样少于东汉。"④此外，韩国磐在《南朝经济试探》中述及吏的地位时说："一经为吏，就得终身服役，非经解除吏籍，就永远被束缚于官府中。"⑤也未明言"吏籍"与一般户籍的关系。

80年代初，张泽咸、高敏、曹文柱进一步申论"吏户"的特殊性。张泽咸《六朝的徭役制度》认为"蜀汉和孙吴最后亡国时，兵、吏、民三种人分别列举，即是来源于三种不同的户籍"，明确提出民、吏、兵分籍的观点。⑥高敏《试论汉代"吏"的阶级地位和历史演变》也认为民、吏、兵三者"户口分张"，

---

① 唐长孺：《〈晋书·赵至传〉中所见的曹魏士家制度》，收入其著《魏晋南北朝史论丛》，北京：生活·读书·新知三联书店，1955年，第30~36页。

② 唐长孺：《三至六世纪江南大土地所有制的发展》，上海：上海人民出版社，1957年，第10~30页。

③ 唐长孺：《魏晋南北朝时期的吏役》，《江汉论坛》1988年第8期。后收入其著《山居存稿续编》，北京：中华书局，2011年，第133~152页。

④ 唐长孺：《魏晋南北朝隋唐史三论》，武汉：武汉大学出版社，1992年，第22页。

⑤ 韩国磐：《南朝经济试探》，上海：上海人民出版社，1963年，第40页。

⑥ 张泽咸：《六朝的徭役制度》，收入《社会科学战线》编辑部编《中国古史论集》，长春：吉林人民出版社，1981年，第210~246页。

各有户籍,[①]并在此后主编的《魏晋南北朝经济史》中重申了这一观点。[②]曹文柱《略论东晋南朝时期的"吏"民》也持相同观点。[③]这三位学者的思路与上举池田温所述相似,均将晋灭蜀、吴时受降统计的史料视作民籍、吏籍、兵籍分张的直接证据。然而也有学者对此提出商榷,汪征鲁在《魏晋南北朝选官体制研究》一书中认为,魏晋南朝时期拥有正式编制的吏和役吏,均属"民"的范畴,与"国家依附民"的兵户截然不同。因此,不存在具有特殊户籍的"吏户"。[④]

此外,傅克辉在1987完成了博士论文《魏晋南北朝籍帐研究》,成为国内较早以古代籍帐制度为题的学位论文。文章的研究时段虽是魏晋南北朝,但由于其研究对象限定为"籍帐",因此侧重点主要落在出土资料较多的两晋南北朝时期,对三国时期户籍制度着墨较少。[⑤]

二、21世纪以来秦汉三国户籍制度研究综述

1. 里耶秦简、岳麓书院藏秦简

2002年5月,湖南省龙山县里耶战国古城一号井出土了大批文物,其中发现有约三万六千余枚简牍。2003年,部分简牍的图版和释文公布在《中国历史

---

① 高敏:《试论汉代"吏"的阶级地位和历史演变》,收入其著《秦汉史论集》,郑州:中州书画社,1982年,第213~254页。
② 高敏主编:《魏晋南北朝经济史》,上海:上海人民出版社,1996年,第167~183页。
③ 曹文柱:《略论东晋南朝时期的"吏"民》,《北京师范学院学报》(社会科学版)1982年第2期。其观点亦见于《东晋南朝时期国家户籍名籍中的各类人口》,收入其著《魏晋南北朝史论合集》,北京:商务印书馆,2008年,第243~254页。
④ 汪征鲁:《魏晋南北朝选官体制研究》,福州:福建人民出版社,1995年,第101~112页。
⑤ 傅克辉:《魏晋南北朝籍帐研究》,济南:齐鲁书社,2001年。

文物》和《文物》期刊上，随即引发学界关注。①2004年，张俊民《龙山里耶秦简二题》对其中涉及秦代户籍制度的资料进行研究，根据迁陵县启陵乡与都乡之间的民户迁移文书，结合《二年律令·户律》对秦汉户籍迁移制度做了考察，认为秦代民众迁徙要伴随着"年籍"的转移；到了汉代，民众迁徙要向乡申请"传"书，乡再上报县审核，县批准后乡方能发放。②

2005年12月，在里耶古城北护城壕的凹坑（编号K11）中又出土一批户口残简。2006年11月，整理者张春龙在"简帛学国际论坛"上提交的论文，公布了这批残简缀合复原后的录文。③2007年出版的《里耶发掘报告》收录了该文的修订稿，并附有彩色图版。这批"最早的户籍实物"一经公布，就有多位学者撰文探讨。王子今《试说里耶户籍简所见"小上造"、"小女子"》从"荆不更"和"荆大夫"的称谓推断这批户籍简是"秦占领楚地后"的产物，并非报告中所说"属于汉文帝之后"。④邢义田《龙山里耶秦迁陵县城遗址出土某乡南阳里户籍简试探》认为，这批户籍简的性质应是秦代官府定期销毁的文书，户籍简的形制和质地也符合睡虎地秦简《司空律》的要求；但户籍简中所载人口皆不记录年龄，与秦始皇二十六年（前221）"初令男子书年"的诏令有异；户

---

① 张春龙、龙京沙：《湘西里耶秦代简牍选释》，《中国历史文物》2003年第1期；湖南省文物考古研究所：《湖南龙山里耶战国——秦代古城一号井发掘简报》，《文物》2003年第1期。

② 张俊民：《龙山里耶秦简二题》，《考古与文物》2004年第4期。

③ 张春龙：《里耶秦简校券和户籍简》，"中国社会科学院简帛学国际论坛"提交论文；修改稿见《里耶发掘报告》第二章第四节，长沙：岳麓书社，2007年，第203~210页。

④ 王子今：《试说里耶户籍简所见"小上造"、"小女子"》，"2007中国简帛学国际论坛"提交论文。后刊于清华大学出土文献研究与保护中心编《出土文献》（第一辑），上海：中西书局，2010年，第221~231页。又收入其著《秦汉称谓研究》，北京：中国社会科学出版社，2014年，第84~96页。

籍简著录内容简约，也令人怀疑秦代除此之外还有其他著录田宅、赀产等广义上的"户籍"；户籍简中的"南阳"应是郡名而非里名。①刘欣宁《里耶户籍简牍与"小上造"再探》则进一步归纳了户籍简的格式，发现各栏著录顺序并非按照亲属关系或年龄大小排列，而是按"大男、大女、小男、小女、奴婢"赋役身份顺序排列，这是官府为了清楚地掌握人力状况，以便征发赋役所致。②

2007年10月，"中国里耶古城·秦简与秦文化国际学术研讨会"在湖南省龙山县召开，其中多篇论文都与里耶户籍简有关。韩国学者尹在硕在题为《里耶秦简户籍简牍反映的秦朝户籍制度和家庭结构》的发言中指出，里耶户籍中把私家奴婢编入主人家户籍的事实，为理解秦简秦律中"户""同居""室人"等法律术语提供了线索；除核心家庭以外出现的直系家庭、联合家庭现象，或反映出秦国自商鞅变法以来从未实行过小家庭政策。③日本学者广濑薰雄则认为"里耶秦简与东牌楼户籍简一样，是以'伍'为单位的编户简"。④张春龙《里耶秦简所见的户籍与人口管理》将里耶户籍简与里耶古井出土简牍综合探讨，从县、乡、里三个层次对秦代户籍管理做了梳理，就人口登记和迁移等方面发表了意见，并根据里耶简8-552和8-1716，认为秦代迁陵县的户数有五万户，

---

① 邢义田：《龙山里耶秦迁陵县城遗址出土某乡南阳里户籍简试探》，简帛网，2007年11月3日（http://www.bsm.org.cn/show_article.php?id=744）。

② 刘欣宁：《里耶户籍简牍与"小上造"再探》，简帛网，2007年11月20日（http://www.bsm.org.cn/show_article.php?id=751）。

③ [韩]尹在硕：《里耶秦简户籍简牍反映的秦朝户籍制度和家庭结构》，"中国里耶古城·秦简与秦文化国际学术讨论会"提交论文，转引自洪石、蔡万进、杨勇《"中国里耶古城·秦简与秦文化国际学术研讨会"纪要》，《考古》2008年第10期。

④ [日]广濑薰雄：《里耶秦简户籍简刍议》，"中国里耶古城·秦简与秦文化国际学术研讨会"提交论文，转引自杨广成《里耶秦简"户籍简"研究综述》，《黑龙江史志》2013年第13期。

其属下的贰春乡有两万余户。①黎石生《里耶秦简二题》认为户籍简是秦统治下的产物，户人前"荆"字表示其原为楚人；"南阳"应指里名而非郡名。②张荣强《湖南里耶所出"秦代迁陵县南阳里户版"研究》归纳了户籍简中著录的五栏内容，认为第一栏为壮男，第二栏为壮女，第三栏为小男，第四栏为小女，第五栏为老男、老女及伍长之类的备注项目，这种著录方式与秦上计簿密切相关；此外通过考察户籍简的形制，认为其就是汉代人所说的"户版"，即由乡保存的户籍，它将所有家庭成员的资料记录在一块木牍上，以便户籍迁移时携带和拆分；从户版所著录的家庭结构和书式看，这批户版应该是秦占领楚地后不久编制的，其中"南阳"应是里名。③黎明钊《里耶秦简：户籍档案的探讨》从家庭内亲属关系的角度解析户籍简的五栏内容，认为其体例应是：先书户人，再按辈份，性别则先男后女，成年女子先写妻后书母亲，再次及妾，然后子男、子女各占一栏，最后是臣仆和户人在里内的工作；通过考察家庭成员，认为秦的分异法并没有严格执行，实际上是小家庭与"扩大家庭和联合家庭"并存。④

2008年，刘敏《关于里耶秦"户籍"档案简的几点臆测》则认为五栏内容应分别是"丁壮男子、丁壮女子、非丁壮男子、非丁壮女子、备注"，并发现有如不突出户人、不录年龄等四点异常情况，进而推测该批木牍并非正规户籍，

---

① 张春龙：《里耶秦简所见的户籍与人口管理》，中国社会科学院考古研究所、中国社会科学院历史研究所、湖南省文物考古研究所编《里耶古城·秦简与秦文化研究——中国里耶古城·秦简与秦文化国际学术研讨会论文集》，北京：科学出版社，2009年，第188~195页。

② 黎石生：《里耶秦简二题》，《里耶古城·秦简与秦文化研究——中国里耶古城·秦简与秦文化国际学术研讨会论文集》，第181~187页。

③ 张荣强：《湖南里耶所出"秦代迁陵县南阳里户版"研究》，《北京师范大学学报》（社会科学版）2008年第4期。后收入其著《汉唐籍帐制度研究》，北京：商务印书馆，2010年，第7~36页。

④ 黎明钊：《里耶秦简：户籍档案的探讨》，《中国史研究》2009年第2期。

而是临时性的"以户为单位的各类人口（男女丁壮老弱）分类登记表"。①2009年，田旭东《里耶秦简所见的秦代户籍格式和相关问题》也对户籍简中各栏内容作了探讨，指出里耶户籍简并未登载年龄、身高、肤色形貌、健康状况和财产等事项，并结合《二年律令》推测秦及汉初的"户籍"登载内容应包括民宅园户籍、年细籍、田比地籍、田命籍、田租籍等。②同年，陈絜《里耶"户籍简"与战国末期的基层社会》通过分析里耶户籍简登载内容，考察了战国末期的基层聚落、家庭形态等方面；认为户籍简的年代当在战国末叶，可能是秦人侵吞楚"青阳以西"之地后的产物；户籍简著录内容方面，作者多赞同张荣强的意见，并特别提出里中居民行编伍之制可能非原楚国旧有，应属于秦文化因素。③2011年，杨晓华《"里耶简"所反映的秦户籍相关问题》认为秦代户籍中应包含姓名、身份爵位、籍贯、年龄等基本信息；乡里是秦户籍的基层组织管理实施单位。④次年，刘瑞《里耶古城北城壕出土户籍简牍的时代与性质》则从考古地层学的角度论证该批户籍简并非秦代遗物，而是西汉初年废弃；由于《二年律令·户律》中反映汉代基层行政中存在多种籍簿，因此在没有更多证据的情况下，也不宜将这批木牍径称作"户籍简"，而应定名作"迁陵县南阳里户籍牒"。⑤

2012年，《里耶秦简（壹）》正式公布了一批里耶古井出土简牍，为学界讨论秦代户籍制度增加了新资料。王伟、孙兆华《"积户"与"见户"：里耶秦简所见迁陵编户数量》发现里耶秦简中对迁陵县编户数量有"积户"与"见

---

① 刘敏：《关于里耶秦"户籍"档案简的几点臆测》，《历史档案》2008年第4期。
② 田旭东：《里耶秦简所见的秦代户籍格式和相关问题》，《四川文物》2009年第1期。
③ 陈絜：《里耶"户籍简"与战国末期的基层社会》，《历史研究》2009年第5期。
④ 杨晓华：《"里耶简"所反映的秦户籍相关问题》，《渤海大学学报》（哲学社会科学版）2011年第2期。
⑤ 刘瑞：《里耶古城北城壕出土户籍简牍的时代与性质》，《考古》2012年第9期。

户"两类不同记载,其中"见户数"是核验、钩校后确定的实存户数,"年积户数"则是一年中每一天实存户数的总和,并推测秦始皇二十八年至三十三年、三十五年迁陵县实存152~191户,迁陵县编户人口大致为一两千人。①唐俊峰也对"积户"与"见户"进行研究,《里耶秦简所示秦代的"见户"与"积户"——兼论秦代迁陵县的户数》认为"积户"是秦政府以某种计算方法算出的累积户数;"见户"可能指县里需承担租赋的编户,并推测秦迁陵县的户数在300~400户。②关于"积户"和"见户"的统计目的,晋文《里耶秦简中的积户与见户——兼论秦代基层官吏的量化考核》尝试做出解答,他认为"积户"是一种对"户次"的统计,是全年十五次户口核查数据的总和,"积"则是秦代基层官吏常用的一种量化考核方法,"见户"是实际缴纳租赋的户数。③除了对"积户""见户"的讨论,沈刚《里耶秦简所见民户簿籍管理问题》还对秦代户籍制度做了综合研究,指出里耶秦简中的户籍文书是以里为单位编制,按照爵级高低排列,注役、年龄等信息别录在其他籍簿中;造籍程序上,各乡负责户口登记和初步分类,县在各项基础上做出累积,并编制出特殊的名籍;里负责户口登记时进行案验,在户口出现变化时,里典参与公证。④

岳麓书院藏秦简是又一批具有重要价值的秦代文献,2010年《岳麓书院藏秦简(壹)》出版,此后开始陆续公布。张荣强《读岳麓秦简论秦汉户籍制度》根据其中《为吏治官及黔首》"案户定数""移徙上楠(端)"两句,考察了秦汉时期造籍、移籍等制度。作者认为,前者是讲案比户口,里耶户籍简著录的课

---

① 王伟、孙兆华:《"积户"与"见户":里耶秦简所见迁陵编户数量》,《四川文物》2014年第2期。
② 唐俊峰:《里耶秦简所示秦代的"见户"与"积户"——兼论秦代迁陵县的户数》,简帛网,2014年2月8日(http://www.bsm.org.cn/show_article.php?id=1987)。
③ 晋文:《里耶秦简中的积户与见户——兼论秦代基层官吏的量化考核》,《中国经济史研究》2018年第1期。
④ 沈刚:《里耶秦简所见民户簿籍管理问题》,《中国经济史研究》2015年第4期。

役身份就是案比的结果；而后者中的"上"应做登录、入籍解，结合《二年律令·户律》的相关条文，进一步判定秦及汉初的户籍中登载田地的事实；此外，文章还考察了秦代"岁尽增年"的问题。① 2013年，《岳麓书院藏秦简（叁）》公布了一批秦代的奏谳书，其中有户籍制度相关的案例。王彦辉《秦简"识劫（婉）案"发微》通过考析其中的"识劫（婉）案"，指出秦代娶妻需要报官登记并反映在户籍上，否则婚姻关系不受法律保护；由主人放免的"妾"也要在户籍上改注为"免妾"。② 沈刚则关注秦户籍中的身份差异，《秦人与它邦人——新出秦简所见秦代人口身份管理制度一个方面》通过考察"尸等捕盗疑购案"，认为秦代法律把人的身份区分为"秦人"和"它邦人"两种，"它邦人"就是不在秦国户籍上的他国人，这些人即使成为秦国编户，身份标识也不能完全等同于秦人，此举的目的是改造新占领区的和控制秦人。③

2. 张家山汉简《二年律令》《奏谳书》

1983年，湖北江陵张家山247号墓中出土了一批汉代竹简。其中《奏谳书》的释文分别在1993年和1995年的《文物》杂志刊出。④ 2001年，《张家山汉墓竹简[二四七号墓]》公布了包括《二年律令》在内的全部释文，其中《户律》《田律》的部分内容与秦汉户籍制度直接相关。⑤ 由此带动了学界新一波研究高潮。

---

① 张荣强：《读岳麓秦简论秦汉户籍制度》，《晋阳学刊》2013年第4期。
② 王彦辉：《秦简"识劫（婉）案"发微》，《古代文明》2015年第1期。
③ 沈刚：《秦人与它邦人——新出秦简所见秦代人口身份管理制度一个方面》，收入中国政法大学法律古籍整理研究所编《中国古代法律文献研究》（第九辑），北京：社会科学文献出版社，2016年，第143~153页。
④ 江陵张家山汉简整理小组：《江陵张家山汉简〈奏谳书〉释文（一）（二）》，分见于《文物》1993年第8期、1995年第3期。
⑤ 张家山汉墓竹简整理小组：《张家山汉墓竹简[二四七号墓]》，北京：文物出版社，2006年。

早在《奏谳书》释文公布之初，陈伟便发表了《〈奏谳书〉所见汉初"自占书名数"令》，文章选取《奏谳书》中四件与"名数"相关的案例，与汉高祖五年诏书对照，认为汉高祖五年（前201）颁布诏令中的优待条件，均是针对汉朝建立以前的"无名数者"，目的是吸引"无名数者"重新落籍，甚至身为奴婢者也可以因此摆脱奴隶身份"成为庶人"；但对于那些在汉朝建立以后的逃亡者，则按照律法予以严惩。①

《二年律令》公布后，学界围绕其中《户律》展开热烈探讨，其中一个焦点问题就是如何判定《户律》中所载各色籍簿的性质，学者们对此众说纷纭，主要观点如下表所示：

	"宅园户籍"	"年细籍"	"田比地籍"	"田命籍"	"田租籍"
高 敏②	每户所授田宅地的总数籍。	所授田宅地的耕种与使用情况。	所授田宅地的比邻方位与四至情况而言。		所授田地应纳田租和已纳田租的数量。
杨振红③	专门用以记录民户房宅情况的簿籍。	记录户内人口年龄的簿籍。	记录田地四至的籍册。	记录具有豁免特权不需缴纳田租者的土地册。	记录每年可收田租的土地数量。
臧知非④	住宅园圃的综合登记簿。	各户人口年龄明细。	每户土地比邻状况。	每户授田的由来和数量。	每户应缴纳的田租数量。

---

① 陈伟：《〈奏谳书〉所见汉初"自占书名数"令》，收入武汉大学三至九世纪研究所编《中国前近代史理论国际学术研讨会论文集》，武汉：湖北人民出版社，1997年，第429~434页。后收入其著《燕说集》，北京：商务印书馆，2011年，第383~389页。

② 高敏：《从张家山汉简〈二年律令〉看西汉前期的土地制度——读〈张家山汉墓竹简〉札记之三》，《中国经济史研究》2003年第3期。

③ 杨振红：《秦汉"名田宅制"说——从张家山汉简看战国秦汉的土地制度》，《中国史研究》2003年第3期。

④ 臧知非：《秦汉"傅籍"制度与社会结构的变迁——以张家山汉简〈二年律令〉为中心》，《人文杂志》2005年第1期。

续表

	"宅园户籍"	"年细籍"	"田比地籍"	"田命籍"	"田租籍"
朱绍侯[1]	住宅簿、田园登记簿。	占有田宅的逐年明细。	依田地比邻记录的籍簿。	即田名籍，记录土地所有权。	记录田租数量，是收租底账。
王彦辉[2]	即著籍于官府的"名数"，内容包括房屋、人口、奴婢、畜牲等。	为征收赋税和征发徭役而编订的户内人口年龄记录。	编定所占有农田的阡陌位置及四至。	将以名合法占田纳入名田宅制度的体系之中。	
彭浩[3]	应释为"民宅图户籍"				
陈剑[4]	应释为"民宅图户籍"	应释作"年紬籍"，或指与记录有关"年"的信息的簿籍。			
陈伟[5]		应读作"年嬖籍"，"嬖"指当事人有关保任的记录。			

---

[1] 朱绍侯：《论汉代的名田（受田）制及其破坏》，《河南大学学报》（社会科学版）2004年第1期。

[2] 王彦辉：《〈二年律令·户律〉与高祖五年诏书的关系》，《湖南大学学报》（社会科学版）2007年第1期

[3] 彭浩：《数学与汉代的国土管理》，[韩]中国古中世史学会编《中国古中世史研究》第21卷，2009年2月，第153~161页。

[4] 陈剑：《读秦汉简札记三篇》，首发于复旦大学出土文献与古文字研究中心网站，2011年6月4日（http://www.gwz.fudan.edu.cn/Web/Show/1518），修改后刊于刘钊主编《出土文献与古文字研究》（第四辑），上海：上海古籍出版社，2011年，第358~381页。

[5] 陈伟：《也说〈二年律令·户律〉中的"絬"》，简帛网，2011年6月4日（http://www.bsm.org.cn/show_article.php?id=1487）。

除上表所列成果外，还有学者对汉代户籍管理做了考察。如李均明《张家山汉简所见规范人口管理的法律》认为汉代户籍登录以户为单位，内容包括户内人口的姓名、性别、年龄、法律地位（爵位）、健康状况；造籍过程则包括自占、傅籍、案比造籍、入库等环节；户口的变更和迁移都要及时上报官府，对于逃亡和匿户等违法行为，官府要予以严厉处罚。①此外，他还根据《二年律令》中《户律》和《田律》重新考察了汉代"八月案比"的问题，发现其中"凡是涉及年终考核统计的条款，考核统计大多在八月实施"，又广泛搜集了各种史料中关于八月考核统计的案例，确认了汉代"八月案比"的制度；案比内容则应包括人口的"数量"和"质量"，以及田地、牲畜、农产品、税收等内容，最终分别形成《户律》中提到的"民宅园户籍""年细籍""田比地籍""田命籍""田租籍"多种籍簿。②

还有学者对《户律》中"立户""分户"与"代户"问题做了考察。晋文《从〈二年律令·户律〉看汉初立户分户问题》通过重新审视《户律》第323—324简，认为律文所针对的对象主要是"不为户，有田宅附令人名"和"为人名田宅者"两类人，而最终目的就是要迫使不为户者立户；在"分户"问题上，汉初沿袭了秦的"分异令"，分户具有强制性质。③鲁家亮《张家山汉简〈二年律令〉中的"分户"与"代户"》指出"立户"的情况有两种，一是流民重新落籍，二是家属分家分财立户，即"分户"；"代户"是发生在户主死亡的情况下；"分户"与"代户"显著的差异是：前者在每年八月由官府集中办理，而后

---

① 李均明：《张家山汉简所见规范人口管理的法律》，《政法论坛》2002年第5期。收入其著《简牍法制论稿》，桂林：广西师范大学出版社，2011年，第167~176页。

② 李均明：《关于八月案比》，收入中国文物研究所编《出土文献研究》（第六辑），上海：上海古籍出版社，2004年，第130~133页。

③ 晋文：《从〈二年律令·户律〉看汉初立户分户问题》，《中国农史》2008年第3期。

者则需要在发生时立即报告官员并加以登记。① 袁延胜则通过考察三杨庄汉代聚落遗址中的庭院遗址，复原《二年律令·户律》"民宅园户籍"中"宅园"的形制，指出"宅园"应是指"宅"及宅的附属地"园"的情况，"园"可以种植果蔬、树木等，而"民宅园户籍"则是记载民户家庭人口情况、住宅及其附属物"园"情况的综合簿籍。②

3. 尹湾汉简、天长汉简、朝鲜平壤贞柏洞竹简、松柏汉简、虎溪山汉简

在这几批出土简牍中，均发现有汉代人口统计的相关资料，如尹湾汉简和朝鲜平壤贞柏洞竹简中之"集簿"、天长汉简和松柏汉简中之"户口簿"，虽然自名有别，但性质均是官府对人口数字的集计。此外，虎溪山汉简中所谓"黄簿"也有学者认定其性质就是官府"集簿"，故在此一并综述相关成果。

尹湾汉简面世较早，1993年即被发掘出土。1997年，《尹湾汉墓简牍》公布了简牍的图版和释文，其中的东海郡"集簿"受到学界关注。③ 相关研究集中在汉代的上计制度、人口构成方面，如高敏《"集簿"的释读、质疑与意义探讨——读尹湾汉简札记之二》，④ 高恒《汉代上计制度论考——兼评尹湾汉墓木牍〈集簿〉》，⑤ 高海燕、乔健《从尹湾简牍〈集簿〉谈西汉东海郡的人口、土地、

---

① 鲁家亮：《张家山汉简〈二年律令〉中的"分户"与"代户"》，收入四川大学历史文化学院编《纪念徐中舒先生诞辰110周年国际学术研讨会论文集》，成都：巴蜀书社，2010年，第269~276页。
② 袁延胜：《三杨庄聚落遗址与汉代户籍问题》，《中原文物》2012年第3期。
③ 连云港市博物馆等编：《尹湾汉墓简牍》，北京：中华书局，1997年。
④ 高敏：《"集簿"的释读、质疑与意义探讨——读尹湾汉简札记之二》，《史学月刊》1997年第5期。
⑤ 高恒：《汉代上计制度论考——兼评尹湾汉墓木牍〈集簿〉》，《东南文化》1999年第1期。后收入连云港市博物馆、中国文物研究所编《尹湾汉墓简牍综论》，北京：科学出版社，1999年，第128~138页。

赋税》，①高大伦《尹湾汉墓木牍〈集簿〉中户口统计资料研究》，②李孝林、弋建明、熊瑞芳《尹湾汉简集簿研究——我国首见的郡级统计年报探析》等。③其中也有与户籍制度相关论述，如高敏通过《集簿》中"获流"的统计项，看汉代在籍人口和流亡人口的情况；高大伦运用人口统计学方法，发现《集簿》中存在虚假统计，指出汉代长吏为了虚报政绩而在统计数字中造假，可知秦汉时期人口统计和造籍过程中存在较大弊端。

天长汉简出土于2004年，2006年《安徽天长西汉墓发掘简报》公布了部分木牍的图版和释文。④据《简报》称，墓中共出土三十四枚木牍，其中M19:40-1号牍A面自题为"户口簿"，B面自题为"算簿"。何有祖对这枚木牍做了初步研究。《安徽天长西汉墓所见西汉木牍管窥》以表格统计的形式考察了"户口簿"和"算簿"中各乡的排列顺序。⑤王贵元《安徽天长汉墓木牍初探》对木牍释文作了补释。⑥胡平生《天长安乐汉简〈户口簿〉"垣雍"考》着重考察了"垣雍"一词，认为墓主的籍贯在东阳县，但任官不一定在本县，所以"垣雍"很可能是墓主任官所在地。⑦日本学者山田胜芳《西汉武帝时期的地域社

---

① 高海燕、乔健：《从尹湾简牍〈集簿〉谈西汉东海郡的人口、土地、赋税》，收入《尹湾汉墓简牍综论》，第144~147页。
② 高大伦：《尹湾汉墓木牍〈集簿〉中户口统计资料研究》，《历史研究》1998年第5期。
③ 李孝林、弋建明、熊瑞芳：《尹湾汉简集簿研究——我国首见的郡级统计年报探析》，《统计研究》2004年第9期。
④ 天长市文物管理所、天长市博物馆：《安徽天长西汉墓发掘简报》，《文物》2006年第11期。
⑤ 何有祖：《安徽天长西汉墓所见西汉木牍管窥》，简帛网，2006年12月19日（http://www.bsm.org.cn/show_article.php?id=488）。
⑥ 王贵元：《安徽天长汉墓木牍初探》，张光裕、黄德宽主编《古文字学论稿》，合肥：安徽大学出版社，2008年，第465~471页。
⑦ 胡平生：《天长安乐汉简〈户口簿〉"垣雍"考》，简帛网，2010年2月3日（http://www.bsm.org.cn/show_article.php?id=1215）。

会与女性徭役——由安徽省天长市安乐镇十九号汉墓木牍引发的思考》认为算簿是"八月算民"的产物,其中"事算"者是承担徭役的人,这其中包括女性;并根据墓主持有"户口簿"和"算簿",推测其是县中"有一定权力的属吏"。①2012年,蔡万进《天长纪庄木牍〈户口簿〉及相关问题》认为《户口簿》是西汉临淮郡东阳县的数据,其中的户口数字应来自东阳县某年各乡"八月案比"的人口调查统计;此外,汉代各郡县在上计综合类"集簿"文书的同时,还要呈递各种用于专项统计的"集簿"文书。②

松柏汉简亦出土于2004年,2008年《湖北荆州纪南松柏汉墓发掘简报》公布了一枚"南郡免老簿"的照片和释文。据《简报》称,墓中共出土了六十三枚木牍,包括户口簿、正里簿、免老簿等多种籍簿。③2009年,荆州博物馆编著《荆州重要考古发现》公布了另外四枚木牍的照片,其中48号牍自名为"二年西乡户口薄(簿)",53号牍无书题,④从内容看,该牍对各县、侯国内的人口按性别、年龄统计,似属户口类簿册。刘瑞《松柏汉墓出土〈二年西乡户口簿〉小考》较早对48号牍进行了录文、注释,发现"二年西乡户口簿"作为乡户口簿,只有大男、大女、小男、小女四种统计项目,不包括罢癃和免老人数,由此推断由乡上报县、郡、朝廷的户口集计中亦应是如此。⑤彭浩《读松柏出土

---

① [日]山田胜芳:《西汉武帝时期的地域社会与女性徭役——由安徽省天长市安乐镇十九号汉墓木牍引发的思考》,原刊《集刊東洋學》第97号,2007年。译文收入卜宪群、杨振红主编《简帛研究二〇〇七》,庄小霞译,桂林:广西师范大学出版社,2010年,第313~327页。

② 蔡万进:《天长纪庄木牍〈户口簿〉及相关问题》,《中国史研究》2012年第1期。

③ 荆州博物馆:《湖北荆州纪南松柏汉墓发掘简报》,《文物》2008年第4期。

④ 朱江松:《罕见的汉代松柏木牍》,收入荆州博物馆编著《荆州重要考古发现》,北京:文物出版社,2009年,第209~212页。

⑤ 刘瑞:《松柏汉墓出土〈二年西乡户口簿〉小考》,复旦大学出土文献与古文字研究中心网站,2009年3月28日(http://www.gwz.fudan.edu.cn/Web/Show/735)。

的四枚西汉木牍》也对48号牍和53号牍作了录文和释读，认为"二年西乡户口簿"是西乡留存档案的抄件，与当年上报江陵县的统计数字一致；无自题名的53号牍应定名为"南郡元年户口簿"，并认为其中的"延口"是指"来自外地的移民，以区别于本地居民"。①而胡平生对此持不同看法，认为"延"还是应释作"死"，是统计当年死亡的人数。②杨振红则对彭浩关于53号牍的定名和定性提出商榷，认为53号牍应定名为"南郡事复口算簿"，是"登记南郡各县道侯国有算和口钱义务的人口数以及复除数的簿籍"。③袁延胜《松柏木牍〈二年西乡户口簿〉人口资料辨析》针对户口簿中大男人数少于大女、小男人数多于小女这一"性别比例严重失调"现象，指出前者与《史记》中载"江南卑湿，丈夫早夭"的特点有关，后者则与重男轻女的观念有关。④

上世纪90年代初，朝鲜平壤贞柏洞364号墓出土了以"乐浪郡初元四年县别户口集簿"为标题的三枚木牍。2008年，朝鲜考古刊物《朝鲜考古研究》刊布了木牍照片。同年朝鲜学者孙永钟发表《乐浪郡南部地区的位置——以"乐浪郡初元四年县别户多少□□簿"为中心》对木牍进行了系统整理，并作乐浪郡所属二十五县户数口数变化统计表。2009年，韩国学者尹龙九《平壤出土〈乐浪郡初元四年县别户口簿〉研究》最早将考古报告和研究成果介绍到韩国，并对释文重新作了释读。2010年，杨振红和韩国学者尹在硕合撰《韩半岛出土简牍与韩国庆州、扶余木简释文补正》，将包含《乐浪郡初元四年县别户口集

---

① 彭浩：《读松柏出土的四枚西汉木牍》，武汉大学简帛研究中心主办《简帛》（第四辑），上海：上海古籍出版社，2009年，第333~344页。该文原以四篇札记的形式分别在2009年3月31日、4月4日、4月11日、4月12日首发于简帛网。

② 胡平生：《松柏汉简五三号木牍释解》，简帛网，2009年4月12日（http://www.bsm.org.cn/show_article.php?id=1020）。

③ 杨振红：《松柏西汉墓簿籍牍考释》，《南都学坛》2010年第5期。

④ 袁延胜：《松柏木牍〈二年西乡户口簿〉人口资料辨析》，卜宪群、杨振红主编《简帛研究二〇一一》，桂林：广西师范大学出版社，2013年，第70~83页。

簿》在内一批朝鲜半岛出土的木简介绍至国内，并将乐浪郡集簿与天长汉简、松柏汉简中所见集簿对比异同。①

虎溪山汉简出土于1999年。2003年《沅陵虎溪山一号汉墓发掘简报》公布了部分释文，其中就有所谓"黄簿"，《简报》称"黄簿"共有二百四十一枚（段），其中整简一百二十枚。②2004年，郭伟民《虎溪山一号汉墓葬制及出土竹简的初步研究》、张春龙《湖南省近年出土简牍文献资料略论》公布了更多"黄簿"释文。韩树峰认为，"黄簿"很可能不是简牍自名，而是整理者所命名，其性质也并非户籍，而是上计所用的集簿（详文见下）。

4. 长沙走马楼孙吴户籍类简

1996年长沙走马楼吴简出土，其中户籍类文书数量达万余枚。经过专家组初步整理，在1998年的《中国书法》杂志上披露了部分图版和释文。③此后，1999年《长沙走马楼简牍整理的新收获》公布了一些具有重要史料价值的简文，其中户口籍簿占据了相当比重，这成为当时学界讨论孙吴户籍制度的主要样本。④这一阶段，由于所见资料有限，学界关注的议题主要集中在户籍类简的分类、定名与定性等基础性问题；另一方面，对户籍制度也有探讨。

王素在《中日长沙吴简研究述评》一文指出："由于从未见过汉代严格意义上的户籍实物，户籍的界定也非常困难。因而关于户口籍簿的分类与定名，

---

① 以上内容均引自杨振红、尹在硕合撰《韩半岛出土简牍与韩国庆州、扶余木简释文补正》，卜宪群、杨振红主编《简帛研究二○○七》，桂林：广西师范大学出版社，2013年，第277~299页。

② 湖南省文物考古研究所、怀化市文物处、沅陵县博物馆：《沅陵虎溪山一号汉墓发掘简报》，《文物》2003年第1期。

③ 宋少华：《大音希声——浅谈对长沙走马楼三国吴简的初步认识》，《中国书法》1998年第1期。

④ 王素、宋少华、罗新：《长沙走马楼简牍整理的新收获》，《文物》1999年第5期。

争论自然较大。"①并将2006年前学界关于户口籍簿简分类、定名的各种观点汇总为七说。"第一说",吴简整理组专家将户籍简划分为"民籍""吏籍""师佐籍"三类,其中"民籍"又可依户主简格式不同划分为"民某某"开头和"户人某某"开头两种类型,侯旭东、②陈爽③基本支持这种意见。"第二说",罗新认为应将吴简中的"户籍"与"名籍"作严格区分,"普通户籍"应分为强调"事""筭"和强调"口食"两类,提出"功能不同是深入观察户籍名簿的依据";"师佐籍"不是"籍"而是一种"名簿",师佐应有专门户籍进行统计。④

---

① 王素:《中日长沙吴简研究述评》,《故宫学刊》2006年第三辑。
② 侯旭东:《三国吴简两文书初探》,《历史研究》2001年第4期。
③ 陈爽:《走马楼吴简所见奴婢户籍及相关问题》,收入北京吴简研讨班编《吴简研究》(第一辑),武汉:崇文书局,2004年,第160~166页。
④ 罗新:《走马楼吴简整理工作的新进展》,北京大学历史系编《北大史学》(7),北京:北京大学出版社,2000年,第333~340页。此外,关于"师佐籍"的研究主要有以下成果,韩树峰:《长沙走马楼三国吴简所见师佐籍考》,《吴简研究》(第一辑),第167~189页;罗新:《吴简中的"作部工师"问题》,收入长沙市考古文物研究所编《长沙三国吴简暨百年来简帛发现与研究国际学术研讨会论文集》,北京:中华书局,2005年,第57~63页;于振波:《走马楼吴简师佐籍蠡测》,《汉学研究》(台北)2006年第2期,第24卷,收入其著《走马楼吴简续探》,台北:文津出版社,2007年,第73~114页;沈刚:《长沙走马楼三国吴简竹简[壹]所见师佐籍格式复原及相关问题探讨》,《人文杂志》2008年第6期;凌文超:《走马楼吴简两套作部工师簿比对复原整理与研究》,卜宪群、杨振红主编《简帛研究二〇〇九》,桂林:广西师范大学出版社,2011年,第162~237页;邓玮光:《走马楼吴简"师佐籍"的复原尝试:以刘阳县师佐籍为例》,苏州博物馆编《苏州文博论丛》,2011年,第17~21页;蒋非非:《走马楼吴简师佐家属籍注记"屯将行"及"单身"与孙吴军法》,卜宪群、杨振红主编《简帛研究二〇一一》,第164~183页。

"第三说"，汪小烜将户口籍簿简分为"吏民簿""师佐籍""兵户籍"三种，认为孙吴时期吏、民混编，因而应有"吏民簿"，并且通过复原研究，将"吏民簿"按结计简分为以"凡口若干事若干"开头并注有"事""筭"、以"右某家口食若干人"开头及其他三种，而第一种应是最根本的"正籍"，其他按需编制的各色名籍应当也属于户籍范畴。① "第四说"，日本学者安部聪一郎将"户口籍簿"统称作"名籍"，在分类上与"第一说"相似，将其中"民籍"按户主简格式分为以"某里户人"开头、以"民某某"开头、以"大男某某"开头三种。② 在他随后发表的相关文章中，又通过观察某些背面有反文的民籍简，探讨了民籍册书的编缀体例，③ 反映出日本学者注重观察简牍实物的特点，这在关尾史郎、鹫尾祐子的研究中也有充分体现。④ "第五说"，宋少华将"户口籍簿"分为"户口簿"和"师佐簿"两类，此外还存在"叛走名单"和"户品出钱簿"。⑤ "第六说"，胡平生、李天虹认为"户籍"只能是传统意义上的"编户齐民籍"，

---

① 汪小烜：《走马楼简"吏民簿"研究》，北京大学硕士学位论文，2001 年 5 月。
② [日] 安部聪一郎：《長沙吳簡にみえる名籍の初步的檢討》，《長沙吳簡研究報告》第 2 集，东京，2004 年 7 月，第 39~53 页。
③ [日] 安部聪一郎：《试论走马楼吴简所见名籍之体式》，收入长沙简牍博物馆、北京吴简研讨班编《吴简研究》（第二辑），武汉：崇文书局，2006 年，第 14~24 页。
④ [日] 关尾史郎：《史料群としての長沙吳簡・試論》，《木簡研究》27，2005 年 11 月；
　[日] 鹫尾祐子：《长沙走马楼吴简连记式名籍简的探讨——关于家族的记录》，收入《吴简研究》（第三辑），北京：中华书局，2011 年，第 65~87 页。日本学者的吴简研究要目，可详参窪添庆文《日本的长沙吴简研究》，收入长沙简牍博物馆编《长沙简帛研究国际学术研讨会论文集》，上海：中西书局，2017 年，第 31~49 页。
⑤ 宋少华：《长沙三国吴简保护整理与研究的新进展》，收入《长沙三国吴简暨百年来简帛发现与研究国际学术研讨会论文集》，第 8~23 页。

"吏籍""师佐籍"以及涉及赋税统计登记的籍簿均不能算作户籍,①强调"户籍"与"名籍"之间的差异,②这与罗新的意见较为相似。"第七说",关尾史郎曾在2005年对吴简进行了"全面清理",将"户口籍簿"统称作"名籍",并分为"吏民年纪簿""叛走人名簿""师佐年纪簿"三类,认为"籍簿"在孙吴时期更多是称"簿"而非"籍",③王素对这种分类方法表示赞同。

  以上七种意见,基本涵盖了早期研究中有关孙吴户籍类简分类、定性的主要观点。可以看出,在籍簿分类的讨论中,已有学者开始关注"户籍"与"名籍"的区别与联系,并通过文书复原从功能上对二者进行区分。此外,也有学者对孙吴户籍制度作了讨论。黎石生《从长沙走马楼简牍看三国时期孙吴的户籍检核制度》通过研究"殷连"和"区光"两枚木牍,指出孙吴户籍制度承袭两汉,均是在八月检核户口,其流程包含"官吏被书""隐核户口""登记为簿""破莂保据"等环节。④贺双非、罗威《从走马楼吴简看汉、吴户籍制度的异同》也指出孙吴户籍制度主要承袭汉代,但孙吴户籍在民、吏、兵分籍和户

---

① 学界对于吴简中"吏户""吏籍"的讨论较为热烈,高敏、黎虎、韩树峰等诸位学者先后参与其中,成果众多,限于篇幅,此处不再作详细介绍,可参长沙简牍博物馆编《嘉禾一井传天下——走马楼吴简的发现保护整理研究与利用》第五章第六节《吴简所见职业、身份与社会阶层》,长沙:岳麓书社,2016年,第272~275页。

② 胡平生、李天虹:《长江流域出土简牍与研究》,武汉:湖北教育出版社,2004年,第602~635页。其中胡平生的观点又见于《从走马楼简"刅"、"创"字的释读谈到户籍的认定》一文,发表在《中国历史文物》2002年第2期。

③ [日]关尾史郎:《史料群としての長沙吳簡・試論》,《木簡研究》27,2005年11月;《史料群としての長沙吳簡・試論(2)》,《唐代史研究》第9号,东京,2006年7月,第73~87页。

④ 黎石生:《从长沙走马楼简牍看三国时期孙吴的户籍检核制度》,《湖南档案》2002年第2期。

等分品等方面又显示出与汉制的差异。①

2004年《长沙走马楼三国吴简·竹简[壹]》出版,公布了万余枚竹简图版和释文,包含不少户籍类简,其余八册竹简内容也在此后陆续公布。此外,东牌楼东汉简也在2006年正式公布,为讨论汉末三国时期户籍制度及相关问题提供了更广泛的样本。

吴简系统公布后,张荣强《孙吴简中的户籍文书》探讨了两汉和孙吴户籍的基本内容和形式,认为"汉代的户籍是户口簿与财产簿的紧密结合",前者"有承担口算及徭役的注记",二者在东汉末年已经分离,故吴简中户籍文书有课役内容和"赀税"而没有"财产簿"。此外,作者对户籍制度也作了全面探讨,再次确认两汉"八月造籍"的制度,并举出吴简户籍简中"同名但年龄相差一岁"的案例,论证孙吴仍遵循汉代每年造籍的传统。②李均明《走马楼吴简人口管理初探》运用集成分类的方法对户籍简中所载人口按职役进行划分,指出"职业往往是当局划分户类的依据",孙吴对于流动人口(主要是师佐和私学)、流亡人口的控制,都是通过建立专门籍簿的方式达成的。③

东牌楼东汉简公布后,其中数枚"户籍简"引起学界关注。"长沙东牌楼东汉简牍研读班"较早对这批简进行校读,并推出《〈长沙东牌楼东汉简牍〉释文校订》这一成果,其中就包括这几枚"户籍简"。2008年,张荣强《长沙东牌楼东汉"户籍简"补说》将里耶户版、东牌楼"户籍简"以及走马楼吴简户籍类简进行综合研究,认为里耶户版是"乡户籍",走马楼吴简户籍类简是"县户

---

① 贺双非、罗威:《从走马楼吴简看汉、吴户籍制度的异同》,《湖南城市学院学报》2003年第5期。

② 张荣强:《孙吴简中的户籍文书》,《历史研究》2006年第4期。后收入其著《汉唐籍帐制度研究》,第89~122页。

③ 李均明:《走马楼吴简人口管理初探》,卜宪群、杨振红主编《简帛研究二〇〇六》,桂林:广西师范大学出版社,2008年,第263~273页。后收入其著《简牍法制论稿》,桂林:广西师范大学出版社,2011年,第177~189页。

籍"，而东牌楼户籍简则是"临湘县案比民户之后做的专门簿籍"，这些籍簿格式不一，混杂在邮亭收发的公私文书中，"可能是准备下发给有关乡作为编造户籍的依据"。①

2010年，沈刚《吴简户籍文书的编制方式与格式复原新解》根据汪小烜对户籍类简的分类，从结句简内容和汉代乡里职能入手考察户籍编制方式，认为秦汉时期乡具有征发徭役的职能，故结计简以"凡"开头且载有徭役注记的文书由乡编制，而结计简以"右"开头的文书基本只记每户人口数目，可能是里所编造。②于振波《略说走马楼吴简之名籍》认为土地、人口和赋税等诸多项目是登记在多种籍簿之中，"即使专门登记人口的籍簿也远远不止一本账"，并按"户人简"著录格式将"以'户人'为中心编制的名籍"分成"民""给吏""给卒"等若干种，认为这些应是"最基本的户籍类文书"。③

在围绕吴简户籍类文书的讨论热烈进行之际，学界对于吴简的复原工作同时展开。2009年，侯旭东《长沙走马楼吴简〈竹简[贰]〉"吏民人名年纪口食簿"复原的初步研究》首次利用揭剥图对吴简进行复原研究，复原出"广成乡嘉禾六年吏民人名年纪口食簿"中的"广成里"部分，确认了孙吴时期的户籍是"吏民合籍"。此文的意义不仅在于为讨论孙吴户籍制度提供了一个较为完整、可信的样本，更在于明确了户籍类文书复原的基础方法。④此后，侯旭东

---

① 张荣强：《长沙东牌楼东汉"户籍简"补说》，《中国史研究》2008年第4期。后收入其著《汉唐籍帐制度研究》，第67~88页。
② 沈刚：《吴简户籍文书的编制方式与格式复原新解》，《人文杂志》2010年第2期。
③ 于振波：《略说走马楼吴简之名籍》，卜宪群、杨振红主编《简帛研究二〇〇八》，桂林：广西师范大学出版社，2010年，第224~250页。
④ 侯旭东：《长沙走马楼吴简〈竹简[贰]〉"吏民人名年纪口食簿"复原的初步研究》，原刊《中华文史论丛》，2009年第1期，第57~93页。后收于其著《近观中古史》，上海：中西书局，2015年版，第81~107页。

在鹫尾祐子研究的基础上，尝试运用集成方法对"嘉禾六年（广成乡）弦里吏民人名年纪口食簿"进行复原，指出这份籍簿是用于征派赋役，而现有吴简中"尚未见到户籍"，并强调了里在籍簿编制过程中的基础性作用。①

凌文超的复原工作也值得瞩目。他先后复原出"嘉禾四年小武陵乡吏民人名妻子年纪簿""嘉禾六年广成乡吏民人名年纪口食簿""小武陵乡、南乡等吏民人名年纪口食簿"和"嘉禾四年南乡吏民户数口食人名年纪簿"四组文书。通过复原"嘉禾四年南乡吏民户数口食人名年纪簿"，作者认为其中大部分户口简的体例与"新占民人名口食年纪简"基本相同，故而认为这些简均可确认为"户籍简"，并总结了孙吴户籍的基本要素只包含身份、姓名、年龄、身体状况等基本信息，不包含赋役注记。此外，简本"户籍"分两种形式：一类是县、乡收藏的具体登录户口人名年纪口食等的"籍"书，另一类是郡及中央掌握的记录与户口有关各项统计数据的"簿"书。就走马楼户籍中的"黄簿"及"人名年纪簿"而言，它们都是根据日常行政需要，基于"户籍"而编制的"户籍簿"，虽然其中载有具体的民众信息，但依然是"簿"的性质，并非户籍。②

---

① 侯旭东：《长沙走马楼吴简"嘉禾六年（广成乡）弦里吏民人名年纪口食簿"集成研究：三世纪初江南乡里官吏一瞥》，原刊邢义田，刘增贵主编《第四届国际汉学会议论文集：古代庶民社会》，台北："中央研究院"，2013年，第103~147页。后收入其著《近观中古史》，第108~142页。

② 凌文超以上观点，最初见于其博士学位论文《考信于簿——走马楼吴简采集簿书复原整理与研究》，北京大学博士学位论文，2011年，部分内容经修改后发表；《孙吴户籍之确认——以嘉禾四年南乡户籍为中心》，杨振红、邬文玲主编《简帛研究二〇一四》，桂林：广西师范大学出版社，2014年，第265~325页；《走马楼吴简采集简"户籍簿"复原整理与研究——兼论吴简"户籍簿"的类型与功能》，《吴简研究》（第三辑），北京：中华书局，2011年，第9~64页。2015年，作者在其博士论文的基础上，出版《走马楼吴简采集簿书整理与研究》（桂林：广西师范大学出版社，2015年）。以上两篇文章又见于其中第二章《嘉禾四年南乡户籍与孙吴户籍的确认》及第三章《户籍简及其类型与功能》，第12~153页。

邓玮光则对凌文超的定名方式提出商榷，他在《试论孙吴名籍的制作周期及相关问题》一文中指出吴简中可能并不存在自名"户籍"的籍簿，应尽量避免使用"户籍"一词，而应用吴简中的自名如"吏民簿"定名。在造籍时间的问题上，作者对上揭张荣强的观点进行商榷，认为文中所使用的数组"同名但年龄相差一岁"案例存在着误读和误判的风险，同时在对已复原的"吏民簿"考察后，发现其中只有"嘉禾四年"和"嘉禾六年"两个年号，并不足以判断出造籍周期，进而认为在三国时期战乱背景下，孙吴政权很可能是不规律的按需造籍，各色特殊名籍的意义在此时要大于一般户籍。[1]

2011年，张燕蕊《从走马楼吴简户籍书式看孙吴对秦汉户籍制度的继承和发展》通过对比孙吴与秦汉时期户籍类简的书式发现，孙吴虽继承了秦汉的户籍制度，但二者在书写格式和记录内容方面也存在着明显差异。[2]

2014年，张荣强《再论孙吴简中的户籍文书——以结计简为中心的讨论》对之前观点做了修正。此前，不少学者认为"凡口×事× 算×事×"类户结计简中的"事"与徭役有关，但天长汉简中出现的"事算"赋予了"事"以"算"的含义。作者以此为基础，通过考察"右"类和"凡"类户结计简，发现二者统计口径的差异：前者统计的是总户数和总口数，后者只是承担口算赋的人户亦即"应役民"和吏卒户，由此认为"'右某家口食'类简更具有基础台账的作用，是户籍无疑；'凡口若干'类简也被称作'黄簿'，属于广义上的户籍"。[3]

---

[1] 邓玮光：《试论孙吴名籍的制作周期及相关问题》，卜宪群、杨振红主编《简帛研究二○一二》，桂林：广西师范大学出版社，2012年，第165~181页。

[2] 张燕蕊：《从走马楼吴简户籍书式看孙吴对秦汉户籍制度的继承和发展》，《中国人民大学学报》2011年第1期。

[3] 张荣强：《再论孙吴简中的户籍文书——以结计简为中心的讨论》，《北京师范大学学报》（社会科学版）2014年第5期。

同年，凌文超《走马楼吴简隐核新占民簿整理与研究——兼论孙吴户籍的基本体例》通过复原"隐核新占民簿"，指出这是嘉禾二年大规模隐核新占民行动中衍生出的文书，这次行动由武昌太常府统一部署，核查范围涉及辖下的蕲春、江夏等郡以及"东西部督都尉屯田"，目的是隐核"诸郡生子远受居比郡县及方远客人"。行动指令由太常府下达，经过郡、县（侯国）、乡的逐级抄送传达，由掌管乡部的劝农掾指挥岁伍具体落实，并根据隐核出的民户制成名籍逐级上呈，最后汇总至太常府。作者推测隐核新占民行动与稍后开展的"举私学"行动密切相关，"举私学"行动实质是孙吴朝廷为防止"遗脱"流入豪帅之手的措施，而"隐核新占民"则是以太常潘濬为代表的地方豪帅与孙吴朝廷变相争夺"遗脱"的行为。[1]

2017年，凌文超《走马楼吴简隐核州、军吏父兄子弟簿整理与研究——兼论孙吴吏、民分籍及在籍人口》又复原了"孙吴嘉禾四年隐核州、军吏父兄子弟簿"，认为孙吴官府通过强制州、军吏家户男性成员任给吏或随本主服役，从而达到对州、军吏人身及其家庭的控制，目的是保持役力来源的稳定；这导致诸吏逐渐具有身份性，促使"吏户""士家"的形成，但当时吏、兵与民并未分别列籍；州吏中既有编户民也有遗脱者，后者不计入户口统计数字内，因此孙吴吏、兵人数并未全部包含在全国户口总数之内。[2] 同年，连先用《试论吴简所见的"黄簿民"与"新占民"》通过复原相关简册，指出"黄簿民"与"新占民"是一组相对的身份，前者指当地户籍中的固有民户，后者则指"新占着户籍之民"，两者共同构成一里之中的全部民户。其分张也比较普遍地存在于临湘所辖的乡里之中。"新占民"主要由外来人口以及还归的流民所构成，由于已

---

[1] 凌文超：《走马楼吴简隐核新占民簿整理与研究——兼论孙吴户籍的基本体例》，收于《田余庆先生九十华诞颂寿论文集》，北京：中华书局，2014年，174~201页。

[2] 凌文超：《走马楼吴简隐核州、军吏父兄子弟簿整理与研究——兼论孙吴吏、民分籍及在籍人口》，《中国史研究》2017年第2期。

被纳入当地的户籍，在赋役上并不享受优复。①2018年，连先用《吴简所见临湘"都乡吏民簿"里计简的初步复原与研究——兼论孙吴初期县辖民户的徭役负担与身份类型》复原出由十二个里组成的"都乡吏民簿"，指出该簿嘉禾六年（237）制成，是用来派役的文书，并据各里里计简认为，孙吴初所辖民户由"特殊民户""不任役户""应/事役户"三部分构成；特殊民户有"吏卒户""限米户"和"差役户"，他们受到国家直接控制，但主要的徭役还是普通编户民承担。②

5. 综合性研究及其他

2005年，袁延胜《论东汉的户籍问题》分类考察了东汉时期不同身份人群的著籍情况：依附民和宾客的身份仍是国家的编户；奴婢不入户籍，一般作为主人的家赀登记在财产簿上；宗室王侯五属内的亲属有特殊的户籍，五属外则著籍为编户民；官吏在外地任职，在户籍上基本不作变动。③有关特殊人口的户籍登录，也有不少成果出现。刘敏《秦汉户籍中的"宗室属籍"》认为宗室成员无论是在京师还是郡国，户籍都归宗正掌管，各地要按时上报宗室户籍，是为上计制度的重要内容；谋反者及其家属、毋节行者、五服之外者不具备宗室属籍；与皇室有姻亲关系者也可有宗室属籍，或称之"准宗室属籍"。④文霞《试论秦汉简牍中奴婢的户籍问题》指出秦汉奴婢是以资产性质或依附人口的身份登记于户籍，而没有以个人身份登记于户籍，这与奴婢半人半物的

---

① 连先用：《试论吴简所见的"黄簿民"与"新占民"》，《文史》2017年第四辑。
② 连先用：《吴简所见临湘"都乡吏民簿"里计简的初步复原与研究——兼论孙吴初期县辖民户的徭役负担与身份类型》，邬文玲主编《简帛研究二〇一七》，桂林：广西师范大学出版社，2018年，第239~314页。
③ 袁延胜：《论东汉的户籍问题》，《中国史研究》2005年第1期。
④ 刘敏：《秦汉户籍中的"宗室属籍"》，《河北学刊》2007年第6期。

身份特征有关。① 王刚《汉代市籍问题再探》则认为汉代市籍是一种身份凭证，具备户籍类型及性质，适用于居住于"市里"的特定人群，市籍的影响涉及三代及三族。②

在奴婢是否入籍的问题上，杨际平持不同看法，2007年《秦汉户籍管理制度研究》认为汉代户籍主要登载吏民"家口名年"，不包括财产，而奴婢作为法律上的"人"，既登录在户籍之中，又登录在赀产簿中。此外，文章还就秦汉三国时期户籍制度做了考察，认为春秋战国时期就形成了比较严密的户籍制度，秦统一后，随着郡县制在全国范围内展开，户籍制度也更加严密；刘邦颁布的汉王五年诏实际上是一次全国范围内的整顿户籍的行动；此外，还根据走马楼吴简户籍类简复原出二十二组家庭文书，并将其分为四类，通过总结各式户籍类文书的特征，区分其在功能上的差异，并尝试从造籍程序的角度阐释各式文书的生成过程。③

2009年，张荣强《〈前秦建元籍〉与汉唐间籍帐制度的变化》考察了汉唐间籍帐书式、造籍制度以及籍帐功能等方面的演变，认为汉代八月造籍，户籍中登载有赀产信息，《前秦建元籍》中三月造籍并非常态；前秦籍中户主的籍贯分别注明州、郡、县、乡、里，与秦汉三国时期的户籍简只注明里名有很大差异，说明纸本户籍不再局限于乡、县保存，而是要进一步上呈郡、州，直至中央机构。此外，文章从"户籍功能"来把握"户籍"的定义，认为中国古代户籍的基本功能有统计户口和征科赋役两种。但由于统计口径不尽相同，因此二者是

---

① 文霞：《试论秦汉简牍中奴婢的户籍问题》，《广东教育学院学报》2008年第2期。
② 王刚：《汉代市籍问题再探》，《南都学坛》2016年第3期。
③ 杨际平：《秦汉户籍管理制度研究》，《中华文史论丛》2007年第1期。后收入其著《杨际平中国社会经济史论集（先秦秦汉魏晋南北朝卷）》，厦门：厦门大学出版社，2016年，第119~148页。

通过不同的簿书来分别实现各自功能。① 同年，邢义田《从出土资料看秦汉聚落形态和乡里行政》以秦汉基层行政相关的简牍文书为考察对象，讨论了秦汉乡里行政。文章虽不以专论户籍制度为名，但对相关史料作了较为全面的搜集和考证，并依据《二年律令·户律》对汉代案比制度做了考察，重申汉代案比算民在乡而不在县的观点，认为户籍由乡啬夫、县吏、令史共同负责编定，完成后底本留在乡，副本存于县廷。②

2012年，胡平生《新出汉简户口籍簿研究》对秦汉三国时期基层户口和赋役行政相关的简牍文书做了整合研究，总结出汉代户籍和郡、县、乡三种户口簿的基本格式，特别提出"户籍"不是"包含多种内容和名称不同的籍簿"，而是"一份作根本凭证的户籍"，应与"名籍"区分，标准的户籍应当如里耶户籍简，只登录"住所、姓名、爵级、户主与户主关系"，而年龄则由"年籍"或"年细籍"登录；在籍簿编造程序上，作者认为每一种"籍"都有与之对应的"簿"，由"籍"到"簿"的过程由乡吏操作，由此形成的各种"簿"层层上报，最终形成上计簿。③ 关于"户籍"的概念问题，张信通《秦汉时期的编户齐民籍》对"户籍"概念作了讨论，认为"编户齐民籍是秦汉户籍中最大的一类。编户齐民籍的内容包括民宅园户籍、年细籍、田比地籍、田命籍、田租籍五部分"。④

---

① 张荣强：《〈前秦建元籍〉与汉唐间籍帐制度的变化》，《历史研究》2009年第3期。后收入其著《汉唐籍帐制度研究》，第222~266页。

② 邢义田：《从出土资料看秦汉聚落形态和乡里行政》，收入黄宽重主编《中国史新论·基层社会分册》，台北："中央研究院"、联经出版事业公司，2009年，第13~126页。后收入其著《治国安邦：法制、行政与军事》，北京：中华书局，2011年，第249~355页。

③ 胡平生：《新出汉简户口簿籍研究》，中国文化遗产研究院编《出土文献研究》（第十辑），北京：中华书局，2011年，第249~284页。后收入其著《胡平生简牍文物论稿》，上海：中西书局，2012年，第314~348页。

④ 张信通：《秦汉时期的编户齐民籍》，《安顺学院学报》2010年第4期。

2013年，孙闻博《"户籍臧乡"与"副上县廷"——秦汉户籍的管理与使用》则从乡政视角出发，认为户籍虽是乡和县两级机构一并掌握，但制造和真正实际使用的则是乡，这造成汉代乃至孙吴的户籍缺乏统一规范；汉代人的籍贯书写往往缺载乡名，是因为乡在本质上还是属于县的派出机构，"乡户籍"也就是"县户籍"；此外，作者倾向于案比工作完全由乡级机构承担。① 同年，王彦辉《出土秦汉户籍简的类别及登记内容的演变》认为里耶户籍简不著录年龄、财产是秦献公以来的旧制，秦王政十六年（前231）"初令男子书年"以后，民众年龄书于户籍以外的"年籍"，即《二年律令·户律》的"年细籍"；对于"户籍"概念的判断，作者认为汉初乡部和田部并置，使"户籍"可分为广义的户籍（包括宅园户籍、年细籍、田比地籍、田命籍、田租籍）和狭义的户籍（宅园户籍），后者登录户主及家庭人口、奴婢以及房屋、家畜等，但不包括田地，汉武帝以后田部省置，乡部事务减少，宅园户籍与年细籍得以合并，户籍开始作为一个整词应用。② 在另一篇与薛洪波合撰的文章《从户的相关立法谈秦汉政府对人口的控制》中，作者指出秦汉时期对人口的控制主要是通过两种途径实现的："户"是合法占有田宅的前提，"邑"是对合法居住空间的限定，在此基础上将户籍编制于乡里体系之中，通过立法限制人户的自由迁徙和流动，规范户的传承和财产转移。③

2014—2016年，韩树峰陆续发表了一系列论述秦汉三国时期户籍制度的文章。《论汉魏时期户籍文书的典藏机构的变化》认为东晋十六国以前，户籍文书以简牍为书写资料，造籍耗时费力，典藏需要大量空间，查阅也相当不便，故

---

① 孙闻博：《"户籍臧乡"与"副上县廷"——秦汉户籍的管理与使用》，收入武汉大学历史学院主编《珞珈史苑》（2012卷），武汉：武汉大学出版社，2013年，第98~115页。
② 王彦辉：《出土秦汉户籍简的类别及登记内容的演变》，《史学集刊》2013年第3期。
③ 王彦辉、薛洪波：《从户的相关立法谈秦汉政府对人口的控制》，《东北师大学报》（哲学社会科学版）2013年第1期。

彼时户籍文书仅由县、乡典藏；后赵时期，户籍文书开始用纸书写，使中央和地方各级机构收藏户籍成为可能，自此，县以上各级官府典藏户籍渐成定制，并为隋唐王朝所继承。①《名籍、名数、民数与户籍》将"名籍""名数""民数"三个概念分别与"户籍"对比，指出"名籍"是一个包括众多籍簿在内的宽泛概念；"户籍"则是"名籍"的一种，属于特称；"名数"指人、事、物的数量，也可引申作籍簿之意，但并不能特指"户籍"；"民数"则是"数量"之意，与"户籍"无关。此说与上举胡平生的观点相近。②《试论汉魏时期的户籍文书的著录内容》认为秦汉至曹魏西晋时期的户籍不著录民户财产和赋役，官府征发赋役是通过多种籍簿实现而非户籍一种；东晋十六国后纸张作为书写资料，为户籍内容扩充创造了条件，但此时的户籍依旧不载财产和赋役，直到北魏均田制，户籍、田籍才合二为一。③《论秦汉时期户籍概念与户籍实体的对应关系》强调无论传世文献还是出土简牍中的户籍，仅与一种户籍实体相对应，户籍产生之初，内容相当简洁，里耶出土的户口簿籍是秦户籍实体的具体体现。④《汉晋时期的黄簿与黄籍》认为虎溪山"黄簿"的原名并非"黄簿"，其性质应是沅陵侯国的上计簿，走马楼吴简"黄簿"同样不属于户籍；西晋"黄籍"指书写于黄色简牍之上的重要簿籍，户籍只是其组成部分之一；东晋至南朝，一般户口文书的内容和功能为户籍文书所吸收，"黄籍"与户籍由此形成了较为固定的对应关系。⑤

---

① 韩树峰：《论汉魏时期户籍文书的典藏机构的变化》，《人文杂志》2014年第4期。
② 韩树峰：《名籍、名数、民数与户籍》，收入北京大学中国古代史研究中心编《田余庆先生九十华诞颂寿论文集》，第165~173页。
③ 韩树峰：《试论汉魏时期的户籍文书的著录内容》，杨振红、邬文玲主编《简帛研究二〇一四》，桂林：广西师范大学出版社，2014年，第248~264页。
④ 韩树峰：《论秦汉时期户籍概念与户籍实体的对应关系》，《国学学刊》2015年第4期。
⑤ 韩树峰：《汉晋时期的黄簿与黄籍》，《史学月刊》2016年第9期。

2017年，张荣强《甘肃临泽晋简中的家产继承与户籍制度——兼论两晋十六国户籍的著录内容》以新出临泽晋简中田宅"注列黄籍"的记载为中心，认为"黄籍"即是户籍，汉代以来的户籍均著录财产信息及变动情况；田宅"注列黄籍"正与汉初《二年律令·户律》相关记载吻合，又可与《前秦建元籍》相印证。① 此后，作者又撰《中国古代书写载体与户籍制度的演变》，在此前《〈前秦建元籍〉与汉唐间籍帐制度的变化》的基础上进一步指出中国古代户籍的书写载体经历了两次大的变革，一是战国后期以简册取代木牍，二是魏晋之际由简册变为纸质，尤以后者对户籍制度的影响最著；秦汉时期，简册书写不便，更因形体繁重而造成运输保管不易，故户籍只能在乡制作，副本仅呈报至县；魏晋之际纸张代替简册后，户籍上移至县廷制作，制成后上报郡、州，直至中央户部；正、副本的关系也从原来乡掌握正本，变为中央机构对户籍拥有最终审核权，反映出统治者应因技术进步不断加强中央集权的努力。②

齐继伟《秦汉户籍等级划分考略——从"爵位等级"到"财产等级"的转变》考察了秦汉时期户等划分依据的演变，认为秦至汉初户籍等级的划分与"名田制"相结合，显现出鲜明的"爵位等级"特点；汉武帝后"名田制"遭到破坏，社会的贫富分化使得赋役征派、等级划分只能通过"平訾"的过程有差异的对待，户籍等级划分进入"财产等级"阶段。③

除了以上所列成果，2001年以来还出现了不少与秦汉三国户籍制度相关的专著和硕、博士学位论文，限于篇幅，兹简要介绍如下。相关书目有：张荣

---

① 张荣强：《甘肃临泽晋简中的家产继承与户籍制度——兼论两晋十六国户籍的著录内容》，《中国史研究》2017年第3期。
② 张荣强：《中国古代书写载体与户籍制度的演变》，《武汉大学学报》（哲学社会科学版）2019年第3期。
③ 齐继伟：《秦汉户籍等级划分考略——从"爵位等级"到"财产等级"的转变》，《中南大学学报》（社会科学版）2017年第2期。

强《汉唐籍帐制度研究》、①凌文超《走马楼吴简采集簿书整理与研究》、②王彦辉《秦汉户籍管理与赋役制度研究》、③袁延胜《秦汉简牍户籍资料研究》、④王威海《中国户籍制度——历史与政治的分析》;⑤硕、博士学位论文有:姚秀兰《户籍、身份与社会变迁——中国户籍法律史研究》、⑥王爱敏《汉代户籍制度研究》、⑦游相录《秦户籍制度探究》、⑧李晨《从出土资料看汉唐间户籍档案的变迁》、⑨张朵《走马楼吴简吏民籍的复原与研究》、⑩崔启龙《走马楼吴简户籍类文书相关问题研究》⑪等。

结　语

总观百年以来的秦汉三国户籍制度研究，最为突出的特点是出土文献对研究的决定性影响：以对居延汉简中各色名籍的讨论为始，此后每一批出土材料的公布，几乎都会伴随着一波新的研究高潮。究其原因，主要是户籍制度作为

---

① 张荣强：《汉唐籍帐制度研究》，北京：商务印书馆，2010年。
② 凌文超：《走马楼吴简采集簿书整理与研究》，桂林：广西师范大学出版社，2015年。
③ 王彦辉：《秦汉户籍管理与赋役制度研究》，北京：中华书局，2016年。
④ 袁延胜：《秦汉简牍户籍资料研究》，北京：人民出版社，2018年。
⑤ 王威海：《中国户籍制度——历史与政治的分析》，上海：上海文化出版社，2006年。
⑥ 姚秀兰：《户籍、身份与社会变迁——中国户籍法律史研究》，华东政法学院博士学位论文，2004年。
⑦ 王爱敏：《汉代户籍制度研究》，河北师范大学硕士学位论文，2008年。
⑧ 游相录：《秦户籍制度探究》，西北大学硕士学位论文，2008年。
⑨ 李晨：《从出土资料看汉唐间户籍档案的变迁》，山东大学硕士学位论文，2011年。
⑩ 张朵：《走马楼吴简吏民籍的复原与研究》，北京师范大学硕士学位论文，2011年。
⑪ 崔启龙：《走马楼吴简户籍类文书相关问题研究》，北京师范大学硕士学位论文，2018年。

基层行政的重要内容,涉及户口调查、审核、登记造册等诸多制度细节,而传世史料在这方面可供参考的信息颇为有限,必须依靠出土文献来弥补。20世纪以来,经过学者们的不懈努力,户籍制度研究取得了丰硕的成果,一些基本问题已得到初步廓清。但不可否认,由于缺乏传世文献对照,出土材料在帮助我们解决问题的同时,也带来了更多的困惑和争论。以走马楼吴简户籍类文书为例,学界相关讨论文章不下数十篇,但对其定性、分类等关键问题至今仍未有定论,更由此牵涉出对秦汉以来户籍定义这一根本问题的讨论。可见,新材料带来的不仅有机遇,也有新挑战。然"理不辩不明",相信随着讨论的不断深入以及考古整理工作的逐渐推进,相关研究定会不断取得长足进步。

中古士族研究的推进与展望
——近年中古士族研究评介

权家玉

士族,一直以来在学者眼中都是魏晋南北朝史中的重要甚至主要的群体,对于这个群体的研究不仅上及东汉,在近年的研究中已经贯穿隋唐,成为整个中古史研究无法绕开的话题。士族这一话题影响之巨,不仅关联到政治史、制度史,甚至在社会史、经济史中也处处可见其很深的烙印,无疑是打开整个中古史的锁钥。

"中古"这一提法大体来源于日本京都学派,涵盖的时段为魏晋南北朝隋唐甚至五代,这一在日本带有明确论点意向的分期,近年来因与日本学界的大量交流,国内学界的使用也日渐宽泛,用以涵盖这一特殊时期。士族这一话题在国内与境外有着不同的称谓,国内学者一般称其为"士族",而日本与西方学界则多谓其"贵族",虽然早期存在研究方向的差异,但近十年来争议已日趋冷却。与此同时,我们也注意到中古史的研究领域在逐渐拓展,对新方法、新理论与新材料的追求成为目前中古史研究的主导话题,在这一现象的背后,是传统问题研究的艰难,士族研究尤其如此。

近十年以来国内的士族研究,论文寥若晨星,著作似仅《中古太原士族群体研究》一部，① 这也在一定程度上反映了这一话题在国内中古史研究领域的处境。相对于研究成果的减少，大量引入和借鉴境外研究成为新的趋势。② 上海古籍出版社的"日本中国史研究译丛"、中华书局的"日本学者中国史研究丛刊"及复旦大学出版社的"日本学者古代中国研究丛刊"等数十种日本重要研究成果被介绍进来，使得国内学人可以越过资讯与语言的阻碍，接触到更多的日本研究成果，受惠颇多。这也体现出国内中古史学界的传统观念：重日本轻西方。但近年来引入的西方学者在中古史研究领域的成果也引起国内学者的关注。

在方兴未艾的翻译工作中，似乎重新营造了中古史基础研究的氛围，而事实却是，对于新方法、新理论的引进而带来的新话题，国内中古史研究领域仍然在艰难的消化中；新方法、新理论乃至新材料已经脱离了研究手段的定位，一定程度上已然演变为研究的主题。记得齐奥尔格·西美尔说过的一句话：人们为了达到一定的目的而去寻求合适的手段，在寻求手段的途中却忘记了目的，误将手段当作了目的。他将这称为手段对目的的殖民。在极力向外延拓展时，我们也需要注意，基础研究的重要性仍然不可忽视。这不应仅仅停留在口头上，相对于新领域的开发，原有领域的继续发展同样重要。2018 年的士族话题，尚有日本学者的《南北朝时代の士大夫と社会》一书。③ 在一个不太长的时间里，

---

① 范兆飞：《中古太原士族群体研究》，北京：中华书局，2014 年。
② 自 2011 年以来，陆续翻译引入的境外著作主要有：[美] 伊沛霞著，范兆飞译：《早期中华帝国的贵族家庭：博陵崔氏个案研究》，上海：上海古籍出版社，2011 年；[美] 姜士彬著，范兆飞、秦伊译：《中古中国的寡头政治》，上海：中西书局，2016 年；[美] 谭凯著，胡耀飞、谢宇荣译：《中古中国门阀大族的消亡》，北京：社会科学文献出版社，2017 年；[美] 何肯著，卢康华译：《在汉帝国的阴影下：南朝初期的士人思想和社会》，上海：中西书局，2018 年；范兆飞编译：《西方学者中国中古贵族制论集》，北京：三联书店，2018 年。
③ [日] 池田恭哉：《南北朝时代の士大夫と社会》，东京：研文出版，2018 年。

围绕如此艰难的话题连续出现几部著作，这究竟是旧时代的收官还是新时代的开局尚无法判断，或许这也仅仅说明这一话题尚未沦落到无人问津的地步。

在此仅就2018年出版的两部译作和一部著作简单谈谈看法，以及对于未来士族研究拓展问题的不成熟想法。这是我治学以来首次撰写评介性论文，是否能够精确地把握作者及译者的想法也缺乏自信，如有不当之处，还请方家谅解与指正。

一、中古士族研究的"西学东渐"

对于魏晋南北朝隋唐史而言，日本学者的研究成果一直处于我们无法回避的地位，与此对应的是欧美学界的研究往往不被重视或居于次要地位。相对于语言与资讯的阻碍，这种固有观念才是导致我们对西方研究生疏的原因。在引入西方研究成果的过程中，近年范兆飞陆续翻译三部重要作品，无疑在推进国内对西方学界的了解居功至伟。这里首先要讨论的是其2018年编译的论文集《西方学者中国中古贵族制论集》。

全书收录六位作者的七篇论文，均为上世纪70—80年代的研究成果，另附编译者围绕姜士彬与伊沛霞的研究所总结的北美研究士族学术史一篇论文。研究对象的时段跨越东汉到唐末，所选论文均为各时段相对较为典型的研究成果，结而成集，恰可展现西方学界对于中国中古士族这一话题的研究，从汉末到唐末数百年时间的完整脉络，足见编者的良苦用心。七篇论文中，《东汉的二重君主关系》《中古中国南方的大族》《唐代统治阶层的构成——敦煌发现的新证据》三篇属宏观梳理，可视为一类；《中古中国南方的人名——以琅琊王氏和太原王氏的模式化命名为例》《高门大族抑或布衣素士？——南朝谢氏个案研究》《一个大族的末年——唐末宋初的赵郡李氏》均为个案研究，《精英的形成——5世纪中国山东地区的地方政治与社会关系》从地区的角度梳理地方政治与社会关系，亦可归入此类。总体而言，西方学者理论上的优势在这里得到充分体现，这也是国内学者此前相对欠缺而这些年力图补充的领域。

伊沛霞《东汉的二重君主关系》一文成为该书的开篇。该文原文发表于1983年,编译者如此安排,应该也是认为东汉为士族的肇始阶段。作者在探讨东汉的两对关系——师生关系及故主与故吏的关系时将其类比君主集权制下的君臣关系。与以往的讨论片面强调伦理与道德不同,作者首先从徐干《中论》入手,解构东汉士人在被赋予门生的沉重道德枷锁下,门生投附行为的深层内涵。以政治利益的追求为动因,推动整个汉末社会中二重君臣关系的形成。作者摇摆于利益的攫取和道德约束之间,一方面试图揭开举主长官与门生故吏之间的温情,而这恰是此前观察汉末士林的主要视角,同时又重视维系个人关系的道德纽带,最终服膺于后者,并借此塑造了一个以个人关系网为体系展开的另一个秩序井然的社会,将之与政治权力对照,视作第二重君臣关系。

东汉后期的士林社会在这里被作者回避,代之的是以关系的展开为枢纽,体现宏观的理论与微观的梳理相结合,通过个人展开一个可与君臣关系对照的另一个领域。作者在士林规则领域着墨不多,但文中可见对此的认可。论述存在另一个误区——官本位,这是目前对整个中古史士族的研究都过于重视的一个倾向。且不论此后的南北朝,东汉后期士林社会的形成,在很大程度上正是建立在与政治保持距离的基础上。作者虽然提及了东汉后期士人不应征辟的话题,① 但并未给予重视。相对于她忽略的问题,日本学者冈村繁的研究颇值得借鉴。② 士人的社会活动或许对于每个个体而言,在深层意义上都存在着仕途成就的目的,但往往在公共空间中的表现却与之不完全一致,而这种不一致在不同个体身上体现得又较为一致,从而由这种虚伪的因素形成一种公共约束——士

---

① [美]伊沛霞:《东汉的二重君主关系》,《西方学者中国中古贵族制论集》,北京:三联书店,2018年,第7页。
② 冈村繁从士人的角度入手,并未介入家族因素,同时对官本位的态度也较为持中,从而使其对东汉后期士人社会的描述更具说服力,详参[日]冈村繁著,陆晓光译:《汉魏六朝的思想和文学》,上海:上海古籍出版社,2009年,第41~213页。

林规范。

　　从士人到贵族之间的过渡，一直以来是士族研究忽略的话题，一般认为与魏晋时期士人"政治地位"的获得有关。①魏晋南北朝史研究发展至今日，更多的细节和微妙的不同越来越被重视，浮华交游在士族的形成上起到了很重要的作用，故而对士族的定位唯政治地位论或许存在片面的倾向。作者在提及士人到家族的过渡时，也是简单地从九品官人法直接引入，这一思路在作者此前的另一部著作中也可见到，②在该文出现以前也一直是国内的共同看法。③但细究之下会发现，魏晋的家族与所谓继承中原正统的南朝士族区别颇大。魏晋形成了政治主导下的家族，在西晋末年出现了一定的断层，虽然东晋的成立被认为是衣冠南下，但事实上大多参与东晋建国的人物来自此前西晋洛阳圈以外的边缘群体，故而东晋虽然可称为门阀政治，但却经历了很长时期的士林重建与名士社会向士族社会的重新过渡，这一点在陈郡谢氏身上体现得最为明显。本书收录的陈美丽《高门大族抑或布衣素士？——南朝谢氏个案研究》，恰恰针对这一家族，惜乎作者在追述谢氏发展史时，并未主动深入其历史背景，而是直接进入家族研究的路径，以政治地位为依据，梳理其家族谱系，而对其"士"的形象完全忽略。

---

① 唐长孺在《士族的形成和升降》一文中即认为只有在魏晋时获得政治地位的家族才有资格列于士族，《魏晋南北朝史论拾遗》，北京：中华书局，2011年，第63页。

② [美]伊沛霞：《早期中华帝国的贵族家庭：博陵崔氏个案研究》，上海：上海古籍出版社，2011年，第22~23页。以九品官人法作为贵族制的制度支撑，在东西方学界一直有着深远影响。日本学界的影响作者已有总结，见第5~6页。此后弗朗西斯·福山在《政治秩序的起源：从前人类时代到法国大革命》也基本直接吸收这一观点。见[美]弗朗西斯·福山著，毛俊杰译：《政治秩序的起源：从前人类时代到法国大革命》，桂林：广西师范大学出版社，2014年，第134页。

③ 详参唐长孺《东汉末年的大姓名士》及《士族的形成和升降》，均收于《魏晋南北朝史论拾遗》。

《世说新语·贤媛》：

王凝之谢夫人既往王氏，大薄凝之。既还谢家，意大不说。太傅慰释之曰："王郎，逸少之子，人材亦不恶，汝何以恨乃尔？"答曰："一门叔父，则有阿大、中郎。群从兄弟，则有封、胡、遏、末。不意天壤之中，乃有王郎！"①

谢道韫对王凝之的鄙薄，恰是从士的才能上体现，郗氏、王氏、谢氏之间的关系展开在一定程度上反映了"士"的重要性。②如仅以门第而论，先起的琅琊王氏与高平郗氏何至于在后起的陈郡谢氏面前体现得如此弱势？宫崎市定认为九品官人法在东晋南朝逐渐式微，成为一种点缀，但却觉得这是在它完成贵族制建立的使命后功成身退，③事实上否认了东晋时期士林重建的环节，从而将东晋建康社会直接看作西晋洛阳社会的延续。这是历来被公认的看法，但东晋前期士林的存在却是不可忽略的。

《世说新语·品藻》所云：

世论温太真，是过江第二流之高者。时名辈共说人物，第一将尽之闲，温常失色。④

---

① 余嘉锡：《世说新语笺疏》卷下之上《贤媛第十九》，北京：中华书局，2011年，第820页。又，同卷载："王右军郗夫人谓二弟司空、中郎曰：'王家见二谢，倾筐倒庋；见汝辈来，平平尔。汝可无烦复往'"，第819页。
② 宫崎市定似乎也注意到"士"的情况，但最终却以"仕"等同，又回到官本位的视角。见[日]宫崎市定著，韩昇、刘建英译：《九品官人法研究：科举前史》，北京：中华书局，2008年，第116页。
③ 详参[日]宫崎市定著，韩昇、刘建英译：《九品官人法研究：科举前史》，第121页。
④ 余嘉锡：《世说新语笺疏》卷中之下《品藻第九》，北京：中华书局，2011年，第613页。

可以明确的是，这并非中正品题活动，更非排定家族秩序。①这从根本上体现的是东晋前期对人物的厘定工作，亦即士人秩序的重建。

葛涤风的两篇文章，一为宏观梳理，一为个案考察。《中古中国南方的大族》一文基本是对前人大量研究成果的总结性梳理，从而理出一条完整的东晋以降贵族发展脉络，继而在《中古中国南方的人名——以琅琊王氏和太原王氏的模式化命名为例》一文中，从人名的规律总结探讨贵族家族系统的维系与秩序的排定。霍姆格伦的文章则从地域与家族相结合的视角，②探讨一个时期内同一地区地方大族的发展轨迹，相对于唐长孺先生的研究，③在同样重视地域的前提下，一以家族为纲，一以特殊群体为重。虽然研究同样的人群，但在方法上区别较大，且与田余庆先生的路径相似。④在一定意义上说，该文视角更像是唐先生与田先生二文视角的结合。

杜希德与姜士彬两文集中关注唐代的家族兴衰，相似的是对"谱学"都给予了足够的重视，国内学者在士族研究的拓展层面上，目前似乎远远落后于西方学者。随着新材料不断受到重视，近年自谱学研究士族的取向在国内才逐渐兴起，因为出土材料的优势，国内学者似乎又走得比西方学者更为深入。

---

① 守屋美都雄在《中国古代的家族与国家》中将该材料归入家族秩序范围，见[日]守屋美都雄著，钱杭、杨晓芬译：《中国古代的家族与国家》，上海：上海古籍出版社，2010年，第323~324页。这存在明显的失误，单一家族论，温峤孤身南下，虽然刘孝标注引《温氏谱》称其世为太原郡著姓，但在东晋前期是不足以居二流的，故这里明显是人物的排序，而非家族。

② [澳]霍姆格伦：《精英的形成——5世纪中国山东地区的地方政治与社会关系》。

③ 唐长孺：《北魏的青齐土民》，《魏晋南北朝史论拾遗》，北京：中华书局，1983年，第93~123页。

④ 田余庆：《南北对立时期的彭城丛亭里刘氏》，收入氏著《秦汉魏晋史探微》，北京：中华书局，2004年，第376~390页。

译者在文末对西方学界学术史的总结一文，颇值得重视，虽然近年较多西学的引入不断弥补国内对其了解的不足。总体而言，中国古代史学界，尤其是中古史领域，对西方研究的了解仍难说充分。相对于这部论文集，姜士彬从"士"本身的特点入手，[①]探讨处于政治最高层的群体衍生规律显得体系更为完整，作者最终回到族属的角度，从而在政治群体的研究中再次引入士族，在一定程度上也远离了作者的初衷。[②]

上世纪70年代在士族研究方面同样重要的还有伊沛霞的《早期中华帝国的贵族家庭：博陵崔氏个案研究》一书，英文版面世于1978年。这是较早的梳理家族个案的研究成果，在很长时期内为此后的士族研究拟定了范式。首先以九品中正制为支点营造起一个贵族时代，梳理时代的特点及流变，并界定贵族制社会的研究范围，再以博陵崔氏的案例植入其中，详述其家族从走上政治舞台到退出的整个历程。这一研究理路成为此后对贵族制社会中的家族个案研究的通行方法，足见此书影响之巨。在此译著面世之前，国内对该书的了解和采用多来自周一良先生的评介。[③]

同样在2018年翻译出版的还有何肯《在汉帝国的阴影下：南朝初期的士人思想和社会》一书。相对于整个魏晋南北朝研究而言，直接聚焦南朝的研究成果相对较少，甚至较之北朝研究亦相差甚远。该书初版于上世纪90年代，与国内所了解的西方成果相比，显得较为前沿。本书以东晋开端，试图全方位解读士族社会的衍生与消亡全过程，但在材料使用上仍存在很大的误区，即大量采用西晋的材料与制度解读南朝士人社会特权的形成。开篇"重塑中国"的提法亦存在歧义，"中国"的概念是观念疆域内的政权，抑或疆域内汉人成立的政权一直存在争议，国人似乎更多地认为"中国"应视为疆域内汉文化主导或沾

---

① [美]姜士彬：《中古中国的寡头政治》，上海：中西书局，2016年，第6~24页。
② 同上，第1~5页。
③ 周一良：《〈博陵崔氏个案研究〉评介》，《中国史研究》1982年第1期。

染汉文化的政权。从这个角度讲，整个魏晋南北朝不存在"重塑"的问题。作者引入"想象的共同体"概念，试图从民族的界限解读这一时期国家的建构思想。但国内中古史研究的不断推进，对早期的研究对象已开始结构性拆分，底层群体对国家概念的认知情况，似乎已不如数十年前的学者乐观。在旧体系崩溃之时，倘若宇内尚有权力真空区域，似乎从来都不缺少重建至高权力的欲望，即或该权力只是概念上的存在。西晋的灭亡与东晋的建立，似展现出重塑的痕迹，但周嵩上书被贬，似又说明民族矛盾在重要性上让位于至高权力的加冕，[1]这与刘备登基时费诗上书遭贬极为类似。[2]司马睿的登基，虽然披着民族主义的外衣，不过是与刘备称帝一样的权力抢滩而已。相较于此前西方学者在前人研究结论上利用理论优势进行重组构建，何肯在研究层面中表露出试图推进的意愿，但似乎每前进一步都显得似是而非，这些在其导言中体现得尤为突出。

整体而言，西方学者在研究中以理论见长的特点极为显著。近年大量西方学者成果的引入，无疑会在这方面为国内学者提供助益。与此同时，理论的优势又凸显出其理论先行的特点，往往开篇就是宏大的理论建构，而在接下来的论述中往往是机械地填充。在文献的解读上，西方学者相对于日本学者呈现明显的劣势。可以看出西方学界的特点：通常是站在日本学界的研究基础上，建构他们认知的历史情境。[3]对于基础研究的展开，他们表现得极为谨慎，甚至每一步都显得如履薄冰，或许正是因为材料的解读能力所限，使他们在这一方面表现得并不如日本学者自信，多直接站在日本研究的基础上尽量发挥他们的理

---

[1] 东晋元帝即位，周嵩上书提出中原未清、国仇未复，不宜急于登基，待至中原光复，尊位可不求而得。在晋元帝急于称帝的背景下，周嵩因此被贬，详参《晋书》卷61《周嵩传》，北京：中华书局，1974年。

[2] 详参《三国志》卷41《费诗传》。北京：中华书局，1959年。

[3] 范兆飞在《中古太原士族群体研究》中亦表达这一观点。北京：中华书局：2014年，第8~18页。

论所长。当然,这些成果多出现在上世纪70—80年代,稍晚些的也在90年代。以今天的视野和标准评价二十到三十年前的成果并不公允,更重要的是要看到他们在认知上的推进,理论见长是他们的优势,而对于国内学者而言,这或许能对目前已近于进退维谷的中古史研究注入强心剂,带来新的天地。

二、士族研究的推进

近十年来随着大量翻译作品的出现,国内在士族话题上的研究则相对较少,近几年在出土文献的基础上,这一话题开始呈现转向"谱牒"研究的新趋势,[①] 传统视角下的士族研究愈显艰难。在这一背景下,《中古太原士族群体研究》与《南北朝时代の士大夫と社会》两部著作即显得较为突出,两书面世虽然间隔四年,但在传统视野下恰好形成国内与国外的直接对照。

范书在路径方法上与伊沛霞著作有共通之处,以地域为群体界限,梳理中古时期太原境内的几个家族发展史,与前揭霍姆格伦文在方法上极为相似。在研究的展开过程中,作者在史料掌握与解读层面的优势远非后者所能企及。以往在材料的使用上国内与日本学者采取的途径相似,直接佐证或文义承接。近年来对传统文献的解读水平有了大幅度提高,尤其是在历史书写与史料批判的推动下,对史料背景、史家态度等层面的发掘,使得研究不仅停留在史料本身承载的信息上,对其折射出的史料以外的信息更为重视。范书正是站在对史料的重新解读基础上,在传统视野下展开士族研究。从这一角度而言,该书是在利用新方法做老问题。

如果我们严格划分士人的生活场景,那么大体可分为家门内部的私人空间,交游、联姻等活动构成的公共空间和步入仕途后官僚群体形成的政治空间,三

---

① 在范兆飞、仇鹿鸣等不断推进下,陈爽的《出土墓志所见中古谱牒研究》一书最具代表性,上海:学林出版社,2015年。

者之间紧密结合，最终构成了一个全面的士人生活场景。作者以太原为中心，以地域社会为对象，考察从汉末直至隋唐这一长时段背景下，太原地区士族家族的升降浮沉，构成史诗般的画面。作者从家族内部的学术传承、家门规范等角度考察私人空间下的士人日常活动；从公共空间入手展开士人间的活动内容，通过这些活动洞察士人排序情况与家族升降背后的原因，在很大程度上摆脱了孤立研究个案所带来的局限性；最终以类似地域共同体的形式梳理太原的小社会在风云多变的政治更迭中的兴衰浮沉。事实上也是在另一层面上展开三个空间结合下的横向社会场景及纵向流变情况。

在史料的掌控与运用上作者达到了极为纯熟的程度，大多数西方学者在这一层面上难以望其项背。近年来学界对理论的兴趣甚至达到狂热的程度，作者却并未急于在开篇即云山雾罩地援引各色理论以建立框架，而是慢条斯理地道出文章旨趣，并一步步缓慢展开，颇有前辈史家之风。尤其值得一提的是，在传统的婚宦角度以外，作者大量采用出土文献，展开谱系的梳理，在某种程度上说，这也为近年来的士族谱系研究拉开了帷幕。该书面世以来，传统的士族研究在国内相对冷落，或许学界对传统话题已然失去兴趣。但无论是对史料的驾驭还是对研究路径的继承与课题的拓展，该书都是士族研究史中无法回避的一环。

日本学者池田恭哉于2018年出版的大作《南北朝时代の士大夫と社会》，书名虽称士大夫，事实上仍然在贵族制社会的基础上展开，讨论家门教养等相关的问题。作者首先从《颜氏家训》入手，这与很多日本学者在研究南北朝家族时的切入点相同。不禁让人想起守屋美都雄的著作，[①]从颜之推的经历而言，他亲眼目睹了南北社会的差异，所著家训为研究南北朝社会史无法绕开的关键

---

① 详参[日]守屋美都雄著，钱杭、杨晓芬译：《中国古代的家族与国家》，上海：上海古籍出版社，2010年，第5、6章，第347~400页。与他们不同的是川胜义雄采取从《世说新语》入手，在寻找士人到士族过渡的轨迹上，似更胜一筹。见[日]川胜义雄著，徐谷梵、李济沧译：《六朝贵族制社会研究》，上海：上海古籍出版社，2018年，第238~252页。

文献，其人与其书正是打开南北朝士族社会的重要窗口。随后作者乃以典故与特定文献为脉络，展开士大夫精神世界的探讨，诸如自我的认知，对于家族、社会与国家的概念形成与态度，结合出仕与隐逸，构建了南北朝时期的时代场景。在框架与轨迹上，该著述与此前翻译出版的吉川忠夫的作品有很大的共通之处。① 优点在于以单本文献形成文章线索，有利于对文献的深度发掘，从史家角度入手更能深入解读其生活场景。当然，本书的缺憾也很明显，即挑选的案例是否具有典型性特征，从礼与经学的角度展开，这固然在中国古代的政治生活中占据极为重要的地位，但在士大夫的私人空间，和相对脱离政治的公共空间中的分量如何，恐怕很难估计。《颜氏家训》所展现的士人生存问题极为多样，对交流圈的重视与复杂技能的培训，注定不是简单地通过儒学所能透视的。

在士族社会生成史上，《颜氏家训》的时代性决定了它是我们了解南北朝社会及南北差异成因的重要依据，它是历史长河中的一个坐标，却不是一个追溯源头的线索。南朝与北朝的社会存在很大的差异，这一差异由来已久，如果将此看作一源的二流，通过静态的对比，很难实现溯源的目的。

南方社会的不同，在东晋后期已然有了突出的表现。

《宋书·王懿传》记载：

（王）睿字元德。北土重同姓，谓之骨肉，有远来相投者，莫不竭力营赡，若不至者，以为不义，不为乡里所容。仲德闻王愉在江南，是太原人，乃往依之，愉礼之甚薄，因至姑孰投桓玄。②

太原王氏的王懿兄弟东晋后期过江，亦即所谓晚渡北人，二人携北方家族观念南来，与王愉的接触在很大程度上体现为南北家族观念的直接碰撞，正是这种差异导致最终的不欢而散。相对于颜之推讨论的南北不同，或许这一事例更接近溯源。

---

① [日] 吉川忠夫著，王启发译：《六朝精神史研究》，南京：江苏人民出版社，2012年。
② 《宋书》卷46《王懿传》，北京：中华书局，1974年。

在士族研究的传统视野中，"婚"与"宦"一直是两个最为核心的视角，士人非类不婚和对起家仕宦的重视成为这两个视角的切入点，但其中亦不无问题。从"婚"的角度而言，联姻的范围在很大程度上受到交往圈的限制，以个人推广到群体的社会活动圈而言，婚姻关系一定在婚姻主体为中心的辐射范围之内。而影响这一辐射范围的因素在曹魏西晋和江南五朝又有区别。

《晋书·列女传》记载一个故事：

（钟）琰女亦有才淑，为求贤夫。时有兵家子甚俊，济欲妻之，白琰，琰曰："要令我见之。"济令此兵与群小杂处，琰自帷中察之，既而谓济曰："绯衣者非汝所拔乎？"济曰："是。"琰曰："此人才足拔萃，然地寒寿促，不足展其器用，不可与婚。"遂止。其人数年果亡。①

太原王氏在西晋为一时权门，在联姻问题上，虽是兵家子王济亦欲以妹妻之，虽然其母最终称其"地寒寿促"，但已知其为兵家子的前提下犹欲见之，可知拒绝的原因只是顾虑其"短命"而已。西晋的联姻思想尚较为开放，此前对这一话题的研究中多认为东晋南朝对联姻对象选择严苛，指出这是维系门第地位的重要因素，但何以在两晋之间出现这样的变化却探之者稀。

《陈书·王元规传》描述江东社会婚宦与门第关系的一个例子：

（王）元规八岁而孤，兄弟三人，随母依舅氏往临海郡，时年十二。郡土豪刘瑱者，资财巨万，以女妻之。元规母以其兄弟幼弱，欲结强援，元规泣请曰："姻不失亲，古人所重。岂得苟安异壤，辄婚非类！"②

这是体现南朝婚宦与门第关系的重要材料，对于该材料的时代性，在此前的使用过程中被有意无意地忽略。南朝晚期的观念是否可以用来论证东晋社会是值得怀疑的，结合西晋时期的材料就更应警惕了。直接建构一套属于魏晋南北朝的不变规则，应该留意晋室南迁带来的社会重组问题。

---

① 《晋书》卷96《列女传·王浑妻钟氏传》，北京：中华书局，1974年。
② 《陈书》卷33《王元规传》，北京：中华书局，1974年。

虽然西晋时士人慎于择交已经成为一种呼声，但实质性的变化在东晋。① 西晋的崩溃，中原固然丧乱，冠带南下也经历了社会的重组，侨姓内部的沟通显著增强，与吴人的隔膜也愈显扩大，由此带来的婚姻范围的缩小，则不言而喻。这固然逐步体现为门第的矜持，但主因却与社会转型紧密相关。婚姻关系的研究一直服务于士族门第的话题，却始终未能引起对"侨姓"植入型社会的探讨，交流圈的缩小以及与原住民的群体界限等诸多问题都有待开发。

讲求仕宦成为社会普遍关注的问题始自魏晋，也是此后家门秩序形成的主因，但与东汉基层社会解体有着密不可分的关系。虽然如弘农杨氏、汝南袁氏的"四世三公"已为学界熟知，但东汉后期士人的"不应征辟"却成为声望提升的重要途径，② 这种对于出仕的抵制与四世三公的名望显达似已形成矛盾。一种价值体系的退场与另一种价值体系的登台，其背后的社会变化或许才是推动的主因。名士的黯然谢幕与其捧场群体的消失有着密不可分的关系，汉末基层社会的解体与官私教育系统的废置终究使名士们的名望舞台坍塌，群雄割据后形成的三国对立，终于使官僚系统中的地位标识填补了社会价值的真空，成为唯一衡量社会身份的标准。政权割据的形势决定了特定群体在政治上的利益以及利益继承，此后以所谓的"宦"作为拱卫门第等级的重要标准，或许正是在

---

① 余嘉锡：《世说新语笺疏》卷下之上《任诞第二十三》载：刘昶饮酒杂秽非类事，实为渲染其洒脱。参见第857~858页。卷下之下《忿狷第三十一》述王献之不礼习凿齿事，虽为不交非类，亦为谢安非议。参见第1040页。卷中之下《赏誉第八》第62条刘孝标注引《晋阳秋》称："（王）述体道清粹，简贵静正，怡然自足，不交非类。虽群英纷纷，俊乂交驰，述独蔑然，曾不慕羡。由是名誉久蕴。"突出体现了择交与声望积累的关系。参见第541页。卷中之上《方正第五》载刘惔与王濛所谓"小人都不可与作缘"的警惕。参见第387页。这些事例在很大程度上都显示了择交在东晋的盛行。北京：中华书局，2007年。
② 《三国志》卷6《袁绍传》裴注引《英雄记》载：中常侍赵忠谓诸黄门曰："袁本初坐作声价，不应呼召而养死士，不知此儿欲何所为乎？"北京：中华书局，1970年。

这一基础上形成的。三国为西晋规划了模式，也许也为此后整个分裂时代营建了一种特殊的政权与社会群体的结合形式。正是这种特殊的结合形式塑造了一个政治上长期获益的特殊群体，也正是这种长期获益的特点，使得特殊群体的家族观念及印记逐渐显露。

士族问题本为社会史研究的范畴，但一直以来对它的研究范围并未进一步拓展，相反却在不断收缩，紧紧锁住与其直接相关的各分支话题，形成无法拓展的死局，不但未能成为打开了解魏晋南北朝社会史的窗口，相反却成为研究的单一取向，使得社会史多方位多维度的复杂性，被士族话题简单粗暴地占据，成为这一时期社会史研究的标签。

日本学界往往从教养、学术的角度出发，对特定文献进行深度发掘并由此展开，相对于西方长于理论框架的构建，他们更擅长对特定理论穷追猛究。如同一切历史都是当代史的理论一样，文化的差异无疑为社会心理的理解树了一道障碍，士族与贵族的一字之差，使国内与日本学界的研究方向渐行渐远，这中间本无对错之分，在不同的历史背景下面对同一历史现象，或许都无法避免自身历史的印记。

时至今日，士人的婚宦话题在现有的文献资料下推进已是举步维艰，偶有成果出现亦不过是拾遗补缺。士族谱系的研究业已拉开序幕，随着出土文献的大量采用，此后其发展空间尚不得而知。范书《太原士族》以近乎竭泽而渔的方式，以婚宦入手而终于谱系，在传统视角下近乎达到极致，不论其为传统研究的谢幕还是研究新取向的序幕，都是一部兼具收官与衔接的作品。

国内对日本学界的研究特点并不陌生，对西方学界的情况则缺乏总体的认知。审视伊沛霞、姜士彬、何肯三著或许可从中稍窥门径，对于贵族制相关具体问题的争论与取舍，范兆飞已然做出精准的梳理与总结，[①] 相较于其近年来大

---

① 详参范兆飞《北美士族研究的学术史——以姜士彬和伊沛霞的研究为线索》，收入《西方学者中国中古贵族制论集》，北京：三联书店，2018年，第304~348页。

量浸淫西方学者的研究而言，笔者难以望其项背，这里仅谈谈个人的看法。上世纪70年代末到80年代，国内的研究虽然在努力挣脱以往的意识形态束缚，但依然不由自主地试图在魏晋南北朝历史中寻找类似地主阶级的痕迹，仍然习惯阶级分析的思维方式。时至今日，旧的意识形态的桎梏已经剥离，但其主导下研究中古社会的视角却被保留下来，对大量材料的标签性认知早已成为习惯，如何摆脱惯性思维，寻求一个新的视角，对基础文献重新认知，或许正是实现突围的门径。

在西方政治学与社会学普遍融入历史学科的背景下，西方学者解读东方帝国的特殊阶段似乎具备天然的优势，然而基础研究层面的薄弱成为制约其深入展开的致命环节。伊沛霞一文一书，以士族个人关系展开，试图拓展到社会层面，建构起一个政权体系之外的世界，但在魏晋却出现了断层，转而从家族关系入手进而展开对特殊帝国的认知。姜士彬则试图从政治人的角度认知中古帝国政治的特点，最终仍归入于家族。何肯再次出现回归，仍以"士"为关注对象，试图对特殊时代重新建构，视线最终落脚于家族似乎也是必然，官本位终究成为他们理解士人的依据。可以看出他们试图通过社会学的方法建构一个特殊时期的社会情境，进而以政治学的手段营造特殊的帝国政治场景，但站在具有鲜明自身色彩的日本学界的研究基础上，理论的拓展受到限制，终于陷入巧妇难为无米之炊的困境。在这一点上国内学者似乎具有天然的优势，文化差异造成的理解困境并不存在，但由于理论的相对弱势，同样一筹莫展。士族研究或许正是打开魏晋南北朝社会史的窗口，如何带着对窗内的全面认知走出窗外开辟天地？国内学者身处窗内，西方学者站在窗外，日本学者骑在窗上，似乎都无法跨越关键的一步。

三、士族研究的展望

一直以来对士族的研究大体集中在婚姻关系、出仕、家学传承及家族势力的发展等几个层面，经过一代代前人的努力，继续推进似乎举步维艰。近年开始利用出土文献转向谱牒研究，似乎给士族话题的研究注入了强心剂，但出土文献本身的局限性以及谱牒信息所能带来的研究空间仍不容乐观。未来如何发展，是摆在这一代学人面前最大的问题。

学术研究固然是由一代代学人不断推进，这也形成一个共识，即在前人的研究基础上前进。学界固有的传承习惯也因为对前人观点的因循，形成了诸多的"不疑话题"，层垒效应终究造成牢不可破的壁垒，影响对学术的推进和展开。胡适曾指出"做学问要在不疑处有疑"，对"不疑之地"展开怀疑，或许能够反思以往不论主观还是客观原因造成的认知误区，重新为士族这一话题研究的各个基础层面注入活力。

贵族的说法一直为日本学者及西方学者研究中古的重要视角，这或多或少都存在他们与本国历史特定阶段相对照的痕迹。[①] 对于相应群体，国内学者则多称其为士族，名称上的差异虽一字之别，最终却会导致整个研究方向的分流。中国历史上是否衍生出类似于日本和西方历史上的贵族，是值得怀疑的事情。士族的提法，体现了"士"与"族"两个概念，或许这更能指代从东汉的名士社会到此后南朝以"士"为支撑的"族"的观念。在展开过程中，对"族"的过度钟情，却引起了视线的聚焦，从而忽略了"士"及其活动对于公共空间的影响。在这一趋势下，虽偶有讨论"士"的个体，但终究归入于"族"的平面，似乎个体"士"的轨迹在魏晋即戛然而止。这是否符合历史事实值得反思。在此观念的影响下导致对历史人物个体意识的淡漠，这在很大程度上抹杀了历史人物的独特性，对南朝的研究尤其深受影响。家族的关怀事实上一直存在，或许在南北朝表现得更为突出，但对于家族时代的探索，直接溯源到非家族时代的东汉，这在很大程度上会导致对历史认知的偏离。

---

① 何肯即指出中国的中古与欧洲的中世纪极为相似，这也在一定程度上代表了大多西方学者的态度。详参 [美] 何肯著，卢康华译《在汉帝国的阴影下：南朝初期的士人思想与社会》，上海：中西书局，2017 年，第 8~9 页。

"士"之于"族"何者为重,一方面如萧子显的感叹:"贵仕素资,皆由门庆,平流进取,坐至公卿,则知殉国之感无因,保家之念宜切。"①突出家门对于个人仕途带来的优势,但同时也有士族的形成与升降并不取决于"冢中枯骨"的看法,②这在家门地位与士人地位的讨论中似乎进入到鸡与蛋何为先的诡辩循环,然而《世说新语·简傲》所记郗愔的事例似又给出了答案:

王子敬兄弟见郗公,蹑履问讯,甚修外生礼。及嘉宾死,皆箸高屐,仪容轻慢。命坐,皆云"有事,不暇坐。"既去,郗公慨然曰:"使嘉宾不死,鼠辈敢尔!"③

郗愔官至司空,却因其子郗超的存亡受到其外甥王献之兄弟云泥之别的对待,究其因在于郗超在东晋名士圈的地位,④士之于家门的重要性显而易见。

这里同样透露另一信息,恰可引起我们对官本位取向的反思。郗超仕至司徒左长史,与其父居官相差甚远,在其死后郗愔仕至司空,却因他的去世为王献之轻慢,政治地位在名士交往中并未体现为单一的评判标准。亲情、官位在交往圈中都让位于"士"和才能,以往对于家门与士族的探讨对官位的钟情是否值得重新思考呢?

下面又是一个经常被引证的事例:

先是,中书舍人纪僧真幸于武帝,稍历军校,容表有士风。谓帝曰:"臣小人,出自本县武吏,邂逢圣时,阶荣至此。为儿昏,得荀昭光女,即时无复所须,唯

---

① 萧子显:《南齐书》卷23,北京:中华书局,1972年。
② 详参唐长孺:《士族的形成和升降》,《魏晋南北朝史论拾遗》,北京:中华书局,1933年,第53~63页。
③ 余嘉锡:《世说新语笺疏》卷下之上《简傲第二十四》,北京:中华书局,2007年,第911页。
④ 余嘉锡:《世说新语笺疏》卷上之上《言语第二》载:"谢公云:'贤圣去人,其间亦迩。'子侄未之许。公叹曰:'若郗超闻此语,必不至河汉。"第161页。《晋书》卷75《王坦之传》载时人云:"盛德绝伦郗嘉宾,江东独步王文度。"北京:中华书局,1974年。

就陛下乞作士大夫。"帝曰："由江敩，谢瀹，我不得措此意，可自诣之。"僧真承旨诣敩，登榻坐定，敩便命左右曰："移吾床让客。"僧真丧气而退，告武帝曰："士大夫故非天子所命。"时人重敩风格，不为权幸降意。①

纪僧真深得齐武帝倚重，其欲作士大夫，皇帝也做不了主，只能无奈地感叹"士大夫故非天子所命"，恰可证明士大夫的身份并不取决于官位。齐武帝"不得措此意"的自知之明与北魏孝文帝诏定天下姓族的行为，②形成了鲜明的对比，与北朝的差异在于南朝的士族秩序为自发形成，而导致其形成的因素正是一直以来士族研究中被忽略的部分——南朝的士林。

私人空间与政治空间的家族观念起源很早，但自从东汉的名士社会形成后，公共空间的士林社会一直以个体为依托，并不论其家门。③直至南朝虽然频繁见到在政治场域下的门内举荐，交往圈中却一直表现得遮遮掩掩，人物品评在南朝仍然盛行，只是性质出现了变化，多为门内察慧。此类事例在南朝五史中俯拾皆是。④这种对于幼童的品评近乎成为传记的书写模式，但成为一种现象，并

---

① 《南史》卷36《江敩传》，北京：中华书局，1975年。
② 参见《魏书》卷113《官氏志》载太和十九年诏，北京：中华书局，1974年。
③ 东汉的许劭、许虔兄弟虽并称二龙，但其各自成名的轨迹明显，并非在士林社会中互相提携造成，详参《后汉书》卷68《许劭传》，北京：中华书局，1965年。而许靖虽为其从兄弟，与许劭一直关系不佳，亦为独自成名，详参《三国志》卷38《许靖传》，北京：中华书局，1974年。
④ 《宋书》卷47《刘敬宣传》载桓序评刘敬宣，卷58《谢弘微传》载谢混品谢弘微，卷76《王玄谟传》载王蕴品王玄谟，卷100《自序》王恭品沈林子；《南齐书》卷25《垣崇祖传》载垣护之品垣崇祖，卷26《王敬则传》载其母的品评；卷27《刘怀珍传》载其伯父奉伯的品评，卷33《王僧虔传》载王弘品王僧虔，同卷《张绪传》载张镜品张绪；《梁书》卷50《文学传下·刘杳传》载明僧绍的品评；同卷《谢征传》载其父谢璟的品评等等，虽然都涉及南朝所谓察慧的内容，但仍为人物品评的范畴，属于士林生活的重要内容。北京：中华书局，1974年。

载入文献时,即成为一种不可忽略的存在。与以往不同的是品评对象多为幼童,不论对于品题者还是被品者,都意义非凡。尤其是被品者,应该是其成人以后步入名士交往圈的重要依据。与东汉人物品评不同的是,南朝的察慧多为门内幼童,汉末作为名士领袖奖拔后进的重要才能——人伦识鉴,在南朝已然湮灭。士林社会的规则从汉末到南朝经历多次变化,或许这也体现出家族观念介入后带来的不同,学界则一直保持着对士族的浓厚兴趣,而对士林态度陌然,这些变化同样被忽视。

小 结

近年士族研究,国内的冷落与域外研究译著的大量袭来形成鲜明对比,一方面是原有格局难以打开,另一方面与异域学者的交流推动着摆脱困局的尝试。翻译者由此前大多为专业外人士转变为专业相近的研究者,这在很大程度上推动了翻译水平的提高,译著也不再如以往那样艰涩。一代学人对境外成果引入方面的努力,使我们对国外研究的了解做到了不留死角。期望他们理论的优势能够为境内学者研究领域的拓展带来新的生机。

士族研究本为社会史下的话题,在经历了近一个世纪的研究成果的积累后,近乎成为社会史下的唯一话题,也促使魏晋南北朝社会史研究呈现出单一性的特征。汉末的官宦身份并非名士定位的唯一条件,魏晋以后随着名士社会的解体,重建的共同体在官僚群体中形成,官宦身份为活跃在名士圈的个体所共同具备,或许这只是成为名士的必备条件而非充分条件,名士圈切断了下层与上层的流动道路,使得名士个体在很大程度上显现出继承色彩。随着社会的一再转型,交流圈在不断缩小,但并未消亡,士林隐藏于士族之内,仍然发挥着重要作用。

二十年来的十六国史研究

周莹 韩旭

自西晋惠帝永兴元年（304）屠各匈奴刘渊起兵反晋，到北魏太武帝拓跋焘太延五年（439）统一中国北方的130年多年间，内迁的各族群首领在割据混战中纷纷建立政治体，史称十六国时期。学人已对20世纪中国大陆十六国史研究成果进行了回顾和总结，见于刘国石、高然《20世纪十六国思想文化、社会史、民族关系史、史籍整理及考古研究综述》[①]《二十世纪十六国政治史、人物、经济史、军事史研究综述》。[②] 进入21世纪后，学界在前人基础上，将十六国史研究继续向前推进。本文就议题相对集中的领域，对过去近二十年来十六国史学术成果进行归纳和评介。限于学力和篇幅，或有重要遗漏，也可能存在理解偏颇，不当之处，敬请指正。

[①] 刘国石、高然：《20世纪十六国思想文化、社会史、民族关系史、史籍整理及考古研究综述》，《中国史研究动态》2007年第4期，第2~10页。

[②] 刘国石、高然：《二十世纪十六国政治史、人物、经济史、军事史研究综述》，《中国史研究动态》2007年第8期，第11~19页。

一、十六国国别史和地域政权史研究的新进展

对羯胡石勒所建后赵政权的整体研究，有李圳《后赵国史》。[①]对姚苌所建秦政权的全面研究，则有俄琼卓玛的《后秦史》，[②]此书以其博士论文为基础。对赫连勃勃建立的大夏政权进行系统研究，有吴洪琳的《铁弗匈奴与大夏国史研究》、[③]胡玉春的《大夏国史研究》，[④]亦是在博士论文基础上修改出版的。高然的《五燕史研究》，[⑤]全面论述了五燕的历史，从慕容鲜卑的来源与迁徙，到五燕建国的历程和立国期间的政治局势，再深入政治制度和经济文化领域，最后还追论了北朝以后慕容鲜卑的发展轨迹，对整个慕容鲜卑和由其建立的诸燕政权进行了全面而细致的考索，文章填补了五燕史研究没有专著的空白。李海叶的《慕容鲜卑的汉化与五燕政权——十六国少数民族发展史的个案研究》是一部针对慕容鲜卑及其所建诸燕历史全面、系统的研究专著。[⑥]对前人研究中较少涉及的东部鲜卑问题、诸燕政权结构和变迁、慕容鲜卑遗裔在北朝隋唐的发展融合问题进行了探讨，对学界推进慕容鲜卑研究具有重要意义。以上博论和专著，均在综合前人研究的基础上，利用传统文献和出土材料，从政治制度、经济、军事、民族政策、外交、都城、宗教文化等方面对后赵、后秦、大夏政权进行了系统而深入的研究，弥补了学界缺乏对其国史综合研究的空白。

---

① 李圳：《后赵国史》，陕西师范大学博士学位论文，2017年。
② 俄琼卓玛：《后秦史》，上海：上海古籍出版社，2018年。
③ 吴洪琳：《铁弗匈奴与大夏国史研究》，北京：中国社会科学出版社，2011年。
④ 胡玉春：《大夏国史研究》，呼和浩特：内蒙古大学出版社，2016年。
⑤ 高然：《五燕史研究》，西北大学博士学位论文，2010年。
⑥ 李海叶：《慕容鲜卑的汉化与五燕政权——十六国少数民族发展史的个案研究》，北京：中国社会科学出版社，2015年。

二、政治史

罗新《十六国北朝的五德历运问题》一文，以五德历运问题作为观察角度，考察了十六国胡族政权在北方成功建立起法统传递新秩序的过程。同时指出，北魏在处理与十六国关系时，经历了从肯定、继承、超越到转而与西晋接续的历程。① 雷戈的《变夷从夏——五胡政治观念-实践分析》，作者摒弃了学界主流的用胡人汉化，以先进、落后的二分法俯视胡人的旧框架，站在胡人的立场，关注胡人意识和实践对汉人观念的冲击和颠覆。② 由此对很多问题做出了不同以往的解释。比如胡帝的名号天王，并不单纯是恢复了汉人早已放弃的天王，也不是出于胡人宗室分权体制，而是胡人主动在汉人的帝王之间加入了一个新的位阶，构成了王——天王——皇帝的三级序列。再比如，胡人对儒家禅让观念的否定，成为后世否定禅让的最有力的理由，这恰恰体现了胡人观念对中国思想的独特影响。作者还关注胡人正统观的丰富内涵，他说胡人正统观有二：胡人建国的正统性、胡人取代中国的正统性。前者相对来说简单，靠武力即可称王称帝，后者则要建立在否定东晋、征服东晋的基础上，而苻坚淝水之战的大失败，恰恰说明了十六国时期胡人正统性内涵还比较单一，至少不能将灭亡东晋的正统性逻辑充分容纳进来，也反映出胡人影响中国思想方式的方式是实践而非思辨。胡人观念对中国思想史的最大贡献，就是证明了皇权主义是一个充满活力的开放性政教文明体系。鲁西奇的《观念与制度：魏晋十六国时期的"杂胡"与"杂户"》，考察了魏晋十六国北朝时期"杂胡""杂户"两个语汇的内涵、所指及其演变。③ 作者认为"杂胡"本是匈奴对其内部处于被统治、规模

---

① 罗新：《十六国北朝的五德历运问题》，《中国史研究》2004 年第 3 期，第 47~56 页。
② 雷戈：《变夷从夏——五胡政治观念实践分析》，《文史哲》2018 年第 5 期，第 68~82 页。
③ 鲁西奇：《观念与制度：魏晋十六国时期的"杂胡"与"杂户"》，《思想战线》2018 年第 4 期，第 35~49 页。

较小的种类部落的称谓，汉人沿用了这种观念和划分方式。十六国时"胡"的指称范围逐步扩大，包括了匈奴、羯、氐、羌、鲜卑等五胡，"杂胡"遂成为建立政权的某一胡族对其所控制其他胡族的称谓。"杂户"在十六国北魏前期，指处于统治地位族群之外的诸种夷胡户，统领杂户的机构是护军。北魏文成帝时期，取消护军制后，杂户乃逐渐演变为普通的编户，在这之后，杂户指称"杂色役隶户"，属地位较低的户籍类别。作者通过对"杂胡""杂户"内涵的探讨，揭示出"中国历史上人群划分的观念性范畴与制度性安排，均来自掌握权力的人群""人群划分的观念性范畴乃是在漫长的历史过程中形成的，是统治者对被统治人群的划分与界定"。"人群划分的制度性安排乃是以相应的观念性范畴为基础，并通过制度性安排，将人群划分的结构固定下来；而在具体的人群划分上，则存在着汉人及其文化占主导地位的'文化权力'或'文化传统'，此种文化权力超越于特定的政治军事权力，并在较长的时间内发挥着作用"。

关于成汉政治史的研究。翁家烈的《成汉政权及其族属》关注成汉政权的几个独特性：建设政权时间最早，南部唯一的地方政权，大规模移民等。[①]张炜的《论成汉政权灭亡的内部原因》，提出成汉灭亡的根本原因在于统治者未能处理好皇权与大族的关系，既失去了六郡大族的支持，又得不到巴蜀土著的认可。[②]杨诗奇《成汉政权侨旧关系演进研究》分析了成汉政权不同阶段秦雍六郡流民集团与土著的关系，并认为这一关系对成汉兴亡有重要影响。[③]

关于汉赵政治史的研究，有吕一飞的《匈奴汉国的政治与氐羌》。关于汉国灭亡的原因，以往史家多从胡、汉矛盾出发，吕文则注意到汉国内部匈奴与氐羌失和，即胡、胡矛盾的激化，也是汉国灭亡的重要原因，提示学人在研究中

---

① 翁家烈：《成汉政权及其族属》，《贵州民族研究》2006年第5期，第140~145页。
② 张炜：《论成汉政权灭亡的内部原因》，《北朝史研究》第六辑，北京：科学出版社，2008年。
③ 杨诗奇：《成汉政权侨旧关系演进研究》，扬州大学硕士学位论文，2018年。

注意十六国政权是如何处理胡、胡关系的。①陈勇《汉国匈奴与氐人联盟的解体——以刘乂案为中心》考察了刘乂案的来龙去脉，提出刘乂被诬杀，导致汉国匈奴与氐人政治联盟的瓦解，成为汉国国势由盛转衰的一个重要转折点。②陈勇的系列论文推动汉赵政治史研究走向深入，氏著《汉赵史论稿——匈奴屠各建国的政治史考察》与传统的章节式作品不同，以专题又相互有内在逻辑关系的（已发表的）单篇论文方式构成全书。③其中即包括《汉国匈奴与氐人联盟的解体——以刘乂案为中心》一文，还有《〈史记〉所见胡与匈奴称谓考》，认为战国时"胡"泛指北方各游牧部落，不是"匈奴"专名。秦汉之际，匈奴冒顿单于凭借武力征服了"诸胡"，建立起强大的游牧国家，汉代史籍中"胡"与"匈奴"的混淆，乃至将"胡"等同于"匈奴"的专名，是北亚草原新政治格局的反映。《屠各称谓衍变与部落迁徙——入塞匈奴的地域化》提出屠各称谓的变化与部落迁徙相关，屠各部落在不同地区使用不同称谓，主要是由迁徙地的方音决定。这一现象反映了内迁各少数族部落或部族的地域化倾向。《匈奴、屠各并举与屠各的豪贵地位》一文，由对诸史将匈奴、屠各并举质疑入手，认同唐长孺先生"南匈奴不能包括屠各在内"的结论，以此为基础考证并州屠各在刘渊或刘豹一代崛起，与南匈奴合流并取代屠各化的南匈奴成为五部地区最豪贵的部落，占据了传统上由南匈奴"虚连题"氏担当的单于之位，最终成为屠各与南匈奴军政联盟的最高领袖，形成了推翻西晋政权的核心力量。作者在《去卑监国的败局与刘豹世系的伪造》中，敏锐地察觉到去卑监国以南匈奴的衰落而告终，而屠各刘豹通过伪造世系，占据"南单于世嫡"位置。去卑、刘豹两大部族政治上的交替，构成南匈奴史上一个关键的变化。其在《刘渊的质任身

---

① 吕一飞：《匈奴汉国的政治与氐羌》，《历史研究》2001 年第 2 期，第 171~174 页。
② 陈勇：《汉国匈奴与氐人联盟的解体——以刘乂案为中心》，《历史研究》2008 年第 4 期，第 4~16 页。
③ 陈勇：《汉赵史论稿——匈奴屠各建国的政治史考察》，北京：商务印书馆，2009 年。

份与五部的政治重组》中，提出刘渊两次沦为司马氏的人质，反映了汉族执政者限制匈奴五部发展的反复尝试。然而匈奴五部历经刘豹、刘渊的政治整合，形成以并州屠各为核心的地域共同体。刘渊父子一旦摆脱司马氏的束缚，入塞匈奴的新王朝也就呼之欲出了。《汉赵国胡与屠各异同考——兼说汉赵国的胡汉分治》一文提出，汉赵国不仅实行了以往学界认为的胡、汉分治，而且实行了胡、胡分治，即屠各与六夷的分治。汉赵国并设司隶、内史与大单于、单于辅、都尉两套体制，就是要将五部屠各与杂胡乃至六夷加以区分，纳入不同的行政、军事管理系统。《后赵羯胡为流寓河北之并州杂胡说》则提出，石勒将原本属于汉赵"六夷"的羯胡纳入"国人"系统，提升了羯胡地位，流寓河北的并州杂胡纷纷涌入羯族。以羯为名的并州杂胡共同体成为石氏立足河北的主要凭借，使其最终战胜了前赵。前赵与后赵在北部中国的嬗代，正反映了五部屠各与并州杂胡的政治交替，是十六国前期历史演变的重要线索。以上几个议题环环相扣，以政治史方法解读了屠各何以能在诸多南下匈奴部落中崛起以及屠各刘氏国运短促的原因，将汉赵史研究提升到一个新高度。此外陈勇的《从五主到五族："五胡"称谓探源》对族群概念进行思考，理清了五胡的本源内涵以及变化。[①]作者认为五胡最初是指汉赵主刘渊、刘聪、刘曜和后赵主石勒、石虎，他们在登位前后，利用图谶宣扬政权合法性，由此产生五胡的称谓。苻坚所谓"五胡次序"，显示非汉族群对五胡法统的认可。十六国末期，匈奴、羯、鲜卑、氐、羌皆被纳入，五胡含义由此得到扩展，反映了汉族政权在与少数民族持续对抗中，对十六国历史的总结性认识。吴洪琳的《国号与"国人"——石勒的政治取向与胡人地位的法制化》文章认为，后赵政权选择国号"赵"，一方面顺应了中国传统文化，另一方面是为了与刘曜的前赵争夺正统。[②]石勒第一

---

① 陈勇：《从五主到五族："五胡"称谓探源》，《历史研究》2014年第4期，第21~33页。
② 吴洪琳：《国号与"国人"——石勒的政治取向与胡人地位的法制化》，《吉林大学社会科学学报》2016年第1期，第132~139页。

次以法律形式将胡人政治地位制度化，但禁止胡人侮辱汉人，体现了其民族平等思想。"胡人"在当时有污名化的倾向，故石勒又"讳胡尤峻"。李磊的《石勒的政治名号与政权建构——兼论十六国法统之汉晋复归》梳理了刘、石矛盾发展的阶段性变化，揭示石勒一开始自号赵王、大单于，乃是为借助汉国法统，与刘曜政权抗衡，最终在灭刘曜后，改称赵天王、行皇帝事，回归到了周、汉、晋，即华夏王朝的正统轨道，由此步入迥异于刘曜政权以"冒顿配天"的历史道路。①

关于前、后秦政治史研究。赵诺的《试论淝水战前前秦内部政治势力之变动》继承了罗新"枋头集团"的概念，对前秦建国后统治集团内部构成及政治势力的变动进行了长时段的宏观考察，以此揭示前秦兴亡的原因。②董刚《十六国时代苻、姚部族集团的历史变迁——以叛乱史为线索的考察》关注苻、姚二集团建国前史。他认为苻、姚二集团的发展趋势并不是传统观点所认为的直线式的"苻强姚弱"，而是伴随着晋末十六国初期以来尤其是后赵时以叛乱史为主要线索的历史机遇，实力呈现交替上升与逐渐稳定。③李磊的《从水德到木德——前秦建立与权力更迭中的合法性诉求及其运作》从常见史料出发，关注前秦史书撰写和流传的复杂背景，运用史料批判的方法，对苻坚"五胡次序说"、苻氏改姓、苻坚解决称帝合法性不足的具体措施等前秦史重要问题进行了

---

① 李磊：《石勒的政治名号与政权建构——兼论十六国法统之汉晋复归》，《江海学刊》2019年第1期，第246~253页。

② 赵诺：《试论淝水战前前秦内部政治势力之变动》，《历史教学》2006年第9期，第55~57页。

③ 董刚：《十六国时代苻、姚部族集团的历史变迁——以叛乱史为线索的考察》，《社会科学》，2017年第11期，第142~157页。

细致考证，令人耳目一新。① 李磊的《淝水战后关陇地区的族际政治与后秦之政权建构》是学界目前对后秦史探讨的最新动态，作者在文中考察了姚苌、苻登利用苻坚之死进行博弈的过程，论证关西豪杰的归附是姚苌立足关中的大前提。②

关于四燕政治史研究。魏俊杰《慕容燕迁都探析》指出，慕容燕迁都与实力消长相关，前燕迁都是扩张性的，后、西、南燕迁都则是退缩性的。③ 李海叶《慕容氏辽东政权咸康四年"王国官"考》注意到慕容氏仿周建立的王国官，与其接受东晋册封的职官体制不符，认为这是慕容氏的南进政策与其统治下汉人的拥晋情感矛盾调和的产物。④ 杨懿《鲜卑族别意识的形成与流变——以拓跋氏的身份认同为个案》一文，从族群关系的角度对慕容燕的发展史和五燕政治史进行了全面研究，将对诸燕政权的认识深度大大推进。⑤ 穆鋆臣的《慕容鲜卑民族共同体形成考论》从慕容鲜卑族名入手，追溯了慕容鲜卑在迁徙过程中形成民族共同体的过程。⑥ 杨懿在《华裔理殊：永嘉之乱前的慕容鲜卑及其改革动因》中指出，永嘉之乱前的慕容鲜卑是魏晋王朝支配下的"保塞蛮夷"。在这一阶段慕容鲜卑曾经势力强大，因而其在陷入西晋后期的族群冲突的困境时，激

---

① 李磊：《从水德到木德——前秦建立与权力更迭中的合法性诉求及其运作》，《中华文史论丛》2018 年第 4 期，第 193~212 页。

② 李磊：《淝水战后关陇地区的族际政治与后秦之政权建构》，《西南民族大学学报》（人文社科版）2018 年第 7 期，第 22~27 页。

③ 魏俊杰：《慕容燕迁都探析》，《齐鲁学刊》2011 年第 3 期，第 41~45 页。

④ 李海叶：《慕容氏辽东政权咸康四年"王国官"考》，《内蒙古师范大学学报》（哲学社会科学版）2005 年第 2 期，第 52~55 页。

⑤ 杨懿：《鲜卑族别意识的形成与流变——以拓跋氏的身份认同为个案》，华东师范大学博士学位论文，2012 年。

⑥ 穆鋆臣：《慕容鲜卑民族共同体形成考论》，《广西民族大学学报》（哲学社会科学版）2012 年第 4 期，第 120~123 页。

发出了族群意识,成为汉化改革的一个动因。①杨懿的《慕容氏的立国法统与族群聚合》认为,慕容氏通聘东晋、请封王爵及以燕为国号等行为,是出于聚合族群、建构立国法统等目的,但慕容氏的政治定位始终是晋臣,说明其尚未形成强烈的自我意识。②崔向东《论慕容廆在慕容鲜卑崛起中的作用》一文,发掘关键人物在历史进程中的影响力,探讨慕容廆在建立前燕和慕容鲜卑崛起中发挥的重要作用。③赵红梅《夫余与前燕慕容廆朝关系探微》认为,慕容鲜卑在与夫余的战争中确立"尊晋勤王"国策,是慕容鲜卑能够崛起的重要原因。④陈勇《前燕慕容氏世系考》将慕容氏家族史与前燕政治史研究相结合,以家族世系勾勒政治权力分配的线索,在旧的领域提出新论。⑤赵红梅在《慕容廆时期"谋主"黄泓籍贯考》中,重点研究股肱集团中归附汉人黄泓的个案;⑥《建兴元年前燕"股肱"考述》则考察建国初期前燕流寓中原士人组成的股肱集团的情况,与前文互为表里,共同从胡汉关系角度分析了慕容鲜卑建国早期的发展史。⑦李海叶《慕容氏昌黎时期的建国道路与胡汉分治制度》和《前燕中原时期胡汉分治制度考》,前文分析前燕立国初期特殊形势下的胡汉分治制度,及此后慕容

---

① 杨懿:《华裔理殊:永嘉之乱前的慕容鲜卑及其改革动因》,《山西师大学报》(社会科学版)2014年第4期,第97~101页。

② 杨懿:《慕容氏的立国法统与族群聚合》,《社会科学战线》2015年第7期,第255~259页。

③ 崔向东:《论慕容廆在慕容鲜卑崛起中的作用》,《社会科学战线》2013年第2期,第116~122页。

④ 赵红梅:《夫余与前期慕容廆朝关系探微》,《东北史地》2009年第6期,第74页。

⑤ 陈勇:《前燕慕容氏世系考》,《民族研究》2010年第5期,第78~86、109~110页。

⑥ 赵红梅:《慕容廆时期"谋主"黄泓籍贯考》,《中国边疆史地研究》2011年第4期,第72~74、149页。

⑦ 赵红梅:《建兴元年前燕"股肱"考述》,《黑龙江民族丛刊》2011年第6期,第94~97页。

鲜卑非殖民式的胡汉分治形式，探讨不同情形下慕容鲜卑的两次民族扩张与融合；后文则从官员身份构成层面分析胡汉分治制度。①郑小容的《慕容廆汉化改革略述》详细考证了慕容廆的早年经历和改革措施，并将之与孝文帝改革对比，认为慕容廆的汉化改革比较平和，但改革的目的在于提升慕容鲜卑的军政实力，不是着眼于文化的变革。②刘超《从慕容廆的施政理念看其对前燕政权的影响》一文把慕容廆的施政理念细化为重视农业、学习中原制度、崇儒重教等几个方面，文章的新意在于论证中运用了新的考古发现。③杨懿的《前秦政权下慕容氏史事探析》研究前燕灭亡后两支慕容氏集团在前秦的政治经历，以及内讧过程，认为这两支慕容集团的形成与决裂是西燕、后燕各自复国的先声。④李海叶的《后燕退据龙城后政治之"反动"》认为，后燕退守龙城后在政治上出现了反汉化的鲜卑倾向，主要从政权结构中鲜卑势力崛起和政治制度上胡汉分治体系的重建两个角度进行了论证。⑤姚宏杰在《君位传承与前后燕政治》中，关注前燕从部落向国家转型时期的继承制度的情况，认为慕容鲜卑在由部落小国向中原王朝演进的道路上，逐渐排除了立长立能的部落君长推选原则，确立了君权的嫡长子继承制，反映了中古时期北方民族在华夏化过程中走过的艰难而痛苦的

---

① 李海叶：《慕容氏昌黎时期的建国道路与胡汉分治制度》，《中山大学学报》（社会科学版）2012年第3期，第73~83页；《前燕中原时期胡汉分治制度考》，《内蒙古社会科学》（汉文版）2011年第2期，第53~57页。
② 郑小容：《慕容廆汉化改革略述》，《西南民族大学学报》（人文社科版）2005年第1期，第280~288页。
③ 刘超：《从慕容廆的施政理念看其对前燕政权的影响》，《辽宁省博物馆馆刊》2017年，第32~328页。
④ 杨懿：《前秦政权下慕容氏史事探析》，《许昌学院学报》2014年第6期，第10~13页。
⑤ 李海叶：《后燕退据龙城后政治之"反动"》，《内蒙古大学学报》（哲学社会科学版）2011年第4期，第11~17页。

历程。①刘玉山、刘伟航的《十六国时期慕容西燕、后燕几个问题的再探讨》认为，淝水之战后慕容氏复国运动是两股势力的争衡，并与他们亡国隐忍的时代焦虑感相联系，表现出强烈的归根情节。②魏斌的《公孙五楼家族与南燕政治》从公孙五楼家族及其家族活动入手，考察了南燕政权中权力层的构成及分化。③刘玉山《北燕王高云被弑真相探微》认为，崔鸿《十六国春秋》记载的"北燕王高云被弑"事件存在诸多疑点，提出冯跋才是高云被弑的幕后真凶。④

关于诸燕政权与汉人士族之间互动的研究，李海叶有数篇文章就此立论，《汉士族与慕容氏政权》探讨慕容鲜卑与汉人士族的关系。⑤《慕容氏辽东政权的"侨土"关系》认为慕容氏与避难辽东主动归附的中原流民一起攻取了辽东郡县，征服了辽东当地大族，因此在慕容氏政权内部形成"重侨轻土""以侨统土"的政策，反映了此一时期慕容政权内部的胡汉关系。⑥《从婚姻制度所见的慕容氏与汉士族的关系》发现慕容鲜卑皇室与宗室一直保持与鲜卑和其他胡族通婚，而很少与汉族通婚，据此认为慕容鲜卑与汉士族合作只是出于政治目的，并没有真正进行血统的融合和汉化。⑦此外，李文才在《渤海封氏与慕容鲜卑关

---

① 姚宏杰：《君位传承与前后燕政治》，《史学月刊》2004年第3期，第29~35页。
② 刘玉山、刘伟航：《十六国时期慕容西燕、后燕几个问题的再探讨》，《东南文化》2007年第1期，第65~70页。
③ 魏斌：《公孙五楼家族与南燕政治》，《魏晋南北朝隋唐史资料》第22期，2005年，第28~35页。
④ 刘玉山：《北燕王高云被弑真相探微》，《求索》2015年第11期，第193~195页。
⑤ 李海叶：《汉士族与慕容氏政权》，《内蒙古师大学报》（哲学社会科学版）2001年第4期，第104~110页。
⑥ 李海叶：《慕容氏辽东政权的"侨土"关系》，《内蒙古大学学报》（人文社会科学版）2005年第3期，第109~113页。
⑦ 李海叶：《从婚姻制度所见的慕容氏与汉士族的关系》，《内蒙古社会科学》（汉文版）2008年第5期，第41~44页。

系试探》中认为渤海封氏是最早与慕容鲜卑合作的士族之一,其家族盛衰与慕容鲜卑的国运紧密相连。① 赵红梅的《前燕正统观的发展变化——兼及中原士人出仕前燕心态》,主要探讨慕容鲜卑正统观的转变对于中原士人仕燕心态的影响。② 梁瑞雪《南燕政治史研究三题》围绕南燕政治中河北士族南迁、慕容氏与南迁士族的合作、后期新贵执政三个政治专题立论,从各个侧面深入研究南燕政治史。③

关于五凉政治史的研究。王素《关于前凉讨伐戊己校尉赵贞的新资料——大谷文书8001号考释》利用传世文献对于赵贞事件的记载,释读大谷文书8001号中"李柏文书"片断,加深了对前凉赵贞叛乱事件的理解。④ 夏炎《前凉督护系列军职与安定梁氏考》利用文献和1975年发现的《梁舒墓表》,揭示前凉官制中督护系列军职中督护、左督护、前锋督护、督护等历经从实职到虚衔的变化过程,安定梁氏担任的职位则显示了其地位的升降。⑤ 侯文昌的《前凉经略西域》讨论前凉政权对西域的经略情况,认为这一历史时期在西域发展史上有重要地位。⑥ 魏军刚《西征功臣集团与后凉政治演变》论证后凉建立后,西征功臣集团在政治斗争中分裂、解体的全过程。⑦ 魏军刚的《后凉政权与淝水战后的河

---

① 李文才:《渤海封氏与慕容鲜卑关系试探》,《河北学刊》2007年第6期,第117~121页。
② 赵红梅:《前燕正统观的发展变化——兼及中原士人出仕前燕心态》,《北方论丛》2011年第6期,第74~77页。
③ 梁瑞雪:《南燕政治史研究三题》,扬州大学硕士学位论文,2018年。
④ 王素:《关于前凉讨伐戊己校尉赵贞的新资料——大谷文书8001号考释》,《文物》2006年第6期,第88~90、48页。
⑤ 夏炎:《前凉督护系列军职与安定梁氏考》,《早期中国史研究》第8卷第2期,2016年,第101~134页。
⑥ 侯文昌:《前凉经略西域》,《陇东学院学报》(社会科学版)2003年第3期,第45~48页。
⑦ 魏军刚:《西征功臣集团与后凉政治演变》,《阴山学刊》2014年第3期,第68~74页。

西政局》将后凉建国和发展过程同整个河西局势结合起来,还原河西地区各势力的整合过程。①孙立新《后凉短祚内因考》从政权内部寻找后凉灭亡的原因,将之归为不修德政、频繁内战、帝位争夺几点。②魏军刚在《后凉吕氏家族婚姻述论》和《弘农杨氏与五凉王国》中,分别考察了弘农杨氏流寓河西后在五凉政权的仕宦和吕氏家族婚宦所体现的后凉政治情况。③魏军刚、张弘《试论南凉王位继承兄终弟及现象》认为,南凉实行兄终弟及的王位继承制度是多种因素综合作用的结果,这一制度巧妙解决了王位继承的问题,有利于统治权力的和平嬗递,为南凉政权的发展和强盛奠定了制度基础。④冯培红在《敦煌大族与西凉王国关系新探》和《敦煌大族、名士与北凉王国——兼论五凉后期儒学从大族到名士的转变》中,从文化的转变分析敦煌大族名士与河西政权之间的复杂关系。⑤杨荣春的《北凉高昌太守阚仁史迹钩沉》将吐鲁番文书与传世文献相结合,对高昌太守阚仁的家族和他任职高昌的仕宦经历进行了深入考察。⑥高华平的《北凉王段业事业考述》对北凉政权的最初统治者段业的政治经历进行考述,将他失败的原因总结为性格因素和没有制定适当的民族政策。⑦杨荣春《北凉

---

① 魏军刚:《后凉政权与淝水战后的河西政局》,西北师范大学硕士学位论文,2015年。
② 孙立新:《后凉短祚内因考》,《黑龙江史志》2012年第5期,第5~6页。
③ 魏军刚:《后凉吕氏家族婚姻述论》,《天水师范学院学报》2013年第6期,第95~99页;《弘农杨氏与五凉王国》,《河西学院学报》2017年04期,第35~41页。
④ 魏军刚、张弘:《试论南凉王位继承兄终弟及现象》,《乐山师范学院学报》2011年第8期,第87~90页。
⑤ 冯培红:《敦煌大族与西凉王国关系新探》,《敦煌吐鲁番研究》2013年,第141~157页;《敦煌大族、名士与北凉王国——兼论五凉后期儒学从大族到名士的转变》,《敦煌吐鲁番研究》2015年第1期,第233~244页。
⑥ 杨荣春:《北凉高昌太守阚仁史迹钩沉》,《吐鲁番学研究》2014年第2期,第29~37页。
⑦ 高华平:《北凉王段业事业考述》,《中南民族大学学报》(人文社会科学版)2003年第1期,第118~122页。

五王探研》以政治人物个体为研究单元,但对北凉政权的研究非常全面,官制、年号、农业、宗教、民族关系等各个层面均有论及。①陈继宏的《〈魏书·李暠传〉〈晋书·李玄盛传〉〈十六国春秋·西凉录〉对读札记》通过对比史书记载的异同考证西凉相关史事,虽然研究较为零散,但在李暠籍贯与家族世系、西凉正统观、敦煌人口迁徙等问题细节上颇有创见。②朱艳桐的《北凉史新探——多元史料的交错论证》在前人研究的基础上,进一步爬梳墓志史料、文书壁画、出土文物等,解决了北凉治下胡族动向、河湟地区治理等问题。③

三、制度史

涉及官制研究的有周伟洲《十六国官制研究》,从最高统治者名号、中枢官、军事官和地方官制,对十六国官制的几个侧面进行了考察。④张金龙在

---

① 杨荣春:《北凉五王探研》,陕西师范大学博士学位论文,2015年。作者已刊论文《从记室到凉王——段业史事考论》,《社会科学论坛》2015年第2期,第59~65页。《从卢水胡酋豪到凉王——沮渠蒙逊称王史迹述略》,《宁夏师范学院学报》2018年第6期,第51~57页。《沮渠安周与大凉政权》,《青海民族大学学报》(社会科学版)2017年第4期,第86~95页。《沮渠牧犍与北凉政权》,《昌吉学院学报》(社会科学版)2017年第6期,第11~23页。

② 陈继宏:《〈魏书·李暠传〉〈晋书·李玄盛传〉〈十六国春秋·西凉录〉对读札记》,《名作欣赏》2016年第11期,第39~41页。

③ 朱艳桐:《北凉史新探——多元史料的交错论证》,兰州大学博士学位论文,2017年;《姑臧城空间布局与五凉河西政治》,《敦煌学辑刊》2017年第2期,第55~63页;《酒泉马氏与五凉王国——以〈西凉建初四年(408)秀才对策文〉与辛氏墓志中"马骘"为中心》,《敦煌研究》2017年第5期,第114~120页。

④ 周伟洲:《十六国官制研究》,《文史》2002年第1辑,第51~77页。

《十六国五燕禁卫武官制度考》提出，五燕禁卫武官制度主要承袭自前赵、后赵、前秦，仍以继承西晋制度为主。①主体由领军、护军、左右卫将军、中垒、中坚等构成，核心则是领军制度。禁卫长官领军将军、中领军在五燕政治中发挥了关键作用。张旭华有关于十六国九品中正制系列研究成果，其在《后赵九品中正制杂考》和《前燕、前秦、南燕九品中正制拾零》中，分别考察了这几个政权实行九品中正制的具体措施以及意义。②彭世亮的《前秦中央文官制度研究》从动态角度考察了前秦一朝诸公、尚书、中书、门下的人员设置与职权，通过与魏晋进行比较，探索前秦制度的因袭变化。③贾小军的《五凉职官制度研究》系统研究了五凉职官制度的情况，并展现了不同时期职官制度的变化情况。④

何宁生关于十六国法制的研究成果值得注意，《前秦法制初探》《论后燕的法制》《论前燕的法制》《十六国时期少数民族政权法制的历史影响》《十六国时期前赵的法制》《十六国时期少数民族政权的司法制度及建树》《十六国的刑事法制》《十六国的民事法制》等系列文章，从统治者的法律思想、法制原则、立法和法律内容、司法制度等方面考察了十六国少数民族政权在法制建设方面的

---

① 张金龙：《十六国五燕禁卫武官制度考》，《社会科学辑刊》2003 年第 6 期，第 98~102 页。
② 张旭华：《后赵九品中正制杂考》，《许昌学院学报》2003 年第 6 期，第 48~52 页。收入氏著《九品中正制研究》，北京：中华书局，2015 年，第 365~377 页。《前燕、前秦、南燕九品中正制拾零》，《"1~6 世纪中国北方边疆·民族·社会国际学术研讨会"论文集》，北京：科学出版社，2008 年。
③ 彭世亮：《前秦中央文官制度研究》，鲁东大学硕士学位论文，2011 年。
④ 贾小军：《五凉职官制度研究》，西北师范大学博士学位论文，2015 年。其中已刊论文《后凉职官制度钩沉》，《北朝研究》（第八辑），北京：科学出版社，2017 年，第 74~88 页。

建树、兴盛原因以及历史影响。①

关于俸禄制、朝贡制、东堂决策制研究,徐美莉的《十六国俸禄制度探微》认为,十六国部分国家如汉赵、前燕、前秦实行了俸禄制,这一制度与汉晋俸禄制属同一模式。②赵红梅《鲜卑朝贡制度建构的历史轨迹——1~4世纪鲜卑朝贡中原王朝特征述略》、程尼娜《汉魏晋时期东部鲜卑朝贡制度研究》、李路《论慕容鲜卑对东北亚封贡体系变迁与发展的影响》等三篇文章,主要论述鲜卑诸燕在向西晋朝贡的过程中受汉晋制度影响,在辽东建立了自己的朝贡制度,同时接受辽东地区高句丽、夫余、契丹等国的朝贡,并且这一朝贡体系还为北魏所继承。③李文才在《太极东堂与十六国北朝政治关系述论——以东堂决策为中心论述》中,考察了东堂决策制度在十六国汉赵、后赵、前秦、后秦、慕容

---

① 何宁生:《前秦法制初探》,《西北大学学报》(哲学社会科学版)2002年第3期,第75~79页;《论后燕的法制》,《西北大学学报》(哲学社会科学版)2003年第3期,第104~108页;《论前燕的法制》,《西北大学学报》(哲学社会科学版)2004年第5期,第113~118页;《十六国时期少数民族政权法制的历史影响》,《民族研究》2006年第2期,第78~86页;《十六国时期前赵的法制》,《西北大学学报》(哲学社会科学版)2006年第3期,第71~75页;《十六国时期少数民族政权的司法制度及建树》,《西北大学学报》(哲学社会科学版)2007年第6期,第46~51页;《十六国的刑事法制》,《西域研究》2011年第1期,第9~19页;张晓玲、何宁生:《十六国的民事法制》,《西北大学学报》(哲学社会科学版)2013年第6期,第31~37页。
② 徐美莉:《十六国俸禄制度探微》,《北朝研究》第6辑,北京:科学出版社,2008年。
③ 赵红梅:《鲜卑朝贡制度建构的历史轨迹——1—4世纪鲜卑朝贡中原王朝特征述略》,《学习与探索》2014年第4期,第155~160页;程尼娜:《汉魏晋时期东部鲜卑朝贡制度研究》,《学习与探索》2014年第4期,第144~154页;李路:《论慕容鲜卑对东北亚封贡体系变迁与发展的影响》,《黑龙江民族丛刊》2018年第1期,第85~89页。

鲜卑政权中的实施情况。①东堂不仅是政治决策的场所，其他诸如举办宗室成员和大臣丧礼、接见外国使者也发生在这里。因此可以说东堂在十六国北朝政治生活中具有重要作用。

四、政权间关系

十六国时期北方各少数民族政权林立，与此同时，南方还有东晋，学界对这些政权间的交往情况进行了考察。有关燕、晋关系的研究，黄河在《慕容廆与两晋政治关系浅析》一文中提出，慕容廆为更好地获得汉人士族的支持以及对抗段部鲜卑、石赵等敌对势力而主动与晋建立臣属关系，东晋则利用慕容廆牵制石赵势力。②东晋与慕容廆的这种关系，是魏晋南北朝时期东北少数民族割据政权与南朝政权政治关系的常态。赵红梅的《两晋在慕容廆君臣中的地位与影响探论——以前燕慕容廆遣使入晋为中心》则通过慕容廆遣使入晋的历史事迹，研究两晋在前燕君臣中的重要地位，以此证明维系晋燕关系对前燕国家发展的重要意义。③韩雪松、林革华的《慕容燕与两晋关系略论》，李椿浩的《十六国时期的"勤王"及其政治功能》，金洪培的《叛服不常——略论慕容鲜卑与西晋的关系》等文章，都认为慕容鲜卑与两晋政权建立臣属关系是出于双方战略上的相互需求，慕容鲜卑在此过程中获得了割据一方的合法政治地位，取得了政治道义优势，能够借晋室之威讨伐敌对势力，广收人望，"奉晋正朔"

---

① 李文才：《太极东堂与十六国北朝政治关系述论——以东堂决策为中心论述》，《北华大学学报》（社会科学版）2008年第2期，第69~75页。
② 黄河：《慕容廆与两晋政治关系浅析》，《东北史地》2007年第4期，第44~46页。
③ 赵红梅：《两晋在慕容廆君臣中的地位与影响探论——以前燕慕容廆遣使入晋为中心》，《学习与探索》2009年第4期，第227~230页。

是慕容鲜卑得以强大的重要原因。①

有关燕、魏以及高句丽外交关系研究，姚宏杰的《参合陂之役前燕魏关系略论》认为后燕欲控制北魏而不得，两国矛盾在争夺贺兰部众问题上爆发，当作为缓冲区的西燕灭亡后，两国的战争已不可避免。②张久和的《两晋十六国时期慕容鲜卑与高句丽的关系》阐述了慕容鲜卑与高句丽在3世纪末至5世纪初的战和关系。③姜维公的《北魏灭燕对海东局势的影响》认为，北魏灭后燕迫使北燕东迁，促进了高句丽地位的提升，进而影响了海东地区局势的发展。④李凭在《平城时代北魏北燕高句丽三国关系简析》中，分析了三国间战和关系的演变情形以及背后的原因。⑤《于什门事件与魏燕战争》一文从北燕、北魏代表性外交事件入手，考察了两国应对策略及关系变化。⑥冯立君的《百济与北族关系问题》主要研究百济与北方王朝的关系，其中提到百济与前秦、前燕之间存在政

---

① 韩雪松、林革华：《慕容燕与两晋关系略论》，《东北史地》2008年第5期，第65~67页；李椿浩：《十六国时期的"勤王"及其政治功能》，《晋阳学刊》2001年第1期，第84~91页；金洪培：《叛服不常——略论慕容鲜卑与西晋的关系》，《黑龙江民族丛刊》2010年第6期，第86~89页。

② 姚宏杰：《参合陂之役前燕魏关系略论》，《淮阴师范学院学报》（哲学社会科学版）2000年第1期，第127~130页。

③ 张久和：《两晋十六国时期慕容鲜卑与高句丽的关系》，《黑龙江民族丛刊》2003年第3期，第73~76页。

④ 姜维公：《北魏灭燕对海东局势的影响》，《北朝史研究》，北京：商务印书馆，2004年，第112~119页。

⑤ 李凭：《平城时代北魏北燕高句丽三国关系简析》，张金龙主编《黎虎教授古稀纪念中国古代史论丛》，北京：世界知识出版社，2006年，第296~305页。

⑥ 李凭：《于什门事件与魏燕战争》，《"1~6世纪中国北方边疆·民族·社会国际学术研讨会"论文集》，北京：科学出版社，2008年，第23~27页。

治联系的具体情况。①赵红梅的《慕容鲜卑的崛起与夫余的灭亡——兼论夫余灭国的慕容鲜卑因素》和《民族迁徙与融合：慕容鲜卑的崛起路径——以慕容鲜卑与夫余、高句丽关系为中心的考察》，分别研究了民族融合在慕容鲜卑崛起过程中的作用，以及鲜卑崛起对周边民族的影响。②

关于五凉与周边政权关系的研究。韩树伟在《论西凉政权及其在丝路史上的历史地位和影响》中认为李暠奉晋通诚的行为，有利于加强河西与南朝之间的联系。③杨荣春的《冲突与交融：五胡十六国时期北凉与周边政权关系研究》认为，北凉对周边政权和部落采取四种不同的政策和方略，各有针对，这使其能够处理好周边关系，进而有能力统辖河西地区。④

关于秦、魏关系的研究。陈勇的《拓跋嗣与姚兴联姻考》重点考察后秦与北魏联姻，由分析《魏书》《晋书》对北魏、后秦在神瑞二年（415）联姻情况截然相反的记载入手，综合利用各种文献，复原了两国联姻的全过程，认定《晋书》所记符合历史事实，即这次联姻是北魏主动迎娶姚兴之女，而非《魏书》所记是姚兴请婚。⑤作者通过对北魏当时内外形势的分析，提出拓跋嗣主动示好、求亲的原因在于占据河北后，东晋成为其南面的强邻，柔然的压力又有增无减，因而

---

① 冯立君：《百济与北族关系问题》，《韩国研究论丛》2016年第2期，第112~124页。
② 赵红梅：《慕容鲜卑的崛起与夫余的灭亡——兼论夫余灭国的慕容鲜卑因素》，《黑龙江社会科学》2011年第5期，第115~117页；《民族迁徙与融合：慕容鲜卑的崛起路径——以慕容鲜卑与夫余、高句丽关系为中心的考察》，《东北亚研究论丛》（长师大）2016年第1期，第57~66页。
③ 韩树伟：《论西凉政权及其在丝路史上的历史地位和影响》，《青海师范大学学报》（哲学社会科学版）2017年第1期，第92~98页。
④ 杨荣春：《冲突与交融：五胡十六国时期北凉与周边政权关系研究》，《兰州学刊》2018年第8期，第100~118页。
⑤ 陈勇：《拓跋嗣与姚兴联姻考》，《文史哲》2017年第5期，第110~115页。

被迫进行战略调整，寻求与后秦通婚，以摆脱柔然、东晋、后秦三面夹击的危局。

关于秦、燕关系的研究。张先昌在《前秦重用慕容鲜卑王公贵族评析》中，评述苻坚重用前燕慕容氏的利与弊，认为淝水之战的失败与此相关。①田余庆在《代北地区拓跋与乌桓的共生关系（下）——〈魏书·序纪〉有关史实解析》中论及了前燕与前秦的关系，认为慕容儁时期前燕在代北地区布置云中之戍是为警戒前秦东进。②

五、都城

夏国都城统万城由于兼具历史、地质地理、环境变迁、考古、民族、建筑等多学科集中研究的特质，已成为学人关注的一个热点。2006年统万城作为国家大遗址保护项目正式启动。陕西省考古研究院、榆林市文物保护研究所等多个单位合作对统万城进行了发掘、维修和调查。邢福来、段卫等在《统万城遗址近几年考古工作收获》中，确认了外郭城、瓮城、西城西南隅台、永安台、护城壕等位置和具体情况。③张永帅《关于统万城历史的几个问题》认为，统万城起迄时间在414年和424年，是在汉朔方县基础上兴建的，并考察了统万城的城市形态。④吴宏岐的《关于大夏国都统万城的城市形态与内部布局问题》认

---

① 张先昌：《前秦重用慕容鲜卑王公贵族评析》，《史学月刊》2002年第5期，第42~45页。
② 田余庆：《代北地区拓跋与乌桓的共生关系（下）——〈魏书·序纪〉有关史实解析》，《中国史研究》2000年第4期，第17~45页。收入专著《拓跋史探》，北京：三联书店，2019年，第142~201页。
③ 邢福来、段卫等：《统万城遗址近几年考古工作收获》，《考古与文物》2011年第5期，第14~19页。
④ 张永帅：《关于统万城历史的几个问题》，《中国历史地理论丛》2008年第1期，第97~104页。

为统万城是由汉奢延城改筑而来的，今统万城东城遗址即当时的外郭城，西城即内城，内城之西南方向另有一个宫城，从而形成了三重城垣的城市形态。① 此外，吴文还对东城与西城的城垣、马面和城门问题，宫城的范围与永安殿的位置，内城其他宫室等问题进行了一一考释。邢福来在《关于统万城东城的几个问题》中，提出东城的建造年代约为唐末五代时期，与这一地带党项人的壮大有关。而作为大夏国都的统万城，初建时的规模可能只有西城和部分外城。② 胡珂《使用 DEM 水文分析方法发现的统万城古河道及其环境意义的初步讨论》通过现代科学技术对统万城区域进行水文分析以及实地考察，发现统万城西北方向至统万城存在一个长约四十公里的集水盆地，认为统万城周边在建城初期存在较好的水文条件，而统万城的废弃可能与该河流的消失密切相关。③ 郑红莉《试说统万城遗址的三重城垣》对统万城的西城、东城、外城郭三重城垣年代关系进行了考察，认为西城为大夏都城的主要组成部分，东城的修建年代不晚于隋末，外郭城的年代和性质问题复杂，目前无法解决。④ 罗新的《统万城与统万突》一文认为，统万城的汉语名称与非汉语名称存在语序差异，提倡学人从语言角度观察族群接触和政治体接触，有助于理解古代东亚世界的历史变迁。⑤

长安研究。刘振东在《西安市十六国至北朝时期长安城宫城遗址的钻探与试掘》中认为，考古新发现的两个位于汉长安城东北部的小城，是自前赵以来，经前后秦、北朝直至隋初长安城的东西宫城遗址，东宫和西宫分别为太子宫、皇宫。西宫内的楼阁台建筑遗址应是前后秦时期太极前殿、北周时期露寝的旧

---

① 吴宏岐：《关于大夏国都统万城的城市形态与内部布局问题》，《中国历史地理论丛》2004年第3期，第130~144、161页。
② 邢福来：《关于统万城东城的几个问题》，《考古与文物》2014年第5期，第109~113页。
③ 胡珂：《使用 DEM 水文分析方法发现的统万城古河道及其环境意义的初步讨论》，《考古与文物》2015年第4期，第120~123页。
④ 郑红莉：《试说统万城遗址的三重城垣》，《江汉考古》2018年第3期，第98~103页。
⑤ 罗新：《统万城与统万突》，《中华文史论丛》2018年第4期，第107~115页。

址，而两阙之间或许就是露门所在。①刘振东在《十六国至北朝时期长安城宫城2号建筑（宫门）遗址发掘》中，介绍了位于东、西小城间的宫门发掘情况，这是十六国至北朝时期宫门的首次发掘。作者推断这个门道在十六国北朝时期曾被长期使用，并经过多次维修，反映东、西两宫在这一时期一直是宫廷内重要的活动场所。②

姑臧城。党寿山的《前凉姑臧城》提出，前凉、后凉、南凉、北凉都曾建都姑臧。前凉张氏从奠定立国基础的张轨到张天锡共九传七十六年皆都于姑臧，在此期间对城垣进行了扩建。③朱艳桐在《五凉时期姑臧城的扩建与城市形态》中考察了五凉各个时期对姑臧城扩建的具体情况，认为张氏扩建姑臧城的目的是安置人口、加强守卫、彰显政绩。④朱艳桐的《姑臧城空间布局与五凉河西政治》根据考古发现指出，五凉时期姑臧城由五城构成，将各城的政治功用放入五凉时期兵变、政变、民变等具体政治事件中进行考察，并且五城之间各有围墙，战时可割据一城，既便于抵抗外侵，也为叛乱者创造了条件。⑤

六、历史地理

关于地方行政制度最值得一提的是由周振鹤主编，牟发松、毋有江、魏俊

---

① 刘振东：《西安市十六国至北朝时期长安城宫城遗址的钻探与试掘》，《考古》2008年第9期，第25~35页。
② 刘振东：《十六国至北朝时期长安城宫城2号建筑（宫门）遗址发掘》，国家文物局主编：《2009年中国重要考古发现》，北京：文物出版社，2010年。
③ 党寿山：《前凉姑臧城》，《陇右文博》2012年第1期，第46~51页。
④ 朱艳桐：《五凉时期姑臧城的扩建与城市形态》，《中国历史地理论丛》2016年第4期，第65~73页。
⑤ 朱艳桐：《姑臧城空间布局与五凉河西政治》，《敦煌学辑刊》2017年第2期，第55~63页。

杰著的《中国行政区划通史：十六国北朝卷》，此书是学界第一部对十六国北朝政区进行整体研究的专著。①牟发松在《北魏军镇起源新探》中，论证北魏军镇制形成的两种途径，一种是对十六国时期地方行政机构军镇化的继承，一种是北魏占领华北后，以拓跋宗室及部落酋帅率领其世代所统部落驻守于内外要冲，指出这也是五胡诸国控制占领区、实施民族统治的基本方式。②牟文将军镇制前身概括为："五胡诸国包括太武帝统一北方之前的北魏，主要是通过设置于少数民族聚居区或汉族地区的交通要冲、战略重地的军事据点，对所统治地区实行点的控制，平时以武力威慑，有事则出兵镇压。这些军事据点或曰军事化政区，就是军镇的前身"。文章还指出十六国时期的军镇化政区的两个显著特点："其一是军事管理性质；其二是民族统治性质。这与十六国时期所谓'胡族国家'的民族色彩和统治体制特征，即基于部族制的军政民政合一的军事化管理，基于民族对立的胡汉分治、胡胡分治的治理体系，有密切关联。"牟发松的《十六国北朝政区演变的背景、特征及趋势略论——以特殊政区为中心》一文，用"特殊政区"概念指称十六国地方行政制度中不同于郡县制的领民酋长、地方护军、军镇、地方行台等部落组织式或军事统制式的胡族特殊政区。③文章提出，与十六国北朝时期民族关系由对立到融合，政权由多边分裂走向统一趋势相应的是，不同于郡县制的领民酋长、地方护军、军镇、地方行台等部落组织式或军事统制式的胡族特殊政区在这一时期出现和消失。作者还对比了各种特殊政区的异同，分析了特殊政区存在的民族背景和制度渊源。牟氏上述两文是学界对十六国北魏军镇制、领民酋长、地方护军、军镇、地方行台等特殊地

---

① 周振鹤主编，牟发松、毋有江、魏俊杰著：《中国行政区划通史：十六国北朝卷》，上海：复旦大学出版社，2016年。

② 牟发松：《北魏军镇起源新探》，《社会科学》2017年第11期，第129~141页。

③ 牟发松：《十六国北朝政区演变的背景、特征及趋势略论——以特殊政区为中心》，《华中师范大学学报》（人文社会科学版）2017年第5期，第129~136页。

方行政制度颇具代表性的研究成果。王怀宥、祁玉成在《十六国时期的平凉郡考述》中认为，前秦在灭前凉后的建元十二年（376）至十三年（377）置平凉郡于高平。大夏赫连定将阴盘县从关中迁到陇东，作为平凉郡郡治。①平凉郡管辖范围由高平扩大到甘宁交接地带诸县区。仇鹿鸣的《侨郡改置与前燕政权中的胡汉关系》考订慕容皝侨立郡县在建兴二年（314），早于东晋。②慕容政权意图通过任用非本州人担任侨郡太守的措施，以削弱流民力量，但导致了汉人大族的叛乱。慕容皝在这种情况下，改侨郡为侨县，是为了进一步削弱汉人大族势力。侨郡改置反映了慕容政权内部复杂的胡汉关系，有助于我们更好地理解十六国北朝时期胡汉冲突与融合的历史进程。李椿浩的《试论羌族后秦之安定地区的地位及其变迁》一文，考察了安定在后秦崛起中的地位以及地方统治体系的变迁过程。③陈鹏、崔向东的《辽以前医巫闾地区行政建置述略》考察了前、后、北燕时期医巫闾地区的行政建制沿革。④李宇业在《四凉统治时期青海河湟地区郡县设置初探》中，提出四凉为巩固对河湟地区的统治，在这一地区广置郡县，对该地区的行政区划产生了深远影响。⑤

张敏在《自然环境变迁与十六国政权割据局面的出现》一文中认为，东汉末年以来的寒冷干燥期引起北方沙漠面积不断扩展，各游牧民族生存环境恶化，

---

① 王怀宥、祁玉成：《十六国时期的平凉郡考述》，《宁夏社会科学》2017年第3期，第185~189页。
② 仇鹿鸣：《侨郡改置与前燕政权中的胡汉关系》，《中国历史地理论丛》2007年4期，第94~99页。
③ 李椿浩：《试论羌族后秦之安定地区的地位及其变迁》，《中国历史地理论丛》2003年第3期，第11~17、157页。
④ 陈鹏、崔向东：《辽以前医巫闾地区行政建置述略》，《渤海大学学报》（哲学社会科学版）2017年第6期，第24~28页。
⑤ 李宇业：《四凉统治时期青海河湟地区郡县设置初探》，《内江师范学院学报》2013年第1期，第102~104页。

纷纷南迁，趁西晋内乱，夺取政权，导致了十六国割据局面的出现。①

姚乐野、段玉明在《论李氏据蜀与南中的关系》中论证南中的归属及其地方豪族的支持关乎李氏政权兴亡。②吴洪琳《试论十六国时期契吴山的地理位置》论证了学界契吴山及契吴城在统万城以北的观点。③吴洪琳在《十六国时期"岭北"考》中提出了一个较大的地理范围，认为岭北应包含九嵕山以西一直延伸至庆阳一线以北的地区。④牛敬飞的《十六国时期"岭北"地望综论》在总结各家之说和辨析史料的基础上，指出"岭北"是指"陇山以东、关中西北的泾河上游地区"。⑤牛敬飞不仅考察了岭北的范围，还揭示东汉魏晋以来岭北族群的内迁和杂处引起十六国诸政权对岭北的重视和军政建置。魏俊杰的《山西在十六国时期的战略地位》指出，十六国时期北方有长安和邺城两个核心区，而山西恰好位于两大核心区之间。⑥魏文认为十六国时期分裂割据局面的形成、持续和终结，山西都因为独特的战略地位而发挥了重要作用。杨荣春的《北凉疆域变迁考》主要考证北凉、大凉政权存在的六十四年中统辖疆域范围的变化情况。⑦黄寿成在《蒲坂与汉赵时期的战争》《蒲坂在前后秦时期的战略地位》中，

---

① 张敏：《自然环境变迁与十六国政权割据局面的出现》，《史学月刊》2003 年第 5 期，第 21~28 页。
② 姚乐野、段玉明：《论李氏据蜀与南中的关系》，《贵州民族研究》2004 年第 4 期，第 163~169 页。
③ 吴洪琳：《试论十六国时期契吴山的地理位置》，《中国历史地理论丛》，2005 年第 1 期，第 71~77 页。
④ 吴洪琳：《十六国时期"岭北"考》，《陕西师范大学学报》（哲学社会科学版），2006 年第 5 期，第 80 页。
⑤ 牛敬飞：《十六国时期"岭北"地望综论》，《西北民族论丛》2017 年第 2 期，第 63~78 页。
⑥ 魏俊杰：《山西在十六国时期的战略地位》，《山西档案》2014 年第 2 期，第 28~30 页。
⑦ 杨荣春：《北凉疆域变迁考》，《内蒙古社会科学》（汉文版）2016 年第 4 期，第 73~78 页。

分别考察了蒲坂因其特殊的军事地理价值而在十六国时期发挥的重要作用。①

七、思想文化

朱大渭的《儒家民族观与十六国北朝民族融合及其历史影响》一文认为，十六国北朝时期各民族统治者自觉实践儒家"用夏变夷""协和万邦"的民族理论，在当时民族融合的复杂形势下，表现出众多的趋同性，从而为隋唐盛世的出现奠定了基础。②胡祥琴在《民族政权构成与魏晋南北朝时期的胡汉融合》中分析了胡汉融合在民族政权构成上的四个表现：重视儒家文化、官吏构成上胡汉杂糅、遵循华夏礼仪官制、以史为鉴，指出这样的民族政权构成形式产生了两种效果：夷夏观念的调整和胡汉文化的进一步融合。③刘国石的《十六国时期少数民族学术与风俗习惯的汉化》一文，从经学、史学、诸子、文学等学术以及婚礼、丧礼、姓氏等风俗习惯两大方面，叙述了十六国少数民族的汉化情形，认为这一过程为北魏孝文帝改制奠定了基础。④邓乐群论文《北魏统一中原前十六国政权的汉化先声》则与以往学人多强调北魏孝文帝汉化成就不同，将十六国北魏史联系起来，认为十六国政权在民族族源上的寻根认同、政治制度

---

① 黄寿成：《蒲坂与汉赵时期的战争》，《许昌学院学报》2017 年第 1 期，第 9~12 页；《蒲坂在前后秦时期的战略地位》，《北朝研究》第八辑，北京：科学出版社，2017 年，第 63~73 页。

② 朱大渭：《儒家民族观与十六国北朝民族融合及其历史影响》，《中国史研究》2004 年第 2 期，第 37~64 页。

③ 胡祥琴：《民族政权构成与魏晋南北朝时期的胡汉融合》，《西北第二民族学院学报》（哲学社会科学版）2005 年第 1 期，第 80~83 页。

④ 刘国石：《十六国时期少数民族学术与风俗习惯的汉化》，《北华大学学报》（社会科学版）2005 年第 1 期，第 48~52 页。

上的华夏互化、治国思想上的德天相辅、经济上的以农为本、文化上的崇尚儒学几个方面上已经初步完成了汉化的历史使命，为日后的民族融合和隋唐盛世的到来做出了重要贡献。①陈德弟所撰《十六国北朝官府藏书活动述论》一文，从对图书文献的收集、典藏、管理、编目、流动、利用等方面叙述了十六国北朝的官府藏书活动。②彭丰文在《试论十六国时期胡人正统观的嬗变》一文中指出，十六国胡人正统观实现了两方面嬗变：一是突破了华夏正统观的束缚，将胡人纳入了五行次序所代表的正统序列；二是提升了中原正统观的地位，使中原地域因素超越民族因素，成为十六国北朝北方胡人认同王权正统地位的实质性标准。③这一嬗变是这一时期胡人实力壮大以及胡汉融合的结果，反映了少数民族对中国历史进程的影响和贡献。

汉赵、前秦思想文化研究。胡祥琴的《刘渊感生神话的历史形成》考证刘渊感生神话是传统汉文化多种因素综合的产物。④其《苻坚感生神话探源》一文考证苻坚感生神话是十六国时期政治舆论家根据大量儒家文化因素整合而成的产物，这种历史现象反映出少数民族吸收了汉族文化中的非理性因素。⑤作者指出苻坚感生神话只是十六国政治神话中一个缩影，从政治神话角度研究十六国历史文化是一个新视角。

四燕思想文化研究。郑小容在《慕容鲜卑汉化过程中所保留的本族文化》一文中，从管理制度、牧业、鲜卑语、婚姻等方面考察了慕容鲜卑汉化过程中

---

① 邓乐群：《北魏统一中原前十六国政权的汉化先声》，《清华大学学报》（哲学社会科学版）2006年第2期，第55~62页。
② 陈德弟：《十六国北朝官府藏书活动述论》，《图书馆工作与研究》2004年第3期，第40~42页。
③ 彭丰文：《试论十六国时期胡人正统观的嬗变》，《民族研究》2010年第6期，第67~74页。
④ 胡祥琴：《刘渊感生神话的历史形成》，《民族研究》2006年第1期，第87~89页。
⑤ 胡祥琴：《苻坚感生神话探源》，《贵族民族研究》2006年第1期，第67~72页。

对本族文化的保留,指出出现这种现象的原因在于汉族社会组织的封闭性和汉族文化本身的不统一。①周倩倩《从祥应管窥慕容前燕政权的汉化》一文,从前燕诸帝皆推崇祥应这一微观层面揭示了慕容鲜卑汉化的情况。作者抓住了儒家政治文化的重要理论天人感应说,让以小见大的研究具备了很强的说服力。②赵红梅的《前燕慕容廆君臣的华夷观》将慕容廆华夷观的转变分为四个阶段,点出了华夷之辨对前燕统治政策的影响。③赵红梅又在《"渐慕华风"至"尊晋勤王"——论慕容廆时期前燕的中华认同》一文中提出,前燕在慕容廆执政时期开始的对中华文化的认同,是慕容鲜卑能够崛起并在之后建立多个政权的重要原因。④赵红梅的《慕容鲜卑"中国"认同观念探讨——以前燕"中国"认同形式多样化为中心》,则从"燕"国号和五德之争的角度论述了慕容鲜卑具有复杂性和多样性的"中国认同"观念。⑤李海叶的《慕容氏龙城归葬习俗与民族融合》一文认为,五燕慕容鲜卑统治者长期保持龙城归葬习俗,是其努力维系民族性的主要政策,折射出了慕容氏曲折的民族融合过程。⑥李路、李德山在《十六国时期慕容鲜卑正统意识的演变》中,考察了慕容鲜卑利用汉文化对自身

---

① 郑小容:《慕容鲜卑汉化过程中所保留的本族文化》,《西南民族大学学报》(人文社科版) 2005 年第 2 期,第 302~308 页。

② 周倩倩:《从祥应管窥慕容前燕政权的汉化》,《敦煌学辑刊》2018 年第 4 期,第 132~140 页。

③ 赵红梅:《前燕慕容廆君臣的华夷观》,《学习与探索》2010 年第 5 期,第 279~282 页。

④ 赵红梅:《"渐慕华风"至"尊晋勤王"——论慕容廆时期前燕的中华认同》,《东北师大学报》(哲学社会科学版) 2009 年第 4 期,第 142~146 页。

⑤ 赵红梅:《慕容鲜卑"中国"认同观念探讨——以前燕"中国"认同形式多样化为中心》,《黑龙江社会科学》2017 年第 2 期,第 133~137 页。

⑥ 李海叶:《慕容氏龙城归葬习俗与民族融合》,《内蒙古师范大学学报》(哲学社会科学版) 2011 年第 3 期,第 89~93 页。

正统地位进行阐释的过程。①赵红梅的《向慕与吸纳：学校教育在游牧民族社会的推进——以前燕官学教育为例》《慕华风，易胡俗——前燕官学教育兴起的助推力》，着重分析前燕官学教育的发展及其对汉化的影响。②田立坤《三燕教育钩沉》则比较细致地考察了棘城和龙城时期三燕教育的发展情况。③

大夏思想文化研究。吴洪琳的《十六国时期铁弗匈奴的民族心态——以赫连勃勃为主》一文提出，大夏政权建立者在崛起和扩张过程中，一方面民族意识觉醒，将汉氏"刘"姓改为"赫连氏"胡姓，另一方面面对强势的汉文化又表现出自卑心理，采取了反汉化的措施，导致其灭亡。④

五凉思想文化研究。李智君在《五凉时期移民与河陇学术的盛衰——兼论陈寅恪"中原魏晋以降之文化转移保存于凉州一隅"说》一文中纠正学界对陈寅恪观点的误读，认为文化中心转移并非移民所带来的。⑤蔡丹君《乡里遗民社会与"五凉"文学物质的形成——西晋末年北方文学存续之一例》的核心观点是，凉州文学的主体是本州乡里著姓，而不是移民。⑥

---

① 李路、李德山：《十六国时期慕容鲜卑正统意识的演变》，《北华大学学报》（社会科学版）2018年第1期，第43~49页。

② 赵红梅：《向慕与吸纳：学校教育在游牧民族社会的推进——以前燕官学教育为例》，《学习与探索》2012年第4期，第157~160页；《慕华风，易胡俗——前燕官学教育兴起的助推力》，《哈尔滨工业大学学报》（社会科学版）2013年第3期，第115~119页。

③ 田立坤：《三燕教育钩沉》，《渤海大学学报》（哲学社会科学版）2014年第2期，第28~31页。

④ 吴洪琳：《十六国时期铁弗匈奴的民族心态——以赫连勃勃为主》，《陕西师范大学学报》（哲学社会科学版）2006第5期，第40~45页。

⑤ 李智君：《五凉时期移民与河陇学术的盛衰——兼论陈寅恪"中原魏晋以降之文化转移保存于凉州一隅"说》，《中国史研究》2006年第2期，第67~84页。

⑥ 蔡丹君：《乡里遗民社会与"五凉"文学物质的形成——西晋末年北方文学存续之一例》，《中国典籍与文化》2015年第2期，第9~20页。

八、宗教

介永强的《中古时期西北佛教译经文化区域考论》认为，汉译佛典的翻译绝大部分完成于中古时期。① 这一时期，西北地区形成了西域、河西、关中三大译经文化区，译经中心主要位于交通要道或都城附近。十六国时期在前、后秦君主的努力下，佛教翻译的中心从西域、河西转向关中。孙昌武的《十六国时期佛教与民族大迁徙大融合》考察了十六国时期佛教传播、建设、发展的成就，认为佛教在各民族间的传播和兴盛，促进了民族融合。② 吴洪琳在《中古时期的佛教与民族边界》中，探讨了中古时期佛教与民族边界的互动状况。③ 作者认为十六国北朝政权建立者通过支持佛教发展，以凸显其民族身份，但允许汉人信仰佛教，在宗教层面上弥合了胡、汉民族边界。北魏太武帝和北周武帝反佛是出于摆脱本民族印记、认同华夏的目的。隋唐时，困扰内迁胡族的胡、汉冲突与儒、释、道三教论争，得到了比较圆满的解决，佛教成为胡汉共同信仰，促进了共同民族意识的产生。

成汉宗教研究。曾维加《賨族与道教及大成国的关系探析》认为，成汉建立者李特、李雄为賨族，道教在精神信仰、社会组织和国家政治生活中，为成汉政权提供了重要指导。④

---

① 介永强：《中古时期西北佛教译经文化区域考论》，《中国历史地理论丛》2004年第4期，第56~65、159页。
② 孙昌武：《十六国时期佛教与民族大迁徙大融合》，《中华文史论丛》2008年第3期，第1~63页。
③ 吴洪琳：《中古时期的佛教与民族边界》，《思想战线》2016年第2期，第118~122页。
④ 曾维加：《賨族与道教及大成国的关系探析》，《中南民族大学学报》（人文社会科学版）2008年第1期，第47~51页。

后赵、前秦、后秦宗教研究。徐菲、丁宏武的《"澄以石虎为海鸥鸟"新解——兼谈佛图澄与石氏关系的意义及影响》认为，支道林用《庄子》中海人和海鸥鸟的典故来比喻佛图澄与诸石的关系，反映了支氏能深刻体会佛图澄与诸石交往中的艰难处境。①借此典故，支道林要强调的是"佛图澄若有异心，石氏也会察觉，与鸥鸟不同的是，石氏一旦察觉就会加害于佛图澄"，因此"佛图澄除了小心翼翼应付之外，还需极其巧妙艺术地把握彼此之间的分寸、力度与距离"。尚永琪的《鸠摩罗什译经时期的长安僧团》从长时段来考察西晋、十六国时期长安僧团的阶段性累积，重视考察不同时期长安"新""旧"僧团的融合以及与西域高僧的冲突。②姜涛《后秦佛教研究——以译经为中心》对后秦时期佛教的译经僧及其译经进行了全面的梳理与解读。③尚永琪的《西域幻术与鸠摩罗什之传教》注意到，鸠摩罗什在停留凉州的十七年中曾使用过幻术，认为其获得幻术知识的源头来自小乘学术体系中所谓的"杂学"。④另外，作者还探讨了敦煌文献中记载的罗什在长安时期实行的"纳镜于瓶""吞针"幻术，提出罗什使用两种幻术的原因分别在于使姚兴相信新译的《维摩经不思议品》中"芥子纳须弥"的法门、缓和僧团成员对其破戒娶妻的不满情绪，从而为我们认识罗什与后秦姚兴之间的关系，提供了迥异于传统主流僧史文献的说法。

四燕宗教研究。金成淑在《慕容鲜卑的佛教文化》中，全面回顾了佛教在慕容鲜卑的传播过程，并考察了佛教在政治和社会生活等各个领域广泛而深刻

---

① 徐菲、丁宏武：《"澄以石虎为海鸥鸟"新解——兼谈佛图澄与石氏关系的意义及影响》，《宗教学研究》2012年第2期，第145~148页。
② 尚永琪：《鸠摩罗什译经时期的长安僧团》，《学习与探索》2010年第1期，第215~223页。
③ 姜涛：《后秦佛教研究——以译经为中心》，兰州大学博士学位论文，2011年。
④ 尚永琪：《西域幻术与鸠摩罗什之传教》，《山西大学学报》（哲学社会科学版）2012年第5期，第24~34页。

的影响。①高然的《慕容燕国与佛教》探究了前后燕时期慕容鲜卑上层和民众佛教信仰的情况，并指出前燕灭亡到后燕复国，由于慕容德任职河西，使慕容氏对佛教的认识加深，慕容鲜卑宽容的宗教政策有利于佛教平和发展。②

　　五凉宗教研究。冯培红的《五凉的儒学与佛教——从石窟的早期功能谈起》，运用石窟研究五凉时期的儒学与佛教，其中石窟与儒学的联系是前人很少关注到的。③杨发鹏的《两晋南北朝时期河陇佛教地理研究》，表明五凉时期河陇地区佛教发展迅速，甚至影响了中国佛教的发展。④李智君在《五凉时期河陇禅法在东晋南朝的传播》一文中，探明五凉佛教对东晋南朝的影响，认为五凉佛教造像、写经的发展为艺术史的研究开辟了新的路径。⑤石塔引发了北凉宗教研究的热潮。殷光明的专著《北凉石塔研究》，对北凉石塔及其反映的北凉佛教情况进行了全面研究。⑥暨远志在《北凉石塔所反映的佛教史问题》中，通过研究北凉石塔的形制、构造、题材等现象，分析佛教传播和信仰情况，特点是对实物史料的运用非常充分。⑦安阳《北凉统治与高昌佛教》一文，详细分析了北凉统治高昌的十八年间对高昌佛教发展的重要推动作用。⑧彭建兵《论北凉沮渠氏的佛教功利主义态度》认为，沮渠蒙逊父子推崇佛教是出于利用佛教保证统

---

① 金成淑：《慕容鲜卑的佛教文化》，《文史哲》2005年第2期，第105~109页。
② 高然：《慕容燕国与佛教》，《北华大学学报》（社会科学版）2015年第1期，第68~71页。
③ 冯培红：《五凉的儒学与佛教——从石窟的早期功能谈起》，《兰州学刊》2006年第1期，第50~54页。
④ 杨发鹏：《两晋南北朝时期河陇佛教地理研究》，西北师范大学博士学位论文，2010年。
⑤ 李智君：《五凉时期河陇禅法在东晋南朝的传播》，《学术月刊》2010年第10期，第120~129页。
⑥ 殷光明：《北凉石塔研究》，台北：觉风佛教艺术基金会，2000年。
⑦ 暨远志：《北凉石塔所反映的佛教史问题》，《甘肃省敦煌研究会会议论文集》，2003年，第275~290页。
⑧ 安阳：《北凉统治与高昌佛教》，《敦煌学辑刊》2007年第4期，第206~210页。

治的功利主义态度,而非真正的虔诚信仰。① 彭建兵的《北凉时期敦煌民间杂密信仰问题考察——以北凉石塔为中心》指出,石塔反映出敦煌地区民间的杂密信仰非常流行。② 马兰《论北凉石塔造像中的南方因素》认为,北凉石塔的造像风格受到了南方佛像风格的影响。③ 杨荣春的《北凉高僧昙无谶研究》主要研究昙无谶在北凉传教的历程及他所取得的成就。④ 胡同庆在《东西方文化的碰撞、磨合和交融——敦煌北凉石窟佛教艺术文化内涵探析》一文中,分析了北凉石窟的艺术内涵,并与中西文化交流研究相结合。⑤

九、经济和人口

栾贵川的《十六国北朝时期黄淮海地区户口与劳动力考述》,研究十六国时期黄淮海地区的户口和劳动力状况。⑥ 陈琳国的《十六国时期的坞堡壁垒与汉人大姓豪族经济》一文认为,坞壁堡垒是在一定历史条件下自然经济和依附关系相结合的产物。⑦ 十六国时期大姓豪强的坞壁经济及依附关系的发展,对十六

---

① 彭建兵:《论北凉沮渠氏的佛教功利主义态度》,《乐山师范学院学报》2009年第7期,第71~73页。
② 彭建兵:《北凉时期敦煌民间杂密信仰问题考察——以北凉石塔为中心》,《敦煌学辑刊》2009年第4期,第140~146页。
③ 马兰:《论北凉石塔造像中的南方因素》,《中国美术研究》2016年第2期,第27~35页。
④ 杨荣春:《北凉高僧昙无谶研究》,《五台山研究》2017年第1期,第18~24页。
⑤ 胡同庆:《东西方文化的碰撞、磨合和交融——敦煌北凉石窟佛教艺术文化内涵探析》,《"丝绸之路与文明的对话"学术讨论会论文集》,2006年,第88~102页。
⑥ 栾贵川:《十六国北朝时期黄淮海地区户口与劳动力考述》,《中国社会科学院研究生院学报》2000年第4期,第41~49页。
⑦ 陈琳国:《十六国时期的坞堡壁垒与汉人大姓豪族经济》,《晋阳学刊》2007年第3期,第84~89页。

国封建化具有重要影响。陈琳国在《十六国时期的"军封"、"营户"与依附关系》一文中认为,十六国动乱时期依附关系继续发展。①汉赵、前燕、后燕、后秦营户的共同点是军营的将领荫占营户,营户是军营将领的依附民,不属于州郡。不同之处在于,前、后燕的营户是国家授予的,而后秦营户形成于乱世,事后被国家承认。十六国时期普遍存在营户,这种依附关系的新形式在改造内迁少数民族社会结构以及重塑少数民族面貌等方面产生了重要影响。乜小红的《略论〈俄藏敦煌文献〉中的两件十六国买卖券》对出土于吐鲁番地区的前秦建元年间的买婢券与买田券进行了考察。作者提出两券属于最早的纸质买卖券,与汉代相比,不仅发生了从简牍到纸质的变化,而且在内容上新出现了预防性文言、悔约处罚条款,强调私约性质,标志中国早期买卖券向中古演变的过渡,开创了北朝、高昌国买卖券契的新形态。②张桂凤《浅谈前燕时期的社会经济》、刘桂馨《试析后燕经济社会发展概况》,分别对前后燕的经济状况进行了研究。③刘成赞《三燕时期辽西地区农业发展述论》从历史基础、生态环境、人口增加、政府支持四个角度分析了三燕时期辽西农业发展的原因,利用考古发现考证三燕农业的发展情况,并分析了制约三燕农业发展的因素。④孙彦《试论魏晋十六国时期的农具与农业生产——以河西走廊墓葬壁画为例》从河西走廊墓葬壁画中所刻画的农具和农业生产的情形入手,印证了十六国时期远离战

---

① 陈琳国:《十六国时期的"军封"、营户与依附关系》,《华侨大学学报》(哲学社会科学版)2008年第1期,第92~99页。

② 乜小红:《略论〈俄藏敦煌文献〉中的两件十六国买卖券》,《中国经济史研究》2008年第2期,第70~78页。

③ 张桂凤:《浅谈前燕时期的社会经济》,《现代经济信息》2014年13期,第419~420页。
刘桂馨:《试析后燕经济社会发展概况》,《兰台世界》2017年第10期,第79~81页。

④ 刘成赞:《三燕时期辽西地区农业发展述论》,《安徽农业大学学报》(社会科学版)2018年第4期,第110~114页。

火的河西经济得到较好发展的历史事实。①贾小军在《十六国时期河西农牧经济的新发展》中认为,十六国时期河西经济有了两个方面的新发展:五凉政权立足河西农牧业,与外界发展经济交流;形成了河西城市群。②杨际平的《谈北凉时期高昌郡的计赀、计口出丝与计赀配养马》一文,考察了北凉征税的详细情况。③贾小军的《"掳掠"在五凉历史中的作用与地位》认为,掳掠是五凉政权重要的敛财方式,在诸凉政权中具有普遍性。④贾小军《五凉时期河西著姓经济发展略论》,研究了大族在河西经济中的重要地位。⑤杨彦红的《五凉时期河西的手工业》、杨荣春的《北凉手工业研究——兼论北凉的经济贸易》两篇文章,利用出土文书和文物,肯定了五凉手工业发展和贸易活动繁盛的历史事实。⑥高宏、陈英《论五凉时期河西农业的开发》认为,五凉政权出于军事和政治目的的农业开发大大推动了河西地区农业的发展。⑦王希隆在《魏、晋、前凉西域屯田述论》中以屯田为中心,把传世史料与出土文书相结合,对前凉的西域管理

---

① 孙彦:《试论魏晋十六国时期的农具与农业生产——以河西走廊墓葬壁画为例》,《农业考古》2008年第4期,第151~155页。

② 贾小军:《十六国时期河西农牧经济的新发展》,《河西学院学报》2008年第1期,第15~17页。

③ 杨际平:《谈北凉时期高昌郡的计赀、计口出丝与计赀配养马》,《西北师范大学学报》(社会科学版)2014年第2期,第57~63页。

④ 贾小军:《"掳掠"在五凉历史中的作用与地位》,《甘肃农业》2006年第6期,第278~279页。

⑤ 贾小军:《五凉时期河西著姓经济发展略论》,《甘肃农业》,2006年第9期,第148页。

⑥ 杨彦红:《五凉时期河西的手工业》,《河西学院学报》2016年第3期,第54~59页。
   杨荣春:《北凉手工业研究——兼论北凉的经济贸易》,《新疆大学学报》(哲学·人文社会科学版)2018年第2期,第60~70页。

⑦ 高宏、陈英:《论五凉时期河西农业的开发》,《甘肃农业》2000年第7期,第14~15页。

和屯田制度进行了考述。①杨荣春的《十六国时期高昌郡的度量衡——以吐鲁番出土文书为中心》,以吐鲁番出土文书为中心,考察了十六国政权前凉、前秦、后凉、西凉、北凉时期高昌郡的度量衡单位、进制关系、量制标准等,认为高昌郡的度量衡制从中原汉制。②

关于货币、币制的研究。刘驰《十六国时期的金属货币》指出过去认为十六国时期北方基本不使用钱币的观点有误,因为已知在其中十二政权中曾程度不同地流通过铜钱。③钱币还扮演着境内外商品交换的媒介。金银在大额交易以及政权间交易中,仍具有一定的货币功能。河西地区流通的外国金银币,应该得到研究者更多的关注。夏泽《略论前凉的商品货币政策》提出,前凉政权前期铸造货币、免除关税的经济政策推动了河西商业发展,后期经济政策改变,商品经济也走向衰落。④赵向群、张琳在《张轨铸钱说质疑——兼论前凉货币环境及"凉造新泉"铸造时代》一文中,对张轨铸造"凉造新泉"说提出质疑,认为其可能为沮渠蒙逊所铸。⑤

关于人口的研究。周蜀蓉的《成汉前期巴蜀之民外流及其影响》一文认为,成汉初创之时,巴蜀之民大规模地外逃,导致该地人口减少、社会经济文化遭

---

① 王希隆:《魏、晋、前凉西域屯田述论》,《西域研究》2013年第3期,第1~9、154页。
② 杨荣春:《十六国时期高昌郡的度量衡——以吐鲁番出土文书为中心》,《求索》2014年第9期,第143~148页。
③ 刘驰:《十六国时期的金属货币》,《中国史研究》2010年第4期,第107~128页。
④ 夏泽:《略论前凉的商品货币政策》,《甘肃省钱币学会会议论文集》,2001年,第79~82页。
⑤ 赵向群、张琳:《张轨铸钱说质疑——兼论前凉货币环境及"凉造新泉"铸造时代》,《西北师范大学学报》(社会科学版)2005年第2期,第62~67页。

到破坏，同时也对流徙之地的社会秩序和经济造成了极大破坏。①杨龙《试论十六国时期前燕的人口管理》认为，前燕在人口管理上能够审时度势，采取灵活的措施，吸引了大批流民和华北士族归附，促进了前燕势力的壮大。②同时通过侨郡改置、迁徙地方豪族加强了中央集权，巩固了对地方社会的控制。河西移民的考察，丁柏峰的《西晋末年人口大迁徙对"五凉"政权的影响》指出，五凉政权推行"保境安民"的国策，吸引了大批因战乱流离的中原移民，促进了河西地区经济、文化的发展。③张露的《魏晋十六国时期迁入武威地区移民及社会影响研究》重点研究武威地区，对五凉时期该地移民的情况和由此带来的社会变化进行了考论。④薛海波、郭艳平《试论4世纪前期慕容燕政权统治下的胡汉流民群体》，主要论述慕容政权对胡汉流民依据不同民族特点施行各异的统治策略。⑤

十、史料批判和整理

近年来学人提倡的史料批判和历史书写，为十六国史研究提供了新问题和新视角。其中代表性的有胡鸿的《十六国的华夏化："史相"与"史实"之间》，

---

① 周蜀蓉：《成汉前期巴蜀之民外流及其影响》，《成都大学学报》（社会科学版）2004年第1期，第56~59页。

② 杨龙：《试论十六国时期前燕的人口管理》，《东北史地》2008年第4期，第32~36页。

③ 丁柏峰：《西晋末年人口大迁徙对"五凉"政权的影响》，《青海师范大学学报》（哲学社会科学版）2000年第4期，第68~71页。

④ 张露：《魏晋十六国时期迁入武威地区移民及社会影响研究》，西北师范大学硕士学位论文，2015年。

⑤ 薛海波、郭艳平：《试论4世纪前期慕容燕政权统治下的胡汉流民群体》，《东北史地》2008年第6期，第52~54页。

重点论述了十六国国史在塑造五胡诸君主华夏正统形象中的"模式化叙述",并指出这种经过润色的"史相"与"史实"存在一定差距,反映了十六国君主积极利用华夏资源实现自我华夏化的努力。①李磊《〈华阳国志〉成汉史叙事中的"晋朝认同"》一文,探讨了常璩在《华阳国志》中成汉史的编撰体系和立场,认为体现了以晋朝为正统和认同两晋门阀统治秩序的观念。常璩按东晋士风阐述李雄之"雅谈";在叙述成、汉易代时,着力发扬蜀中士人的道义担当,则反映了他对士大夫阶层的精神认同要高于政治与地域认同。②

陈勇《〈敦煌秘笈·十六国春秋〉考释》一文,针对日本杏雨书屋刊发的《敦煌秘笈·十六国春秋》记淝水战后慕容垂脱离苻坚称王复燕事,③利用《秘笈》原文、参考日本五胡会《五胡十六国霸史辑佚》中相关释文,逐条进行了考释。陈勇认为,《秘笈》既不是崔鸿《十六国春秋》,也不是唐修《晋书》,而是根据范亨《燕书》、萧方《三十国春秋》等十六国国别史汇集、改写而成的新文本,成文在崔鸿之后,其独家保存的文字,在反证出现之前,可以作为史料使用,对传世的各种十六国文献,则是重要的补充。

十六国史料匮乏,是研究者所面临的共同困境。魏俊杰《十六国文献研究》首次以十六国文献为专题探讨其史源、流传和整理情况。④关于十六国史料,目前学界比较倾向于认为明人屠乔孙本《十六国春秋》是对十六国史料的辑佚之作,但遗憾的是未能注明史料出处。郭娜《屠本〈十六国春秋〉(前秦)史料探源》和娄冬梅《屠本〈十六国春秋〉史料探源(后秦、夏及成汉)》,二人以时

---

① 胡鸿:《十六国的华夏化:"史相"与"史实"之间》,《中国史研究》2015年第1期,第135~162页。
② 李磊:《〈华阳国志〉成汉史叙事中的"晋朝认同"》,《西南民族大学学报》(人文社科版)2017年第10期,第30~37页。
③ 陈勇:《〈敦煌秘笈·十六国春秋〉考释》,《民族研究》2014年第2期,第74~85页。
④ 魏俊杰:《十六国文献研究》,上海师范大学硕士学位论文,2009年。

间为序，逐条为屠本找史料源头。①经过统计，作者发现屠本所载史料，绝大多数能在《晋书》《魏书》《资治通鉴》《太平御览》中找见。此外，学者指出"屠本所辑部分内容不见于今存文献的，应该就是崔鸿所撰原始文字"。②若能结合已知史实，论证这些未知出处的史料的真实性，屠本就可为十六国史研究提供一些有益的史料。陈勇在2010年、2015年先后出版《〈资治通鉴〉十六国资料释证：汉赵、后赵、前燕国部分》《〈资治通鉴〉十六国资料释证（前秦、后秦国部分）》，他将《通鉴》所记汉赵、后赵、前燕、前秦、后秦相关资料全部辑出，发现《通鉴》独家保存的史料数字非常可观，并与《晋书》载记、《魏书》《太平御览》所引崔鸿《十六国春秋》、汤球《十六国春秋辑补》等文献，进行了比较，考证异同、辨别真伪，为汉赵、后赵、前燕、前秦、后秦研究提供了一种基础性资料。③在此基础上，学人若能利用陈勇上述方法对汉赵、后赵、前燕、前秦、后秦之外的十六国史料进行梳理，就可以整体上为十六国史研究者提供便利。季文静《〈凉州记〉文献研究》对散佚的后凉史书《凉州记》进行整理与研究，便于后凉史研究的进一步开展。④

---

① 郭娜：《屠本〈十六国春秋〉（前秦）史料探源》，东北师范大学硕士学位论文，2008年；娄冬梅：《屠本〈十六国春秋〉史料探源（后秦、夏及成汉）》，东北师范大学硕士学位论文，2008年。

② 汤勤福：《关于屠本〈十六国春秋〉真伪的若干问题》，《求是学刊》2010年第1期，第125~130页。

③ 陈勇：《〈资治通鉴〉十六国资料释证：汉赵、后赵、前燕国部分》，北京：中国社会科学出版社，2010年；《〈资治通鉴〉十六国资料释证（前秦、后秦国部分）》，北京：中国社会科学出版社，2015年。

④ 季文静：《〈凉州记〉文献研究》，东北师范大学硕士学位论文，2015年。

十一、考古资料整理与研究

十六国时期关中地区考古有一些突破性发现,刘卫鹏、岳起《咸阳平陵十六国墓清理简报》报告了咸阳市秦都区平陵乡古墓位置、形制、随葬器物,推断是十六国前、后秦时期的墓葬。[①]为研究这一时期墓葬制度、生活习俗和服饰文化提供了丰富的实物资料。岳起、刘卫鹏《关中地区十六国墓的初步认定——兼谈咸阳平陵十六国墓出土的鼓吹俑》一文,从形制、墓葬人数、器物、对后世的影响四个方面总结了十六国时期关中墓葬特征,并推断关中是鼓吹俑的重要起源地之一。[②]谢高文《陕西咸阳市文林小区前秦朱氏家族墓的发掘》,根据墓砖上所刻建元十四年(378)并结合汉魏以来盛行家族墓的情况,断定文林小区墓为前秦朱氏家族墓。[③]该家族墓以死葬先后顺序排列,墓葬埋藏较深,是具有一定政治权力和经济基础的家族才能做到的,再联系出土器物中的牛车、鞍马、侍俑乃是高官贵族身份象征,作者推断墓主是东汉以来的新兴名门望族。这批墓葬是西安地区首次发掘年代明确的前秦墓葬,对关中地区十六国时期的墓葬断代起到了标尺作用。韦正《关中十六国考古的新收获——读咸阳十六国墓葬简报札记》,探讨了关中十六国墓与本地区前后时代墓葬的关系。[④]作者认为十六国墓葬出现了附葬墓室、武装俑群等新现象,此外主要大量继承了东汉魏晋墓葬特点,从侧面证明了这个地区世家大族经济和文化势力的稳固。但作

[①] 刘卫鹏、岳起:《咸阳平陵十六国墓清理简报》,《文物》2004年第8期,第4~28页。

[②] 岳起、刘卫鹏:《关中地区十六国墓的初步认定——兼谈咸阳平陵十六国墓出土的鼓吹俑》,《文物》2004年第8期,第41~53页。

[③] 谢高文:《陕西咸阳市文林小区前秦朱氏家族墓的发掘》,《考古》2005年第4期,第40~63页。

[④] 韦正:《关中十六国考古的新收获——读咸阳十六国墓葬简报札记》,《考古与文物》2006年第2期,第60~64页。

者也指出在北魏控制关中后，墓葬特点中的东汉魏晋因子便消除了。这种原因为何，还需学界进一步探讨。罗新对宁夏固原博物馆所藏梁阿广墓志进行考释，他的《跋前秦梁阿广墓志》一文认为，梁阿广是曹魏时期迁徙到西川来的休屠胡后裔，还提出研究者常常把其他北族梁氏以及华夏旧有的梁氏与安定西川休屠胡梁氏混淆，是不够谨慎的表现。① 但罗新也承认安定郡恰好有望族梁氏，对西川休屠胡梁氏在北朝的社会变动中逐渐隐藏其真实部族面貌，攀附高门梁氏，以加速华夏化进程，很可能是一个有利条件。文章重点探讨了梁阿广"领民酋长"的身份，并联系《广武将军□产碑》中的部大、酋大等身份辨析，认为部大、酋大并不是马长寿先生所认为的不同民族传统的产物，而是早已被前秦纳入官僚制度秩序之内，具有反映官阶、权力、利益和合法性的政治功能。梁阿广及后继者统治西川休屠胡部族的合法性，将不再来自该部族的传统，而来自前秦国家。作者推断前秦的领民酋大极有可能是北魏领民酋长制度的渊源，并提出在研究北魏带有北族特征制度时，除了从拓跋鲜卑的部族传统寻找源头，还要注意从十六国历史中寻找。这一结论是否能站住脚，还有待日后新史料的发现来论证，但作者从十六国历史中寻找北魏相关制度源头的研究思路，值得学人借鉴。西安市文物保护考古研究院《陕西西安洪庆原十六国梁猛墓发掘简报》，通过对墓葬形制、随葬器物以及墓中铭文砖等研究，认为安定梁猛墓属于十六国时期五胡政权内汉人世家大族的墓葬。② 辛龙《关中地区十六国墓葬年代问题的再研究》对1953年至2011年间发掘的三十余处关中地区十六国墓的年代问题进行了再讨论。③

吐鲁番地区在十六国时期大都受到中原或河西政权的直接管辖，其地出土的文书以及挖掘的墓葬对十六国史研究具有重要的推动作用。韦正《试谈吐鲁

---

① 罗新：《跋前秦梁阿广墓志》，《出土文献研究》第八辑，上海：上海古籍出版社，2007年。
② 西安市文物保护考古研究院：《陕西西安洪庆原十六国梁猛墓发掘简报》，《考古与文物》2018年第4期，第42~52页。
③ 辛龙：《关中地区十六国墓葬年代问题的再研究》，《考古与文物》2018年第4期，第110~117页。

番几座魏晋、十六国早期墓葬的年代和相关问题》认为，发掘报告将1972年发掘的阿斯塔那M148、M233和2004年发掘的阿斯塔那西区M408和M409四座墓年代推定较晚，作者重新进行了辨别。①王乐、朱桐莹《阿斯塔那Ast.vi.4号墓出土的两件木俑——十六国时期服饰研究》，通过对同时期出土实物的分析比较，认为女俑服饰为晋十六国时期典型款式，推断出女俑上衣、裙装的形制及面料的制作，进行了图像复原。②荣新江《吐鲁番新出〈前秦建元二十年籍〉研究》对前秦建元二十年（384）高昌郡高宁县都乡安邑里籍记录的内容，进行了逐条考释。③这是目前所见纸本书写的最早户籍，也是敦煌吐鲁番文书中现在所知最早的户籍，为学界认识十六国时期高昌郡的户籍面貌提供了极其直观的实物资料。作者认为户籍中没有关于土地面积、四至和奴婢的详细记载，原因应当是田地和奴婢作为一户财产是可以随时转手的。另外，作者还复原了前秦户籍的标准格式。毛秋瑾的《官方与佛教写经——以敦煌吐鲁番写本为中心》认为，北凉沮渠氏重视翻译佛经，参与供养写经。④刘景云《西凉刘昞注〈黄石公三略〉的发现》介绍了《俄藏敦煌文献》手抄本夹注残卷《黄石公三略》的情况及其价值。⑤张荣强《〈前秦建元籍〉与汉唐间籍账制度的变化》对文书重新

---

① 韦正：《试谈吐鲁番几座魏晋、十六国早期墓葬的年代和相关问题》，《考古》2012年第9期，第60~68页。
② 王乐、朱桐莹：《阿斯塔那Ast.vi.4号墓出土的两件木俑——十六国时期服饰研究》，《考古与文物》2019年第2期，第89~94页。
③ 荣新江：《吐鲁番新出〈前秦建元二十年籍〉研究》，《中华文史论丛》2007年第4期，第1~30页。
④ 毛秋瑾：《官方与佛教写经——以敦煌吐鲁番写本为中心》，《艺术学研究》2007年，第226~261页。
⑤ 刘景云：《西凉刘昞注〈黄石公三略〉的发现》，《敦煌研究》2009年第2期，第82~87、123页。

进行了过录，订正了原释文的若干处错误，考察了造籍日期与财政制度、籍贯书式与造籍制度、户籍文书类型与功用转变等问题。① 姜守诚《新获北凉"缘禾二年"冥讼文书考释》一文，考释了吐鲁番出土的北凉冥讼文书，并研究其背后的宗教因素。② 丁树芳《〈前秦建元二十年籍〉补说》对学界有争议的造籍年限、造籍目的及第三栏的财产登记情况进行了考析。③ 陈国灿《〈北凉高昌郡高宁县条次烽候差役更代薄〉考释》，通过差役文书，揭示出北凉时期高昌郡存在的一条与内地联系的交通干线的烽候警报系统。④ 杨荣春的《吐鲁番出土〈北凉神玺三年（公元三九九年）仓曹贷粮文书〉研究》，细致梳理了文书内容，并通过文书对北凉制度与统治策略等提出了新见。⑤ 王丁《北凉写本〈金光明经〉题记的释读》对吐鲁番经卷进行了释读。⑥

关于五凉河西其他考古发现的研究。贾小军、武鑫著有《魏晋十六国河西镇墓文、墓券整理研究》，全书分上、下卷。上卷对河西地区目前所见的魏晋十六国时期的八十九例镇墓文和三十九例墓券、衣物疏、名簿、铭旌等进行了系统整理，下卷对镇墓文、墓券中的图文资料进行了对比研究，并探索了其中

---

① 张荣强：《〈前秦建元籍〉与汉唐间籍账制度的变化》，《历史研究》2009年第3期，第16~38页。
② 姜守诚：《新获北凉"缘禾二年"冥讼文书考释》，《鲁东大学学报》（哲学社会科学版）2010年第6期，第72~77、91页。
③ 丁树芳：《〈前秦建元二十年籍〉补说》，《敦煌学辑刊》2013年第4期，第78~85页。
④ 陈国灿：《〈北凉高昌郡高宁县条次烽候差役更代薄〉考释》，《吐鲁番学研究》2013年第2期，第1~9页。
⑤ 杨荣春：《吐鲁番出土〈北凉神玺三年（公元三九九年）仓曹贷粮文书〉研究》，《敦煌学辑刊》2014年第4期，第69~79页。
⑥ 王丁：《北凉写本〈金光明经〉题记的释读》，《世界宗教研究》2016年第6期，第61~63页。

隐藏的社会历史信息，揭示了此一时期河西民众生产、生活状况及丧葬习俗。①张俊民《武威旱滩坡十九号前凉墓出土木牍考》重新审读墓中出土的几块木牍，认为木牍性质是衣物疏，并对其中所记内容反映的墓主人身份和生活年代做了深入研究，对前人观点有所斧正。②贾小军《河西出土魏晋十六国文献纪年信息申论》一文，通过出土文献中的纪年信息，反映普通民众对河西政权的认同情况。③甘肃省文物考古研究所《甘肃酒泉侯家沟十六国墓地发掘简报》，报告了墓葬发掘情况和出土器物，并推断为十六国时期前凉墓。④寇克红的《高台骆驼城前凉墓葬出土衣物疏考释》，认为骆驼城前凉夫妻合葬墓出土的木牍两方，内容为衣物疏。作者考释了衣物疏中记载的墓主人陪葬服饰和生活用品，并通过这些内容观察前凉相关政治背景和社会生活状况。⑤李建平《关于〈高台骆驼城前凉墓葬出土衣物疏考释〉的几个问题》与寇克红商榷衣物疏释文的部分内容，让衣物疏所载内容的真实内涵更加明确。⑥王元林《前凉道符考释》考证安西县墓葬所出镇墓符年代为前凉张茂建兴年间，解释了道符内容，并通过其中记载

---

① 贾小军、武鑫：《魏晋十六国河西镇墓文、墓券整理研究》，北京：中国社会科学出版社，2017年。
② 张俊民：《武威旱滩坡十九号前凉墓出土木牍考》，《考古与文物》2005年第3期，第73~77页。
③ 贾小军：《河西出土魏晋十六国文献纪年信息申论》，《敦煌研究》2016年第5期，第106~112页。
④ 甘肃省文物考古研究所：《甘肃酒泉侯家沟十六国墓地发掘简报》，《考古与文物》2016年第2期，第24~30页。
⑤ 寇克红：《高台骆驼城前凉墓葬出土衣物疏考释》，《考古与文物》2011年第2期，第88~94页。
⑥ 李建平：《关于〈高台骆驼城前凉墓葬出土衣物疏考释〉的几个问题》，《考古与文物》2015年第4期，第70~72页。

研究了道教在河西地区的传播情况。①吕博《释"搔囊"——读高台骆驼城前凉木牍札记之一》考释了骆驼城墓葬中"紫搔囊"和"早搔囊"两词条，并深入研究了其中体现的"礼""俗"观念在河西地区的影响。②

关于辽东、辽西地区的考古研究。上个世纪五六十年代，朝阳地区慕容鲜卑遗迹的发掘带动了辽宁地区三燕文化研究的发展，田立坤等人在20世纪后期就提出"三燕文化"的概念。③21世纪以来，三燕遗迹的考古仍在进行，三燕文化研究有越来越多学者参与，研究内容更加细化，并注重与高句丽文化之间的交流。辽宁省博物馆出版了《北燕冯素弗墓》，是冯素弗及其妻属墓的考古发掘报告，其葬制和出土遗物形制反映了慕容鲜卑和汉文化两种文化的特点。④万欣《辽宁北票喇嘛洞墓地1998年发掘报告》介绍了三燕文化为主的大型墓葬，喇嘛洞墓地的情况。⑤杜守昌等的《辽宁朝阳县土城子两座前燕墓》一文，推断其可能为前燕戍卒墓地的两座墓。⑥陈山《喇嘛洞墓地三燕文化居民人骨研究》从体质人类学入手，分析了三燕文化居民的族属和社会角色等问题。⑦田立坤《三燕文化马具装饰纹样研究》一文，系统研究了三燕马具装饰的分类、布局、渊源和流变过程，发掘了三燕文化的新内容。⑧王飞峰《三燕瓦当研究》对三燕

---

① 王元林：《前凉道符考释》，《文物》2011年第4期，第49~52、77页。

② 吕博：《释"搔囊"——读高台骆驼城前凉木牍札记之一》，《敦煌学辑刊》2012年第2期，第118~127页。

③ 即前燕、后燕、北燕。见田立坤：《三燕文化遗存的初步研究》，《辽海文物学刊》1991年第1期，第90~97页。

④ 辽宁省博物馆编著：《北燕冯素弗墓》，北京：文物出版社，2015年。

⑤ 万欣：《辽宁北票喇嘛洞墓地1998年发掘报告》，《考古学报》2004年第2期，第209~242、249~262页。

⑥ 杜守昌等：《辽宁朝阳县土城子两座前燕墓》，《北方文物》2015年第2期，第14~16、19页。

⑦ 陈山：《喇嘛洞墓地三燕文化居民人骨研究》，吉林大学博士学位论文，2009年。

⑧ 田立坤：《三燕文化马具装饰纹样研究》，《辽宁博物馆馆刊》2012年，第103~122页。

瓦当的认定、类型、演变和年代提出了新的看法。① 田立坤的《吉林珲春发现的燕系瓦当之背景》，通过瓦当证明，前燕灭亡后曾被其征服的夫余有一部分人返回故地，成为高句丽的附庸。② 王冬冬的《三燕龙城城市规划之初步研究》，运用三燕故都龙城遗址的考古发现，对龙城的城市规划进行了研究。③ 吴珍锡的《三燕墓葬随葬陶器组合的演变及其反映的社会形态转变》，则从陶器的演变研究三燕生活方式从游牧到农耕的转变过程。④

关于慕容鲜卑与高句丽交流的研究，有吴珍锡《三燕文化及其与高句丽、朝鲜半岛南部诸国文化交流的考古学研究》，从考古学的角度详细研究了三燕文化遗存，并根据考古发现的比较研究，分析了三燕文化与周边各国的交流情况。⑤ 孙颢《高句丽与慕容鲜卑关系解读——以陶器为视角》一文，通过对高句丽与三燕文化出土的陶器器形考察，发现高句丽陶器受到了三燕文化的影响，认为是双方在辽东地区旷日持久的战争促进了文化的交流。⑥ 王宇、苏军强、柏艺萌《辽西地区慕容鲜卑汉化的考古学观察》、田野《辽西慕容鲜卑墓葬所反映的鲜卑汉化》，两文利用墓葬遗存的风格分析慕容鲜卑的汉化情况。⑦

---

① 王飞峰：《三燕瓦当研究》，《边疆考古研究》2012年第2期，第295~313页。
② 田立坤：《吉林珲春发现的燕系瓦当之背景》，《学问》2016年第6期，第25~29页。
③ 王冬冬：《三燕龙城城市规划之初步研究》，《辽宁省博物馆馆刊》2015年，第23~27页。
④ 吴珍锡：《三燕墓葬随葬陶器组合的演变及其反映的社会形态转变》，《北方文物》2015年第3期，第28~33页。
⑤ 吴珍锡：《三燕文化及其与高句丽、朝鲜半岛南部诸国文化交流的考古学研究》，吉林大学博士学位论文，2017年。
⑥ 孙颢：《高句丽与慕容鲜卑关系解读——以陶器为视角》，《北华大学学报》（社会科学版）2014年第6期，第63~65页。
⑦ 王宇、苏军强、柏艺萌：《辽西地区慕容鲜卑汉化的考古学观察》，《辽宁省博物馆馆刊》2016年，第106~119页；田野：《辽西慕容鲜卑墓葬所反映的鲜卑汉化》，《文物鉴定与鉴赏》2017年第3期，第104~106页。

还有朝鲜德兴里幽州刺史墓的相关研究。朴真奭的《关于德兴里墓志铭主人公镇的生平》反驳了志主为高句丽幽州刺史说，认为其应为十六国时期某个王朝的幽州刺史，很可能属于前燕或后燕。[①]孙泓的《幽州刺史墓墓主身份再考证》对墓主身份做了进一步考证，认为其应为前燕慕容皝时期的幽州刺史。[②]

结　语

综上所述，近二十年来中国大陆十六国史研究取得了颇为丰硕的成果，包括十六国国别史和地域政权史、政治、制度、政权间关系、都城、历史地理、思想文化、佛教、经济人口、史料批判和整理、考古几大方面。

十六国国别史专著新增后赵、后秦、大夏三个政权，地域政权史中以往不被学人注意的四燕政治体研究取得了重要进展。政治史方面，仍然是十六国研究的热门，尤以汉赵、前后秦、四燕政治史研究取得的成果最引人注目。与以往多将民族视为这一时期历史的行动主体不同，近来学者注意到十六国政权均不是由单一族群构成的，同一族群也常处于对抗地位，因此认为这一时期历史活动的主体是具有一定政治组织、由政治关系构成的政治体。即不再将十六国时期的族群看作具有历史性的血缘共同体，而是将他们视作统治政策下人群划分的产物。在研究方法上出现了一些新的转向，如改变了以往汉族本位视角，注重从胡人的立场考察问题，并且关注胡人政权正统性传承关系以及对华夏文化的影响；摆脱了传统上单纯的胡、汉二分，关注胡、胡关系在权力结构中的作用；重视胡人在华夏进程中面临的困境以及运用华夏制度走出困境的具体措

---

① 朴真奭：《关于德兴里墓志铭主人公镇的生平》，《朝鲜·韩国历史研究》2009年，第1~22页。

② 孙泓：《幽州刺史墓墓主身份再考证》，《社会科学战线》2015年第1期，第117~126页。

施；受民族认同学说的影响，从长时段考察族群相关概念的演变；关注政权合法性建设、重大政治事件等问题。这些方法的创新带动十六国政治史研究主题的拓展和研究内容的不断细化与深化，也为以后的研究开辟了新路径。

制度方面，在官制、法制研究等方面取得了重要成果。都城研究领域，尤其是对统万城、长安城的考古发掘以及研究上取得了进步。历史地理方面，对地方行政制度以及"特殊政区"的探讨取得了令人瞩目的成就。宗教方面，对十六国时期长安僧团以及译经的研究、对五凉尤其是北凉石塔所反映的佛教信仰问题取得了重要成果。经济上，尤以对河西地区手工业、农牧业、屯田、征税、货币等问题研究的系列成果值得关注。史料批判和整理方面取得了一定成绩，还有继续研究的空间，可以利用陈勇的方法对汉赵、后赵、前燕、前秦、后秦之外的十六国史料进行梳理。此外，还要加强对屠本史源问题进行考订。考古方面取得的成就，表现在对21世纪新出材料的整理和对以往旧出土文物的深入研究上。尤其是对关中十六国墓葬的发掘、清理以及对形制和葬器物所反映的政治社会信息的考察，对吐鲁番文书所反映的户籍、交通、服饰等情况的揭示，对河西遗迹中墓券、镇墓文、衣物疏等所反映的河西民众生活生产和丧葬习俗的探究，对辽东辽西墓葬中反映的三燕文化及其与周边其他民族文化交流融合情况的分析。总体而言，学界在十六国史研究中对考古成果的运用并不充分，还有进一步开掘的空间。

新世纪的十六国史研究尽管成果丰硕，但在数量的繁荣之下仍隐藏着一些问题。学者之间缺乏交流与互动，部分学者提出的新议题、发现的新角度没有得到足够的重视，并未被广泛运用。十六国政权整体性研究不多，大多着眼于各政权的单一发展轨迹，整合式的共性研究较少，虽然十六国政权由于地域、族群存在时间上的差异而各具特点，但其中地方割据、少数民族主体、周边关系复杂等共同点使其具备了从宏观视角进行研究的可能。相信在学者们的共同努力下，十六国史研究将会取得更辉煌的成就。

南朝高等级墓葬[①]研究述评[*]

莫 阳

通常我们会将古代墓葬视为一种综合的研究对象,一座墓葬从设计到营建的过程中,广泛涉及物质文化、社会礼俗和人的观念等诸多方面。正是这样,墓葬研究汇集了多学科的关注。材料本身所具有的综合性与研究的多层面、多角度之间错综复杂的关系,值得进一步思考。

一个有趣的现象是,当学者提到墓葬时,往往是指一座墓葬深埋地下的部分。的确,墓室在葬礼结束后就被封存起来,如果机缘巧合下被考古学家所揭露,那么便能获得一个无比珍贵的历史现场。但人们经常忽略墓葬是包含地上墓园到地下墓室的整体,只是地上的部分多已湮灭不存,难以观察到物质实体。但是,将地上、地下的材料综合考虑,显然更有助于对墓葬整体的复原。

南朝高等级墓葬的情况却有所不同。这些属于南朝皇帝和诸王的陵墓,使

---

[*] 本文为国家社会科学基金项目《城市考古视野下的南北朝墓葬研究》(批准号:19CKG009)阶段性研究成果。

[①] 本文所述南朝高等级墓葬主要是指在南京及丹阳地区发现的属于南朝时期的帝陵、王陵及皇室成员墓葬。这类墓葬在地面往往使用大型陵墓石刻,其墓室也有较为统一的形制。

用大型成组石刻——石兽、石柱和石碑，它们两两相对，标示出气势宏伟的神道。曾经被严格管理的墓园，随着政权的覆灭早已毁废，但这些体量巨大的石刻却得以保留在丘墟之间。它们矗立地表千年之久，很早便引起学者的关注，不断被记录和阐释。在这个漫长的过程中，陵墓似乎只存在地上一个维度。

另一方面，随着近百年来考古学的勃兴，更多以往无法获知的地下材料被发掘、提取，呈现在研究者面前。自上世纪60年代起，考古工作者在南京及周边陆续发掘了多座南朝时期的高等级墓，尤其墓室内使用的模印拼镶砖壁画因为形制的特殊得到格外关注，引起持续的讨论。

不难发现，在面对南朝高等级墓葬研究的学术史时，可以看到这样两条清晰的线索——矗立地表的石刻和深埋地下的墓葬。表面看来二者之间是材料性质的差异，背后实际反映的是不同学科、不同研究范式之间的交错和更迭。尽管地上墓园和地下墓室共同构成了墓葬完整的形态，但针对二者的研究却因为材料发现的时间差、参与学科的不同而有所割裂，这种情况特殊，但亦非罕见。本文希望通过爬梳南朝高等级墓葬的研究历史，厘清现有材料之间的关联，并由此观察材料和研究之间相互刺激、不断演进的互动关系。

一、地上石刻：千年学术史

南朝陵墓石刻主要指宋齐梁陈四代的帝陵、王墓前呈对称排列的大型石刻。在过去的研究中也被称为六朝石刻。这些石刻主要分布在南朝都城建康及周边地区，即今江苏省南京、镇江附近。根据最新的调查结果，可考的南朝陵墓石刻共计三十四处（见附表）。

对于南朝陵墓的记录始于唐代，专门针对陵墓石刻的研究则大体肇端于清中后期，而真正意义上的学术研究则要到民国时期。面对这样一批相对固定的材料，古往今来的记录与研究相当丰富，如何有效审视多学科、多角度的研究是首先要解决的问题。下面以时间为线索，观察研究范式和问题的转向，对现有研究进行简要梳理。

1. 清及清以前

北宋以来，金石学兴盛，文人学者对古代文物和遗迹，尤其是其上留存的文字，产生了极大的兴趣。南朝陵墓石刻也因为其组成部分中包含石碑及神道石柱而受到关注。

唐代志书的出现推动了对古迹的记录，如《建康实录》和《元和郡县志》对今南京地区南朝帝陵的位置均有记载，但其中的一些错误认识也持续产生影响，导致诸多问题难以分辨。直到宋代，随着古代器物的积累，稽古礼文、证经补史的需求，金石学得以蓬勃发展，对南朝石刻的著录和研究才有实质性发展。

最早的记载见于北宋金石学家笔下。欧阳修的《集古录》中便有宋文帝神道碑、海陵王墓铭等条；[①]《宝刻丛编》也辑录了王厚之《复斋碑录》中的相关内容。[②]需要注意的是宋人研究与记录的对象是零星收藏的碑刻拓片，并非陵墓石刻本身，自然缺少对物质实体的切实考证，难免有较多疏失和错漏。

对南朝陵墓石刻研究的真正推进发生在清中期。同治年间莫友芝较为系统地整理和记录了南朝陵墓石刻的材料。莫氏对材料的关注并不仅限于拓片的研究，而更重视亲临实地调查。这也与清中期乾嘉学派重考证的传统不无关系。他能以考察所得，纠正前人的错漏。如莫氏通过寻访碑刻，发现并指出欧阳修对题刻"文帝神道"神道石柱的定名错误。[③]

其后严观、汪鋆、陆增祥，以及杨世沅等人亦对这些材料进行了细致的金

---

① 〔宋〕欧阳修：《集古录》，卷四，第十四叶、十六叶，《四库全书》本。
② 〔宋〕陈思：《宝刻丛编》，杭州：浙江古籍出版社，2012年。
③ 〔清〕莫友芝：《金石笔识》，《宋元旧本书经眼录》，三百廿八叶，北京：北京图书馆影印乐学斋藏本，2000年。《金石笔识》为《宋元旧本书经眼录》附录二，记录莫友芝对所见所藏金石碑帖的题语。

石学考释。《江宁金石记》(1805)、《十二砚斋金石过眼录》(1875)和《八琼室金石补正》等，都对南朝陵墓石刻的题刻内容进行了详细记载。[①] 其中又以陆增祥《八琼室金石补正》最为详尽，该书稿写成后未能刻印，直到1925年始由刘氏希古楼刊行问世。卷十一所录内容为南朝时期的碑刻，其中对南朝陵墓石刻中的石碑和石柱有详细记录和考释：一方面尽力搜求前人研究成果；一方面又在前人基础上对石刻文字做出进一步的研究考证，先后详细考订萧秀、萧憺等碑的碑文。对于研究今已漫漶的南朝石碑，金石学的记录和考释成果愈显珍贵。

清及清以前的研究者以文人群体为主，将南朝陵墓石刻置于传统金石学范畴内审视，主要以文字为研究对象，以证经补史为目的。因此在面对内涵复杂的南朝陵墓石刻时，金石学家们也多遵循这一传统，抽取其中包含文字的部分，进行著录和考证。研究方法则多是将碑志内容与史书传记详加比对，考证墓主的生卒年、官职、事迹等，以补充文献中的不足。

这一过程无疑凸显出"文字"在古代文人学者心中不可磨灭的重要地位。但不能否认的是，这种过度倾向于单一材料的研究方式，某种程度上会遮蔽其他重要信息。金石学的研究更多是书斋式的，学者倾向从拓片入手直接面对文字。拓片所能提供的信息固然信实可靠，甚至通过早期的拓片能得到保存状况更好的文字内容，但金石学家接触材料的途径、观看和阅读拓片的过程，实质上是一个将文字剥离碑刻、剥离原境，"转换"成为具有独立意义的文本的过程。在这样一个转换过程中，很多关键信息流失，需要学者通过自己的想象进行弥合。例如在推测和复原拓片间所属位置和相对关系时，这些"想象"有时就会变成"臆测"。如将此碑之碑额，错误地对应彼碑之碑阴，张冠李戴的现象多有出

---

① 〔清〕严观：《江宁金石记》，《石刻史料新编》十三，台北：新文丰出版公司，1982年；〔清〕汪鋆：《十二砚斋金石过眼录》，《石刻史料新编》十，台北：新文丰出版公司，1982年；〔清〕陆增祥：《八琼室金石补正》，《石刻史料新编》六，台北：新文丰出版公司，1982年。

现,甚至在传抄过程中步步加深。这些讹误只能通过实地寻访遗迹来解决,虽然在晚清嘉道实证之风影响下,传统金石学的弊病得到了一定修正,却终在使用方法和所关注问题上受到学科和时代的局限,并没有成为其后研究的主流。

虽然传统金石学研究所关注的问题、使用的方法,在今天已不再引人关注,但金石学的成果并未完全失去意义。在记录碑文和校释碑刻内容等方面,宋代以来的金石学家为我们保存了最原始的记录,有助于厘清被历史尘埃所覆盖的石刻的面目,在今天仍有重大价值,值得重新审视和深入发掘。

清宣统年间耶稣会士张璜著《梁代陵墓考》,可视为承上启下,连接金石学研究和近代科学研究的著作。《梁代陵墓考》原名 Tombeau des Liang,是《汉学丛书》(Variétés Sinologiques)第33号,于1912年出版。[1]此书原为法文撰写,1930年出版经删减的中译本。张氏此书在研究中所使用的方法虽承接自金石学,并大量参考金石学研究成果,但在行文结构上已脱窠臼,将齐梁两代陵墓石刻视为整体,进行科学的调查和分析。这与单纯依据文献或拓片进行的书斋考证工作已有极大区别。书中除文字部分外,还配有大量插图,包括世系表、地图和照片资料,这一编写方式应是受到西学的直接影响,大量运用在当时先进的记录手段,使该书体例更完整和科学化。另外,《梁代陵墓考》一书在篇章设置上,已是完整专著,对梁朝神道石刻的关注不但涉及实地考察,更已具备明确的问题意识。跳出证经补史的需要,张氏注意到石刻所指示出的陵墓的位置问题,将现存陵墓石刻与唐以来传世文献记载的陵墓位置进行对比,借此考证无名陵墓石刻的所属。虽然他的结论在今天看来并非全然正确,但借助文献材料判断未知石刻所属的方式可以说是张氏之首创。更难能可贵的是,不同于金石学家对文字的执着,张氏对南朝陵墓石刻的观察和记录更为全面,将陵墓前石兽、石柱的视觉形象纳入讨论——这是研究者第一次"看到"它们。

张氏在调查、记录的基础上增加了研究性,使对南朝陵墓石刻的关注逐步

---

[1] 〔清〕张璜撰,中央古物保管委员会编辑委员会编:《梁代陵墓考·六朝陵墓调查报告》,南京:南京出版社,2010年。

脱离了金石学的窠臼,向民国时期科学的研究迈出了关键一步。《梁朝陵墓考》一书虽远非长篇巨制,但提出的问题多是前人不曾涉及的,虽然他在当时所得出的结论,在材料更加丰富的今日看来,尚有颇多值得商榷之处,但他提出的问题和使用的思路时至今日仍有后来者不断继承发展。

2. 民国时期

在东西文化交流频繁,思想空前活跃的民国时期,西学带来强大冲击,使先进的、科学的方法成为新一代学者所推崇的研究手段。新方法和新视角在这一时期全面进入对传统材料的研究中,同样也促使有关南朝陵墓石刻的研究在这一时期出现了跨时代的变化。数部专著的问世奠定了其后各学科领域中南朝陵墓石刻研究的基础和方向。另外,民国时期的知识分子开始以世界性的视野审视古代遗物,他们的关注点不再局限于"文字",而是逐步拓展材料的范围,将此前并不引起金石学家兴趣的造型、装饰手法等也纳入研究。并将这些更为宽泛的视觉材料,与西方相关领域的研究进行关联,因而除了传统金石学所关心的问题外,民国时期的研究更增加了对文化交流等核心问题的关注。

全新的视角使新一代的知识分子看到了一个不同于从前的新世界,残垣断壁的遗迹在此时变得意涵丰富起来,南朝陵墓石刻也不再是文人怀古的忧思,而变成学者手中重构古史的珍贵材料。朱希祖在《六朝陵墓调查报告》序言中这样说:

余读日本今西龙君《高丽诸陵墓调查报告书》,而辄深亡国之痛也……盖一物之微,考其制作,各有其历史之根据,文化之渊源,例如六朝陵墓之神道石柱,天禄辟邪,一经考古者详为考核,精为比较,则与希腊波斯印度之文化,颇有息息相关,前贤精取外来之文化,以发扬光大吾国之固有之文化,绵延千百年以致今日,实例昭垂,吾子孙安可不仰承先志,以自永其国祚耶![1]

---

[1] 朱希祖等著:《六朝陵墓调查报告》,北京:线装书局,2006年,第1页。

民国时期的知识分子肩负如此的时代使命感，因此他们关心的问题、得到的结论也应置于同样的时代背景中理解。另外，南京作为六朝古都，又是新政权中华民国的首都，具有文化新中心的地位，核心学术机构中央研究院就设立于此，集中了大量人才。因此对南京及周边地区历史和遗迹的整理，在民国时期又有特别的意义。正是在这样的背景下，对六朝遗迹的调查从私人转向官方。

对南朝陵墓石刻的学术调查始于民国。在1934年至1935年期间进行的调查第一次具有了科学意识。此次调查由最初朱希祖及其子朱偰的私人调查，扩展到政府资助的中央古物保管委员会主持的全面调查，滕固、李济等学者均参与其中。共考察记录南朝陵墓石刻二十八处。这次调研的成果《六朝陵墓调查报告》于1935年出版，全面反映了当时南朝陵墓石刻的存世状况，对石刻进行了科学的记录和测量，保存了相当丰富的民国时期测绘数据。同时也代表了当时中国陵墓研究的水平。

该书除收录朱希祖执笔完成的报告书外，还包括滕固、朱偰和朱希祖的相关研究论文。关注的问题有接续金石学的考证工作，亦有接续张璜《梁代陵墓考》对石刻各部分命名和形式来源追溯的研究。其中滕固在《六朝陵墓石迹述略》一文中，第一次运用艺术史风格分析的方法论证石兽及神道柱造型来源的问题，这在新方法的实践上实是一大创举。

除此之外，朱偰另于1936年编著出版《建康兰陵六朝陵墓图考》，[①]集中收录了30年代个人调查的材料。除了科学的测绘与记录，还保存了珍贵的照片材料，更参以文献，试图解决没有文字的石刻的所属问题，并对材料的性质和特征进行了归纳和概括。

民国时期，以二朱父子为代表的一系列针对南朝陵墓石刻进行的调查和研究，主要关注的问题包括墓葬归属、石兽名称考证、风格来源的追溯等。在此时期，中国新一代的学者以西方学术为参照对象，又持有以寻访古迹探寻古史，

---

① 朱偰：《建康兰陵六朝陵墓图考》，北京：中华书局，2006年。

增强民族自信心的信念。正是他们的坚持和努力极大地推动了研究的进步，也奠定了对南朝陵墓石刻研究的发展方向。

除了南京中央研究院一系列调查和研究，同样重要、却较少获得关注的是同时期梁思成的研究。梁思成于1929年至1930年在东北大学讲授"中国雕塑史"一课，其教案于1997年编辑出版成书。书中对南朝陵墓雕刻造型的渊源，明确提出"六朝石兽之为波斯石狮之子孙，殆无疑义"的观点。① 梁氏将南朝陵墓石刻中的单体石兽纳入雕塑系统，很大程度上受到喜龙仁（Osvald Sirén）1925年出版的《五至十四世纪的中国雕刻》（*Chinese Sculpture from the Fifth to the Fourteenth Century-Over 900 Specimens in Stone*，Bronze，Lacqer and Wood，Princially from Northern China）的影响。② 如果说学术研究的第一步是分类，那么梁氏的这种分类方式，无疑对其后的研究产生了深刻的影响。在此后的美术史通史写作中，大多继承了梁思成的这一认识和表述，将陵墓石刻中的石兽单独抽取，作为魏晋南北朝时期雕塑艺术的代表进行分析。这一全新视角，丰富了人们对南朝陵墓石刻认识的层次，也使得过去不被人关注的视觉因素得到重视，为其后美术史的研究奠定了基础。但梁氏以来的这一传统，又因重视对于石刻单体的细读而多将其剥离出原有背景，同样容易走向另一极端。

总体来说，民国时期对南朝陵墓石刻的研究，逐步科学化，关注范围的扩展和研究方式的丰富，是这一时期研究显见的特点；另一方面，南朝陵墓石刻研究的主要问题也集中产生在这一时期。名称考辨、石刻（墓葬）所属和风格样式来源等关键性问题逐渐成为讨论的主流，一直延续至今。

---

① 梁思成：《中国雕塑史》，天津：百花文艺出版社，1997年，第52页。
② 梁思成中国雕塑史教案原稿中大量引用喜龙仁书的图版，见林洙：《怀念先生的最好方式》，光明网 http://www.gmw.cn/content/2006~01~16/content_362438.htm

3. 中华人民共和国成立后至今

中华人民共和国成立后对南朝陵墓石刻的调查和研究得到更全面的开展。其中由南京博物院主持，前后进行了两次全面的调查工作。第一次是80年代，实地调查南朝石刻三十一处，并于1981年出版《南朝陵墓石刻》一书。① 最近一次调查于2004年至2006年期间完成，共实地调查南朝石刻三十三处，并于2006年出版《南朝陵墓雕刻艺术》一书，② 不仅公布最新调查情况，亦整合前人数次考察记录，并对考古发掘的成果也有所补充。

此外，自清以来的传统研究在这一时期仍得到延续，研究方法以考证为主，将文献视为主要依据，以碑刻文字作为辅助，围绕石刻所属与石刻具体定名等问题进行讨论。就其所关注角度和方法来源而言，可视为金石学的余韵。其中比较具有代表性的专著有梁白泉主编《南京的六朝石刻》。③ 该书涵盖多方面的材料，其中"陵墓石刻"一节专门梳理了南朝陵墓石刻。该书继承张璜《梁代陵墓考》和朱希祖《六朝陵墓调查报告》的写作方式，将南朝陵墓石刻分为石兽、石柱和石碑三种门类，进行材料的梳理和考证。在使用方法和关注问题两个方面延续了二朱父子以来的道路，但在材料的使用上包含更多，也关注到考古学的新材料，因而较旧有研究而言有所推进。

20世纪以来，美术史角度的研究日益增多，以独有的方式重新审视南朝陵墓石刻，更注重从细节出发，把握风格的变化，为石刻的断代提供另一种可靠依据。其中日本学者曾布川宽1991年发表论文《南朝帝陵の石獸と磚畫》，④ 中译本《六朝帝陵》于2004年出版，⑤ 全面总结前人的研究成果，重视使用图像学

---

① 姚迁、古兵编著：《南朝陵墓石刻》，北京：文物出版社，1981年。
② 南京博物院编著，徐湖平主编：《南朝陵墓雕刻艺术》，北京：文物出版社，2006年。
③ 梁白泉主编：《南京的六朝石刻》，南京：南京出版社，1998年。
④ [日]曾布川宽：《南朝帝陵の石獸と磚畫》，《東方學報》第63册，1991年。
⑤ [日]曾布川宽著，傅江译：《六朝帝陵》，南京：南京出版社，2004年。

的方式，详细比对石兽雕刻的细节，对材料本身进行深入解析，开启了新的研究模式。也是较少在论著中，综合比较地上石刻和地下墓葬材料的，这点在下节也会提及。南京艺术学院沈珂的博士论文《南朝陵墓雕刻造型风格研究》在总结前人研究成果和实地调查方面较为详尽，对艺术风格及其来源的研究也有较细致的梳理。①另外在《透明石头：一个时代的终结》一文中，②巫鸿从观看方式的角度讨论了南朝神道柱上的正反书现象，并提出了独到的解释。对视觉材料的重视是美术史领域的独特视角，这一视角的加入使研究者在面对材料时可以获取更多的信息，是研究方法上的极大推进。

另外有学者接续民国以来全球性的视野，不囿于国内材料，将眼光放得更远，从中西交通的角度探讨石刻风格的来源。其中较有代表性的是李零和林梅村的研究。③章孔畅《南朝陵墓石刻渊源与传流研究》一书，大量征引西方古代艺术材料，着力追溯石刻来源，是这一研究方向的最新成果。④

此外作为近年来该研究领域最新的成果，耿朔《"于襄阳致之"：中古陵墓石刻传播路线之一瞥》一文，即跳出上述民国以来产生的问题和方法，转而关注史学研究的问题，将陵墓石刻视为南朝刘宋新制度的表征之一，讨论宋孝武帝对魏晋以来传统文化的吸收和改造。这一研究转向，体现了多学科互动和交汇的新思路。⑤

---

① 沈珂：《南朝陵墓雕刻造型风格研究》，南京艺术学院博士学位论文，2005 年。
② 巫鸿著，郑岩、李清泉译：《中国古代艺术与建筑中的"纪念碑性"》，上海：上海人民出版社，2009 年。
③ 李零关于有翼神兽的研究，见《入山与出塞》，北京：文物出版社，2004 年；林梅村：《天禄辟邪与古代中西文化交流》，《汉唐西域与中国文明》，北京：文物出版社，1998 年。另有关于中国大型石刻起源的研究，见《古道西风——考古新发现所见中西文化交流》第二编秦汉大型石雕艺术源流，北京：三联书店，2000 年。
④ 章孔畅：《南朝陵墓石刻渊源与传流研究》，南京：东南大学出版社，2011 年。
⑤ 耿朔：《"于襄阳致之"：中古陵墓石刻传播路线之一瞥》，《美术研究》2019 年第 1 期。

中华人民共和国成立后对南朝陵墓石刻的研究，直接承袭自民国。随着新材料的扩充、方法的推进，对民国以来产生的关键问题有了更明确的回答。不能否认的是，尽管展露出一些新的研究趋势，但随着田野考古学材料的激增，针对南朝高等级墓葬的研究重心逐步从地上转向地下。

二、地下墓室：解读新材料

南朝高等级墓葬中，发现陵墓石刻的共三十四处，经考古发掘的十余处。二者的发现和发掘不能完全对应，保存地表石刻并经过科学发掘的墓葬目前仅七座（详见附表）。与地表石刻不同的是，出土材料的更新速度受到城市发展和田野考古工作布局等因素影响，尽管有少量的主动性发掘，但大部分墓葬的发现与发掘更多具有偶然性。近六十年来，与南朝高等级墓葬相关的材料更新速度之快，研究跟进之快，使人惊异。

考古学常被认为是一个提供材料的学科，但事实情况确实如此吗？对考古学而言，田野考古工作和考古学研究，其实是两个不同的阶段，前者强调提取材料的方式和记录方式的客观性，后者则是基于前者提供材料进行的归纳和总结。具体到南朝高等级墓葬的研究领域而言，田野考古工作提供了研究的基础材料，但就该领域的研究而言，实际参与的学科则更多。下面将分别对考古所获新材料和由此产生的新研究进行简要综述。

1. 田野考古所获新材料

上个世纪60年代初，在南京和丹阳集中发现并发掘了五座南朝高等级墓葬，其中四座因为出土竹林七贤与荣启期模印拼镶砖壁画而受到格外重视。材料陆续于1960年至1980年发表。其中发现最早，也引起最多关注和讨论的是南京西善桥宫山大墓，该墓于1960年5—6月发掘，当时主持发掘工作的是江苏省文物工作队南京分队。简报由罗宗真执笔，发表于同年《文物》第8、9期合刊。[①]该简报分为四个部分，除了概况、墓葬结构和出土遗物外，将首次发现的竹林七贤与荣启期砖刻壁画单辟一节加以描述和考证。这一节几乎占据简报的一半篇幅，除了详细描述图像内容外，还将其与传世文献进行直接比对，并认为此画与东晋顾恺之有直接关联。遗憾的是，可能由于发掘和简报编写周期过短，发掘者和整理者对材料认识不足，导致简报中对模印拼镶砖壁画的关注仅集中于"画"的部分，未涉及砖画的制作技术和拼砌方式等核心问题。在考古发掘过程中有些现象是难以保存的，若没有及时记录，便再难重获这些信息。目前宫山墓两壁壁画在南京博物院常设展中复原陈列，以现有条件已很难再对其结构进行有效观察。

这一点在编写西善桥油坊村罐子山南朝大墓简报时有所改善。[②]除了关注花纹砖上图像外，简报中还将砖的规格和砖侧刻划文字进行了简要描述。此后在整理发表丹阳胡桥鹤仙坳、胡桥吴家村和建山金家村三座墓葬简报时，[③]则对带有画像或题刻的墓砖有更细致的整理、描述和统计，形成了一套较为统一的砖画记录规范，亦为其后南朝砖室墓简报、报告的编写所继承。

此后在南京周边地区陆续发现多座南朝高等级墓，包括1974年发掘的栖霞区甘家巷M6、[④]1979年发掘的尧化门南朝梁墓、[⑤]1980年发掘的甘家巷萧融夫妇

---

① 南京博物院、南京市文物保管委员会：《南京西善桥南朝墓及其砖刻壁画》，《文物》1960年第8、9期合刊。
② 罗宗真：《南京西善桥油坊村南朝大墓的发掘》，《考古》1963年第6期。
③ 南京博物院：《江苏丹阳胡桥南朝大墓及砖刻壁画》，《文物》1974年第2期；《江苏丹阳县胡桥、建山两座南朝墓葬》，《文物》1980年第2期。
④ 南京博物院、南京市文物保管委员会：《南京栖霞山甘家巷六朝墓群》，《考古》1976年第5期。
⑤ 南京博物院：《南京尧化门南朝梁墓发掘简报》，《文物》1981年第12期。

合葬墓、①1997年发掘的白龙山南朝墓、②2010年雨花台石子冈M5、③2012年雨花台铁心桥M1、M2④以及2013年狮子冲南朝墓M1、M2。⑤这些墓葬的时代、等级有所区别。随着这一时期高等级墓葬材料的积累，可以看到发掘者在处理墓葬时经验日渐丰富，亦在根据不断更新的线索修正既往认识。

除此之外，2000年考古工作者对尧化门南朝梁墓神道石刻区进行了勘探和发掘，⑥该区域内墓阙遗迹的发掘为南朝陵墓所仅见，为了解南朝高等级墓葬墓园布局形式提供了重要信息。遗憾的是，对南朝高等级墓葬地表遗迹的考古勘探和发掘目前仅此一例。一方面陵前石刻作为"传世品"，历来多被视为不可移动文物，而非考古学遗迹；另一方面也受到地理环境变迁、遗迹周边破坏严重、主动发掘申请不易等种种现实因素制约。

2. 解读新材料

考古学在中华人民共和国成立后的蓬勃发展，可以说开创了不同于之前的全新研究领域。1960年至今的六十年间，仅发掘的南朝高等级墓葬就有十余座之多，这些材料对民国及更早时代的学者而言是不可想象的，可以说当下的学者在面对南朝高等级墓葬这一研究领域时，首先面对的便是翻天覆地的材料更新。如果说民国时期对南朝陵墓研究而言的突破性进展主要是来自西学新方法的

---

① 南京市博物馆：《南京梁桂阳王萧融夫妇合葬墓》，《文物》1981年第12期。
② 南京市博物馆、栖霞区文管会：《江苏南京市白龙山南朝墓》，《考古》1998年第8期。
③ 南京市博物馆：《南京雨花台石子冈南朝砖印壁画墓（M5）发掘简报》，《文物》2014年第5期。
④ 南京市博物馆：《南京市雨花台区铁心桥小村南朝墓发掘简报》，《东南文化》2015年第2期。
⑤ 南京市考古研究所：《南京栖霞狮子冲南朝大墓发掘简报》，《东南文化》2015年第4期。
⑥ 南京市文物研究所、南京栖霞区文化局：《南京梁南平王萧伟墓阙发掘简报》，《文物》2002年第7期。

进入,那么中华人民共和国成立后不断发现和刊布的田野考古学成果,又为这一领域的研究带来了什么?

随着考古材料的刊布,首先可以看到新材料带来新认识、参与解决旧问题。如墓葬归属的问题。从晚清至民国时期,学者即开始关注陵墓石刻的所属问题,大量南朝时期墓葬尤其是属于皇室贵族大墓的发掘,无疑为解决这一问题提供了可以比对的新材料。其中最有代表性的研究包括町田章《南齐帝陵考》、①曾布川宽《六朝帝陵》、王志高的相关论文以及许志强、张学锋《南京狮子冲南朝大墓墓主身份的探讨》。②这些研究主要围绕墓葬对应墓主的身份进行探讨,并提出了各自的解答。在持续的关注和论证过程中,逐步纠正了传世文献记载的讹误和前辈学者的错误推断,在大部分墓葬的时代判定和墓主身份认定上,形成共识。但是在一些具体问题上,仍不可避免的存在争论。

需要注意的是,尽管面对同样的问题,但不同学者取用的研究方式存在较大区别。町田章细致比对被认为和南齐帝陵相关的石刻及拼镶砖壁画,关注其中微妙的形式变化,进而进行年代顺序的排比。在《六朝帝陵》中曾布川宽继承了町田章以类型学为主的研究方式,将材料扩展至南朝四代的范围,并大量征引相关文献,这一研究对解决南朝高等级墓葬的归属问题至关重要。王志高

---

① [日]町田章著,劳继译:《南齐帝陵考》,《东南文化》1986年第1期。原文刊于日本奈良国立文化财研究所创立30周年纪念文集《文化财论丛》,京都:同朋社,1983年。
② 王志高:《南朝帝王陵寝初探》,《南方文物》1999年第4期;《南京麒麟铺南朝陵墓神道石刻墓主新考》,《南京晓庄学院学报》2006年第2期;《梁昭明太子陵墓考》,《东南文化》2006年第4期;《丹阳三城巷(1)南朝陵墓石兽墓主身份及相关问题考订》,《东南文化》2011年第6期;《论丹阳陵口南朝石兽的制作年代》,《南京晓庄学院学报》2012年第2期;《南京甘家巷"梁鄱阳王萧恢墓神道石刻"墓主身份辨正》,《中国国家博物馆馆刊》2015年第12期;《南京尧化门外北家边南朝陵墓神道石刻墓主身份新证》,《南京晓庄学院学报》2016年第3期;许志强、张学锋:《南京狮子冲南朝大墓墓主身份的探讨》,《东南文化》2015年第4期。

除了使用考古材料外，更多对不同时代的文献进行深入解析，以此判定墓葬归属。《南京狮子冲南朝大墓墓主身份的探讨》一文更多取用最新田野考古材料为依据，虽然也征引文献，但主要体现的是考古材料本位的思考方式。

事实上考古学不仅提供新材料，也有其学科自身所关注的一系列问题和与之对应的分析方式。罗宗真《六朝考古》是较早对六朝考古材料进行综述、分类和整理的专著，在涉及南朝墓葬时，以墓葬形制区分等级高低并分别论述。[①]韦正《六朝墓葬的考古学研究》一书中则更系统地将以往发掘的六朝墓葬进行考古学分区、分期研究，其中涉及南朝高等级墓葬也依据墓葬形制和出土遗物进行类型学的比对和梳理，并由此提出对墓葬制度、年代序列的新认识。[②]

在针对南朝高等级墓葬的综合性研究中，研究方法的变化趋势明显，逐渐由出土材料与传世文献的比对，转向考古类型学及美术史图像学、风格学的排比。关注点也由持续近百年的墓葬归属问题，转向墓葬等级、制度和年代学等新问题。

在南朝高等级墓葬之中，绕不开的核心材料是竹林七贤与荣启期拼镶砖壁画，诸多学者参与讨论。拼镶砖壁画本身画面精美、结构复杂，且相关材料一直不断出土更新，因此在南朝墓葬研究领域是一个持续的热点。除了上文提及的町田章、曾布川宽和罗宗真的研究，尚有学者围绕模印拼镶砖的内容、题材、风格、图像的来源和传播、墓葬排年、多座墓葬中发现拼镶砖壁画间关系和画像砖的拼砌方式等问题进行讨论，本文篇幅有限，无法一一论及，仅择取其中具有代表性的略作梳理。

杨泓最早关注拼镶砖这一特殊形制的纵向发展变化，并横向比较南、北朝墓葬壁画在高士题材上的关联。[③]何慕文关注到拼镶砖画制作过程中模具的使用

---

① 罗宗真：《六朝考古》，南京：南京大学出版社，1994年。
② 韦正：《六朝墓葬的考古学研究》，北京：北京大学出版社，2011年。
③ 杨泓：《东晋、南朝拼镶砖画的源流及演变》《南北朝墓的壁画和拼镶砖画》，《汉唐美术考古和佛教艺术》，北京：科学出版社，2000年；《北朝"七贤"屏风壁画》，《寻常的精致》，沈阳；辽宁教育出版社，1996年。

和沿用问题,指出金家村墓砖画存在对宫山墓砖画模具再利用的情况。[1]郑岩在《魏晋南北朝壁画墓研究》中将竹林七贤与荣启期拼镶砖壁画视为南朝高等级墓葬的组成部分,并讨论这一图像的功能和进入墓葬的原因。[2]此后又结合近年来新出土材料,从砖画细节上的差异入手,探讨八座墓中拼镶砖壁画间的关系,并指出这种对模具重复利用的特殊行为,应与南朝政治、文化和艺术关联起来整体思考。[3]王汉从砖侧文字、拼砌方式和图像细节入手,比对各墓砖画,并以此排定各墓年代序列。[4]耿朔对石子冈M5出土时便呈现"混乱"排列的模印拼镶画像砖进行了图像上的复原,并深入探讨模印拼镶砖壁画制作步骤和砌筑技术。[5]左骏以丹阳胡桥鹤仙坳墓为研究对象,分别复原墓葬营建的实际空间和由图像构建的观念中的空间,并以此讨论南朝墓葬制度的变革问题。[6]

一个有趣的现象是,自2016年开始,集中涌现了一批高质量论文,多角度讨论模印拼镶砖从图像到制作的各个方面,突破以往局限于图像内容和题材的

---

[1] Hearn, Maxwell K. Seven Sages of the Bamboo Grove, *China: Dawn of a Golden Age, 200~750AD*, The Metropolitan Museum of Art, 2014, P208.

[2] 郑岩:《南北朝墓葬中竹林七贤与荣启期图像的含义》,《魏晋南北朝壁画墓研究》,北京:文物出版社,2002年。

[3] 郑岩:《前朝楷模 后世之范——谈新发现的南京狮子冲和石子冈南朝墓竹林七贤壁画》,《魏晋南北朝壁画墓研究》(增订版),北京:文物出版社,2016年。

[4] 王汉:《从壁画砖看南京西善桥宫山墓的年代》,《东南文化》2018年第2期;《论丹阳金家村南朝墓竹林七贤壁画的承前启后》,《故宫博物院院刊》2018年第3期。

[5] 耿朔、杨曼宁:《试论南京石子冈南朝墓出土模印拼镶画像砖的相关问题》,《考古》2019年第4期;耿朔:《化为衣纹的羽觞——金家村南朝墓"竹林七贤与荣启期"拼砌砖画的形成》,待刊。

[6] 左骏、张长东:《模印拼砌砖画与南朝帝陵墓室空间营造——以丹阳鹤仙坳大墓为中心》,《故宫博物院院刊》2019年第7期。

研究，进入物质性层面进行深入探讨，不仅有令人信服的年代学问题新见解，亦有因此生发出的全新研究取向。这种转向不能说全无考古学、美术史和物质文化研究理论发展的影响，但还应特别指出的是，研究的集中产生与考古材料完整详实的刊布有直接关系。

2016年，南京市博物馆总馆、南京市考古研究所编辑《南朝真迹——南京新出南朝砖印壁画墓与砖文精选》。①该书不仅收录2010年以来发掘的四座拼镶砖壁画墓的简报，还将四座墓中保存完整、文字清晰的四百九十三块壁画砖拓片刊印出来，发表的每砖拓片均采用五面拓印的方式，以现有手段尽可能全面地展示文物信息。正是这样重要资料的整理出版，让深入模印拼镶砖画细节的研究成为可能。尽管截至目前，南朝高等级墓葬仅有简报发表，而无报告整理出版。这一情况受制于时代和诸多现实因素，不应苛责任何单位或个人。但田野考古所获材料记录和发表的详略程度无疑会直接影响进一步研究。而《南朝真迹——南京新出南朝砖印壁画墓与砖文精选》一书则为考古资料的整理、刊布提供了新思路。

本节分别梳理了上世纪60年代以来南朝高等级墓葬的考古收获和研究。首先要强调的是材料刊布的重要性，出土材料的意义不是由发掘者定义的，也不是由某一个学科研究者定义的，将出土资料尽可能客观全面地呈现，对研究的重要性不言而喻，这不仅是就本文论题而言的。

另一方面，在田野考古工作中，获取材料的方式也不是被动地看到什么挖什么，发掘者和整理者对材料的认识程度深浅，决定了获取信息的多寡。从1960年《南京西善桥油坊村南朝大墓的发掘》六页内容到《南京栖霞狮子冲南朝大墓发掘简报》的十九页，篇幅的增长可以直观反映出田野考古发掘过程中提取信息的增加，这不仅是田野考古技术的提升或记录手段的丰富，也说明发

---

① 南京市博物馆总馆、南京市考古研究所：《南朝真迹——南京新出南朝砖印壁画墓与砖文精选》，南京：江苏凤凰美术出版社，2016年。

掘者对材料认识逐步深刻。从这一角度来看，研究也在反哺田野考古工作，二者之间微妙的互动关系，实际形成了一个不断滚动推进的良性循环。

三、学术史的启发

本文分两节简要梳理了南朝高等级墓葬从地上到地下材料的发现历程，以及百余年间的研究进展。下面谈几点浅陋的看法。

首先是材料的发现。按照综述的叙述方式，南朝陵墓石刻是在历年的考察中被陆续发现的，墓葬是在城市发展过程中偶然性地被发掘。但我认为事实情况并非这样"顺理成章"。南朝陵墓石刻千余年来一直存在于山陵丘墟，但被真正"看到"的时间不过自张璜而始的百余年。从收藏拓片到访碑，再到记录成组成套的陵墓石刻，学者"视线"扩展的背后是知识的叠加。在既有知识结构中可以寻找到位置的材料，才会被认为是有意义的、可以被研究的对象，而材料一旦被接受，则又会进一步推动学者主动获取同类材料，以建构更完整的知识系统。即存在一个"认识"——"看到"——"找到"的过程。墓葬的发掘受到实际条件的限制，但情况亦相差不远。看似被动的、偶然的发现背后事实上是多代研究者孜孜不倦的追求。

其次是问题的产生。民国时期是集中产生新问题、新方法和新角度的时代。而中华人民共和国成立以来，随着考古和文物普查工作的进行，材料又得到了进一步的丰富，尤其是大量高等级墓葬的发掘，几乎重塑了人们对南朝墓葬的认识。研究的主流随之从地上转入地下。然而问题史的推进却远赶不上材料更新的速度，不能否认，这一研究领域中大半成果仍然停留在解决民国时期所提出问题的层面，即取用新材料和新方法，解答旧问题，因此出现大量重复性工作，不能及时有效地推进整个领域的研究。对旧有问题争执不下，或许也说明现有材料的积累仍并不足以解决这些问题。另外，这些问题是否就是研究南朝陵墓石刻的终极问题？如若不然，那么面对如此局面，是否可以从丰富的材料出发，考虑加入新的审视角度和提出新问题？

再次是方法的使用。在对模印拼镶砖壁画这一特殊材料的研究中，可以看到考古学和美术史等不同学科的参与。但细读这些研究，不难发现，在面对具体问题时，学科的分野是最先被消解的。如面对排比年代序列的问题时，美术史形式分析的方式和考古类型学相比，除了在精细程度和术语上的区别外，并不存在本质上的差异。需要注意的是，解决时代先后的问题并非形式分析作为研究方法诞生的初衷，尽管其有效性是显见的，但是当材料本身缺少时间维度时，是否可以用图像形式演变的逻辑来反向推导制作时间的先后，仍是需要审慎讨论的。这一侧面也折射出在现阶段的研究中，尽管呈现出多学科参与的趋势，但仍鲜有研究真正突破考古学材料和研究范式所框定的范围。考古学不仅从材料上，或者说正是通过材料，深刻影响这一领域的研究、影响研究者阅读和观察墓葬的方式。

最后还想说的是，对学术史的回顾和梳理，本质在于理清来路，寻找研究下一步的方向。本文在结构上分为地上和地下两个部分，主要是出于既往研究的特点，但既然墓葬是地上地下综合构成的整体，那么不管是地上的石刻还是地下的墓室，应被视为同一研究对象。此外，现有的研究更多关注的是作为物质实体存在的墓葬，"墓"的部分讨论多，而"葬"的问题考虑较少。事实上，不管是地上的墓园还是地下的墓室，其空间同样也是丧葬礼仪发生的场地。尤其是帝陵这样的高等级墓葬，实际上是该时代礼仪和政治文化的载体，在反映观念的同时亦参与塑造观念。

观察百余年来对南朝高等级墓葬的研究，第一次大发展是民国时期对陵墓石刻的发现，本质是问题更新带来的研究视角更新。第二次大发展则基于近六十年来出土资料的不断更新，新发现引导研究者得到新认识。时至今日，或许又到了进一步思考发展方向的时候，我们不能决定什么时候发现新材料，但是当新的观察视角出现时，或许会使过去视而不见的材料获得新生……

附表：现存南朝高等级墓葬概况

编号	位置	地表遗迹			墓室	
		石兽	石柱	碑	发掘	拼镶砖画
1	南京市江宁区麒麟镇麒麟铺	2麒麟	×	×	×	×
2	丹阳市胡桥镇狮子湾	2麒麟	×	×	×	×
3	原位于丹阳胡桥镇狮子湾①	2麒麟	×	×	×	×
4	丹阳市云阳镇田家村	2麒麟	×	×	×	×
5	丹阳市胡桥镇仙塘湾	2麒麟	×	×	√	×
6	丹阳市后巷镇烂石垅	2狮	×	×	×	×
7	丹阳市埤城镇水经山	2狮	×	×	×	×
8	丹阳市后巷镇金王陈	2麒麟	×	×	√	√
9	丹阳市云阳镇三城巷（2）	2麒麟	2	2	×	×
10	南京市栖霞区炼油厂子弟中学	2狮	残件	×	√	×
11	南京市栖霞区甘家巷小学	2狮	2	4	√	×
12	南京市栖霞区甘家巷西	2狮	×	2	×	×
13	南京市栖霞区栖霞镇十月村	1狮	2	×	×	×
14	南京市栖霞区仙林大学城应天学院东南侧	2狮	2	2	√	×
15	南京市栖霞区甘家巷西	2狮	×	×	×	×
16	句容市石兽乡石兽村	2狮	2	×	×	×
17	南京市栖霞区尧化镇仙新路	无	2	×	√	×
18	南京市栖霞区栖霞镇新合村	无	1	×	×	×
19	丹阳市云阳镇三城巷（3）	1麒麟	×	×	×	×
20	丹阳市云阳镇三城巷（4）	1麒麟	×	×	×	×
21	丹阳市陵口镇东南隅萧梁河两岸	2麒麟	×	×	×	×
22	丹阳市云阳镇三城巷（1）	2麒麟	×	×	×	×

---

① 传为齐武帝萧道成泰安陵陵前二石兽见诸朱氏父子1937年的调查，上世纪60年代遭到破坏，现已不存。

续表

编号	位置	地表遗迹			墓室	
		石兽	石柱	碑	发掘	拼镶砖画
23	南京市江宁大学城江苏省海事职业技术学院（原纯化镇刘家边村）	2狮	2	×	×	×
24	南京市江宁区上坊镇白马公园广场（原石马冲）	2狮	×	×	×	×
25	南京市栖霞区栖霞镇新合村狮子冲	2麒麟	×	×	√	√
26	南京市江宁区江宁镇建中村方旗庙	2狮	×	×	×	×
27	南京市栖霞区燕子矶镇太平村太子凹	1狮	×	×	×	×
28	南京市江宁科技园南京汽车厂南门（原上坊镇陵里侯村）	2狮	×	×	×	×
29	南京市栖霞区马群镇狮子坝村	1狮	×	×	×	×
30	南京市玄武区蒋王庙明岐阳王李文忠墓园	1狮	×	×	×	×
31	南京市江宁科技园汽车产业配套区（原淳化镇宋墅村）	×	1	×	×	×
32	南京市栖霞区燕子矶镇金陵石化公司化工厂	×	1	×	×	×
33	南京市栖霞区仙林大学城应天学院西	×	2	×	×	×
34	南京市江宁科学园（原上坊镇耿岗）	×	1	×	×	×
仅发现墓葬，无对应石刻						
1	南京西善桥宫山南朝墓				√	√
2	南京西善桥罐子山南朝墓				√	仅狮子
3	丹阳胡桥吴家村墓				√	√
4	雨花台石子冈M5				√	乱砌
5	雨花台铁心桥M1				√	五块拼镶砖画用砖
6	雨花台铁心桥M2				√	×
7	狮子冲南朝墓M2				√	√

南北朝墓志著录源流述略*

王连龙　丛思飞

　　墓志以其兼具文物与文献的双重属性，日益受到学术界的重视，逐渐成为学术研究的热点对象和前沿领域。通观墓志发展历程，南北朝是一个重要阶段：一方面，自曹魏禁碑以后，墓志更多地出现在丧葬活动中，演变为礼俗文化构成元素之一。另一方面，在有机结合碑碣与诗赋基础上，墓志在形制和内容上走向成熟，进而转化为后世范式。在此背景下，南北朝墓志数量也大幅度增加。截至2018年底，本文统计出古代金石志书、近现代学术著作及期刊论文公开刊布北朝墓志一千三百七十三种，南朝墓志九十八种。这些墓志为史料相对匮乏的南北朝时期史学、文学、考古学、社会学等学术研究提供资料的同时，其自身的文献学研究也为学术界所关注。自梁萧统《文选》卷五十九单列"墓志"始，经历宋代金石学的形成，以及清代金石学的兴盛，直到近现代考古学的出现，有关南北朝墓志著目、文字辑集、拓本展示、考证研究的著述种类繁多，

---

* 本文为国家社科基金重大项目"中国古代石刻文献著录总目"（项目批号19ZDA288）阶段　成果。

不可胜数。这些数量众多的著述虽然可以推动南北朝墓志文献的研究，但也会令初学者不得门径，无从选择。有鉴于此，本文拟在前贤研究基础上，从存目、图录、释文、题跋等角度，对古今所见南北朝墓志著录源流做一宏观的概述，以期于南北朝墓志及相关问题研究有所裨益。

一、存目：学之有径

目录之学，历来以"辨章学术，考镜源流"之功，为学者所重视。在墓志文献研究中，目录也发挥着同样的作用。古人著录墓志，必剖析条流，各有其部，欲人即类求石，因石究学。今见墓志目录以著目侧重不同，可以分为多种类型。大体框架下，墓志目录基本分为原石目录和拓本目录两大类。如果再细致划分，如以种类划分，可分为题名目录、图版目录、释文目录及混合著录目录等形式。根据时代不同，又存在通代、断代目录等。从空间角度上说，墓志目录又有地域目录、馆藏目录、专题目录等。虽然这些种类不同的墓志目录在形式上有所区别，但在著录信息方面，均包括出土时地、形制、书体、容字、归属等基本内容。这些信息既可以呈现出历代墓志出土数量和种类，也能反映出不同时期学者对墓志的整理和研究状况。这里为便于统计，将古今南北朝墓志目录类著述汇成一章，逐一进行评述。

在最初的墓志著录中，墓志通常作为石刻文献的构成部分而存在，并未独立出来，而是参杂石刻文献目录中以部类面貌呈现。今见传世文献中，墓志目录著述以宋欧阳棐《集古录目》最早。[①] 欧阳棐将其父欧阳修所藏石刻拓本编辑成目，并于诸种碑刻下作简要说明。该书虽然亡佚，后经黄本骥、缪荃孙等辑校，有遗文六卷行世。今见《集古录目》未著北朝墓志，唯卷三录有《宋宗悫母夫人墓志》《南齐海陵王墓铭》南朝墓志两种。后陈汉章作《集古录补目补》

---

① 〔宋〕欧阳棐：《集古录目》，清光绪十四年（1888）槐卢自刻本。

虽于墓志部分内容有所增录，但南北朝墓志仍为上述两种。①与《集古录目》相类的著述，还有朱长文《墨池编》和王象之《舆地碑记目》。②前者为书学论著汇编，故于历代碑志多有关注。卷六录有《宋宗悫母夫人墓志》《齐海陵王昭文墓铭》之外，增录《陈张慧湛墓志铭》。后者收录南宋疆域内碑刻，在上列三种南朝墓志之外，又增加《陶隐居墓志》一种。显而易见，上述著作录目多倾向于南朝墓志。到陈思编撰《宝刻丛编》时，③这种情况发展到极致。陈思搜集碑刻，多取材于当时所见《复斋碑录》《金石录》等金石志书，故数目上增益较多，其卷三、卷十四、卷十五增录《陈张慧湛墓志》《宋湘东太守张济女雅儿墓志》《梁太常卿陆倕墓志》《梁许府君墓志》《梁永阳昭王敬太妃墓志铭》《梁侍中司空永阳昭王墓志铭》《梁侍中司徒鄱阳忠烈王墓志》等七种南朝墓志。在数量之外，陈思《宝刻丛编》以《元丰九域志》为纲，著录墓志范围也有所拓展。从卷二十开始著录北朝墓志，计有《瀛州刺史孙惠蔚墓志》《张卑墓志》《同州刺史普六如忠墓志》《温州刺史乌丸僧修墓志》四种，数量略少，且多源于《金石录》。

比较而言，当时北朝墓志也存在著录，只是规模和数量不比南朝墓志。现存文献中，最早对北朝墓志著目的是赵明诚《金石录》。④该书体例上承袭欧阳修《集古录》，有目录十卷，跋尾二十卷，著录数量较《集古录》有所增加。《金石录》未见南朝墓志，著目北朝墓志六种：《后魏张夫人墓志》《后魏瀛州刺史孙惠蔚墓志》《东魏张早墓志》《魏岐州刺史王毅墓志》《后周太学生拓跋府君墓志》《后周同州刺史普六如忠墓志》。赵明诚于每一种墓志均著录撰书人、刊

---

① 陈汉章：《集古录补目补》，民国年间铅印本。
② 〔宋〕朱长文：《墨池编》，清文渊阁《四库全书》本；〔宋〕王象之：《舆地碑记目》，《粤雅堂丛书》本。
③ 〔宋〕陈思：《宝刻丛编》，清光绪十四年（1888）吴兴陆氏十万卷楼刻本。
④ 〔宋〕赵明诚：《金石录》，清乾隆二十七年（1762）德州卢氏雅雨堂刻本。

刻时间及出土地等信息，书中所见北朝墓志均已亡佚，独赖《金石录》著录名目及相关信息，弥足珍贵。在赵明诚《金石录》之后，继续著录南北朝墓志的是郑樵《金石略》。① 较之《金石录》，《金石略》在北朝墓志数目上并未增加，增列的《后周温州刺史乌丸僧修墓志》也见于《金石录》跋尾部分。反而是增加的南朝《齐海陵王昭文墓志》，说明《金石略》有取材《金石录》之外者。《四库全书总目提要》谓《通志》之"《金石略》则钟鼎碑碣，核以《博古》《考古》二图，《集古》《金石》二录，脱略至十之七八"，大体不诬。及清修《续通志》，又增《魏济青相凉朔恒六州刺史高植墓志》《齐朱岱林墓志》两种。

分析以上诸碑志文献，北宋时期著作多关注北朝墓志，南宋时期志书倾向于南朝墓志，基本与政权迁移后产生的地域环境保持一致。这种南南北北的墓志著录特征，在元明时期也得到延续。如元代张铉《金陵碑碣新志》收录汉至宋石刻一百六十种，② 不录北朝墓志，于南朝墓志著目六种：《郑夫人墓志》《谢常侍墓志》《齐海陵王墓志》《梁鄱阳王墓志》《梁昭王墓志》《梁敬妃墓志》。较之前代，新增《谢常侍墓志》一种。《金陵碑碣新志》录志存在两个特点：一是提出墓志简称，目后再释全称，如《梁鄱阳王墓志》，后附全称《梁故侍中司徒鄱阳忠烈王墓志铭》。这种简称虽然没有简化为人名+墓志的称谓形式，但已经出现著录改革，对后世影响较大。二是标注墓志撰者信息外，还标明墓志的出处及收藏地，便于查找，具有范式功能。进入明代后，金石志书还是倾向于南朝墓志的著录。如顾起元《金陵古金石考目》专录金陵地区金石存佚情况，③ 收集南朝墓志九种，在上举诸墓志之外，又新增《梁简文帝智藏法师志铭》《梁简文帝同泰寺正智寂师志铭》及《梁陆倕志法师墓志铭》，开启僧尼志铭著录的先河。与宋元时期不同的是，明代还集中出现一些按地域著录金石的志书。虽然南宋王象之《舆地碑记目》也属同类，但明代的《天下金石志》《古今碑帖

---

① 〔宋〕郑樵：《金石略》，清光绪八年至三十年（1882—1904）刻本。
② 〔元〕张铉：《金陵碑碣新志》，元至正三年（1344）刊本。
③ 〔明〕顾起元：《金陵古金石考目》，民国三十七年（1948）合众图书馆红印本。

考》《金石备考》等著录范围已经不限江南,扩展至全国。① 如于奕正《天下金石志》按省、府、县著录北直隶至贵州十五地碑刻一千余种,其中在"南直隶应天府"下录目《宋宗悫母夫人墓志》《梁永阳昭王墓志铭》《梁永阳敬太妃铭》三种。朱晨《古今碑帖考》"宋齐梁陈碑"同样录以上三种南朝墓志。至来浚《金石备考》,也是采用地域著录形式,在"江南江宁府"下录目《梁永阳敬太妃墓志铭》《梁永阳昭王墓志铭》两种。这种按地域著录金石的志书,有利于宏观通览全国金石分布情况。但过于追求宏观,及抄录前代志书,也导致各地碑志数目未至详尽。

进入清代,随着金石学的复兴,墓志目录层出不穷。在评述这些目录书之前,有必要介绍清初几部有关墓志体例研究的著述。在以往的金石体例研究中,以"金石三例"最为著名,即元潘昂霄《金石例》、明王行《墓铭举例》,及清黄宗羲《金石要例》。② 这三种著作虽然开拓了金石研究的新领域,对墓志体例多有总结,但习以唐宋后墓志材料为例证,缺乏对早期墓志的关注。有鉴于此,李富孙《汉魏六朝墓铭纂例》重点探求汉魏六朝墓铭体例,③ 后又有吴镐《汉魏六朝志墓金石例》踵继其事。④ 在结构上,李、吴二书先列志目,后加论述,内容涉及墓志的名称、形制、出土地等信息,带有墓志目录性质。其中,《汉魏六朝墓铭纂例》著录《豫章长公主墓志铭》《司空何尚之墓铭》《宋故散骑常侍谢公墓志》等南朝墓志五十五种,北朝墓志《周大将军闻喜公柳霞墓志铭》《宁朔将军司马绍墓志》《洛州刺史刁遵墓志》等三十五种,著录数量远远超过前人。

---

① 〔明〕于奕正:《天下金石志》,明崇祯五年(1632)刻本;〔明〕朱晨:《古今碑帖考》,钱塘胡氏刊本;〔明〕来浚:《金石备考》,陕西省博物馆藏清抄本。
② 〔元〕潘昂霄:《金石例》,清光绪十四年(1888)槐卢自刻本;〔明〕王行:《墓铭举例》,清光绪四年(1878)读有用书斋刊本;〔清〕黄宗羲:《金石要例》,民国二十五年(1936)《丛书集成初编》本。
③ 〔清〕李富孙:《汉魏六朝墓铭纂例》,别下斋校勘本。
④ 〔清〕吴镐:《汉魏六朝志墓金石例》,常熟鲍氏后知不足斋刻本。

至于吴镐《汉魏六朝志墓金石例》，体例及内容多仿自《汉魏六朝墓铭纂例》，著录墓志较少，未见超出李书者。至清末梁玉绳《志铭广例》开创以例统志的叙述方式，金石体例著述目录功能逐渐弱化。①

清代初期，比较有代表性的石刻目录是孙星衍《寰宇访碑录》。②该书以年代为序，著录三代至元代碑刻七千八百五十三种，其中含北朝《宁朔将军司马绍墓志》《扬州长史司马景和妻孟氏墓志》《洛州刺史刁遵墓铭》《龙骧将军临青男崔敬邕墓志》《济青相凉朔恒六州刺史高植墓志》《泾州刺史陆希道墓志》《怀令李超墓志》《法师惠猛墓志》《南秦州刺史司马升墓志》《齐州刺史高湛墓志》《朱岱林墓志》等十一种。《寰宇访碑录》虽然著录丰富，但也存在一定的讹误。如书中叙述《怀令李超墓志》《南秦州刺史司马升墓志》刊刻信息，未加考证，错误地沿用《中州金石记》说法。罗振玉曾作《寰宇访碑录刊谬》，可为参考。③总体而言，《寰宇访碑录》著录丰富，体例完备，信息全面，是宋元明以来较为系统、规范的石刻目录学之作。故此，后世多有效仿及续补。如赵之谦曾撰《补寰宇访碑录》五卷，附《失编》一卷，增目《侍中司空永阳昭王萧敷墓志》《永阳敬太妃王氏墓志》南朝墓志两种。刘声木《续补寰宇访碑录》二十五卷增补最多，共计《建威将军笠乡侯东阳城王刘怀民墓志铭》《显祖献文皇帝第一嫔侯夫人墓志铭》《御史左丞墓志铭》《逸人陈峻岩墓志铭》《奉车都尉定州刺史陆章墓志铭》等南北朝墓志八十种。此外，黄本骥曾撰《金石萃编补目》三卷，④著目南朝《永阳昭王萧敷墓志》《永阳敬妃王氏墓志》两种，北朝《郑道忠墓志》《崔敬邕墓志》《张元墓志》《僧思猛墓志》《崔颀墓志》《僧法憼塔志》《朱岱林墓志》等七种，也值得关注。

在孙星衍《寰宇访碑录》及其增补系列之外，清代还存在一些其他金石书

---

① 〔清〕梁玉绳：《志铭广例》，清光绪四年（1878）会稽章氏刻式训堂丛书本。
② 〔清〕孙星衍：《寰宇访碑录》，清光绪十四年（1888）刊本。
③ 罗振玉：《寰宇访碑录刊谬》，清光绪二十年（1894）朱氏槐卢校刊本。
④ 〔清〕黄本骥：《金石萃编补目》，清光绪二十三年（1897）《聚学轩丛书》本。

目。如尹彭寿《山左南北朝石刻》存目一卷,①专录南北朝时期山东石刻,属于地方性断代石刻目录著述。书中收录北朝墓志《后魏使持节都督刁遵墓志》《后魏六州刺史高植墓志》《后魏临淄令齐郡太守□玄墓志》《后魏黄县石羊里鞠彦云墓志》《东魏齐州刺史高湛墓志》《东魏勃海太守王偃墓志》《北齐开府参军崔頠墓志》《北齐处士房周陁墓志》《北齐朱岱林墓志》《北周齐安成主时珍墓志》等十种,并注明时代、书体、所在地等信息,于探索山东地区北朝石刻,特别是墓志文献多有益处。比较而言,吴式芬所撰《金石汇目分编》《攈古录》更具特色。②前者二十卷,以行政区划,分二十省,按府、州、县著录各地金石碑刻。后者以时间为序,著录元代以前金石器物一万八千余种,并于著目下作简要介绍。两书配合使用,极为通观便利。书中共计著录北朝《鱼玄明墓志》《司马绍墓志》《刁遵墓志》《崔敬邕墓志》等二十一种。此外,缪荃孙《艺风堂金石文字目》也是一种比较重要的金石目录。③该书在书末单附墓志一卷,集中著录从晋至元历代墓志,其中有南朝《吴衡阳郡太守葛祚碑额》一种,北朝墓志《司马绍墓志》《刁遵墓志》《郑道忠墓志》等三十五种。新增的《卜文墓志》《王僧墓志》《皇甫楚墓志》《梁子彦墓志》《曹礼墓志》等,均为前代未见,价值极高。专目墓志也开创了墓志目录专书的新模式。

到了民国时期,随着民间盗墓的盛行及陇海铁路的开发,数以万计的古代碑志文献陆续出土,特别是北朝墓志发现数量巨大。在这种背景下,随之出现了若干墓志整理研究学者和墓志目录类集大成之作。列在首位的是罗振玉及其《蒿里遗文目录》《墓志征存目录》。④罗振玉一生致力于金石收藏与整理,尤其

---

① 尹彭寿:《山左南北朝石刻》,景灵鹣阁丛书本。
② 〔清〕吴式芬:《金石汇目分编》,清道光、咸丰年间文禄堂本;《攈古录》,《续修四库全书》本。
③ 缪荃孙:《艺风堂金石文字目》,清光绪三十二年(1906)刻本。
④ 罗振玉:《蒿里遗文目录》,民国十五年(1926)东方学会铅印本;《墓志征存目录》,民国上虞罗氏排印本。

是墓志存目、题跋及刊布,贡献巨大。罗氏曾撰《蒿里遗文目录》,其卷二"墓志征存"录南朝《笠乡侯刘怀民墓志》《隋郡王国中军吕超静墓志》《梁宋新巴晋源三郡太守程虔墓志》三种,北朝《韩显宗墓志》《许和世墓志》《恒农太守寇臻墓志》等九十六种。又有"元魏宗室妃主志存目录",专辑北朝元氏墓志《前河间王元泰安讳定墓志》《侍中司徒公广陵王墓志》《使持节城阳怀王墓志》等八十四种。卷三"砖志征存目录",录有《京兆张婴砖》《邸香妻张砖》《雍州刺史鱼玄明铭》等六十五种。后来,罗振玉在其子罗福颐协助下总编《墓志征存目录》,将个人收藏及所见墓志汇编成目,共计南朝墓志三种,北朝墓志三百三十四种。其次是黄立猷《石刻名汇》。① 黄立猷通赡精博,嗜碑版尤勤,研讨金石文字,参稽钩考,罔间昕夕,数十年来随时搜采,宦辙所到,不惜重金购觅,以故蓄金石书不下七百余种,金石拓本近万种,自名"万碑馆"。《石刻名汇》录目《高景墓志》《宗悫母郑夫人墓志》《卢夫人李氏墓志》《崇公禅师塔铭》等南北朝墓志三百三十八种,及《吴妃墓砖》《苑氏墓砖》等九十四种,亦当归于墓志之列。又《补遗》一卷,增补《徐氏墓志》《元天穆墓志》等十种。《续补》一卷,又录《王蕃墓志》《成嫔墓志》等十六种。黄立猷曾留学日本,于海外金石收藏亦有关注,故书末附中外藏石处及墓志异名,信息丰富,视野开阔。最后是顾燮光的《古志汇目》《古志新目初编》。② 顾燮光博雅好古,精于金石,撰有《河朔新碑目》《梦碧簃石言》《两浙金石别录》等。其中,与南北朝墓志有关的是《古志汇目》六卷及《古志新目初编》四卷。《古志汇目》著录南朝《宋散骑常侍谢公墓铭》《韦意丙子墓砖》《宋宗悫母夫人墓志》等二十五种。著录北朝墓志《左监门卫将军刘英润妻杨玭墓志》《秘书丞晋阳王雍墓志》等一百三十二种。《古志汇目》不仅著录墓志铭,还记录墓志刊刻年代、所据原石拓本,及墓志所在地等信息。顾燮光在编撰《古志汇

---

① 黄立猷:《石刻名汇》,民国十五年(1926)沔阳黄氏万碑馆刊本。
② 顾燮光:《古志汇目》《古志新目初编》,民国二十三年(1934)《非儒非侠斋丛著》本。

目》后，又获新出土墓志二百余种，续撰《古志新目初编》四卷。其中南朝墓志有《宋故散骑常侍吴兴太守葛阳贞男兰陵萧府君惠明□础题字》《□□□将军隋郡王吕超□墓志》《杨公则墓记》等四种。北朝墓志增补较多，计有《安西将军雍州刺史□康公鱼玄明之铭》《魏故处士元理墓志》《使持节征北大将军相州刺史南安王元桢墓志铭》等二百六十五种。罗振玉、黄立猷、顾燮光动辄收藏墓志及拓本四五百种，墓志目录屡创新高，基本可以反映民国时期私人收藏面貌。

在以上私人藏家之外，北平图书馆、北京大学图书馆等馆藏金石拓本数量也蔚为壮观。北平图书馆前身京师图书馆，素有金石收藏之风气，后成立"金石部"，司职金石资料采购与搜集，特别是在接受陆和九、梁启超子女、何叙甫等人的捐赠后，金石拓本日渐丰富。据民国三十年（1941）馆编《北平图书馆藏碑目·墓志类》著录，[①]北平图书馆时藏历朝墓志目三千四百零七种，附释氏塔铭目七十四种。其中南朝《笠乡侯刘怀民墓志》《梁宋新巴晋源三郡太守程虔墓志》两种，北朝《处士李瑞墓志》《相州刺史南安王墓志》《使持节安北将军始平公元偃墓志》等二百九十九种。《北平图书馆藏碑目·墓志类》于志目下著录题名、时间、书体等信息，书后附年代、种数统计表，便于检索。同北平图书馆一样，北京大学图书馆也藏有大量金石拓本。1923年前后，北京大学研究所国学门收购艺风堂缪荃孙旧藏拓本一万零八百余种，1946年又接收柳风堂张仁蠡藏金石拓本一万三千六百余种。加之顾颉刚、容庚等教授购买的五六千种石刻拓片，其中墓志拓本近两千种。1955年，孙贯文编撰《北京大学图书馆藏金石拓片草目》，[②]只记载当时馆藏西汉至唐末石刻拓本五千五百余种，未能反映北京大学图书馆金石拓片收藏全貌。

民国时期，相比拓本收藏，大量出土的墓志原石更为学界所关注。当时既

---

① 北平图书馆：《北平图书馆藏碑目·墓志类》，民国三十年（1941）铅印本。
② 孙贯文：《北京大学图书馆藏金石拓片草目》，油印本。

出现了范寿铭"循园"、端方"陶斋"、罗振玉"雪堂"、黄立猷"万碑馆"、于右任"鸳鸯七志斋"、张钫"千唐志斋"等私人收藏，也存在洛阳存古阁、河南图书馆、保定莲池书院、曲阜圣庙、西安碑林、杭县西泠印社、国立北平图书馆等公家收藏机构。下面略举几例，以窥民国时期墓志原石收藏情况。"雪堂""万碑馆"收藏上文已经涉及，"循园""陶斋"及"碑林"下文有集中介绍，此处先由洛阳存古阁讲起。存古阁位于洛阳东关，道光二十年（1840）由洛阳县令马恕建造，专门收集、储存当地的碑刻、墓志、经幢等石刻，系当时国内三大石刻藏馆之一。马恕喜好金石，在建存古阁前，便已搜集碑拓一千三百余种，刘喜海藉之汇编《金石苑》《洛阳存古录》等。后罗振玉据存古阁藏品，撰《洛阳存古阁藏石目》，①录石六十九种，其中北朝四石均为造像记，未见墓志。直到洛阳知事曾炳章将新出土北魏元显墓志藏于存古阁，始见北朝墓志藏品。民国晚期，存古阁藏石移至河洛图书馆。中华人民共和国成立后，部分原石归河南省第二文物工作队及洛阳博物馆。其次是于右任的"鸳鸯七志斋"。于右任为辛亥革命元老，书法名家，酷爱金石收藏，曾与张钫相约，偏重北朝石刻，因藏石中有七对夫妻墓志，故名斋号"鸳鸯七志斋"。根据民国十九年（1930）《鸳鸯七志斋藏石目录》所载，②当时"鸳鸯七志斋"藏石一百五十九种，其中北魏墓志八十五种，北齐墓志七种。此后，于氏又陆续收得《李挺墓志》《刘幼妃墓志》《元季聪墓志》等北魏墓志若干。抗战时期，于右任将所藏石刻捐献西安碑林。经西安碑林赵力光《鸳鸯七志斋藏石》统计，③于右任共捐献石刻三百一十八种，三百八十七石。其中，北魏墓志一百三十八种，东魏墓志七种，北齐墓志八种，北周墓志五种，现藏西安碑林。再次是张钫的"千唐志斋"。上文已言，与于右任不同，张钫专藏唐代墓志。后张钫委

---

① 罗振玉：《洛阳存古阁藏石目》，雪堂丛刻本。
② 于右任：《鸳鸯七志斋藏石目录》，《东方杂志》1936年第二号。
③ 赵力光：《鸳鸯七志斋藏石》，西安：三秦出版社，1995年。

托郭玉堂收购洛阳邙山出土唐代墓志，并将墓志安置于新安县铁门镇千唐志斋。郭玉堂曾撰《千唐志斋藏石目录》，①载"千唐志斋"藏石一千五百七十八种。武汉大学魏晋南北朝隋唐史研究室谭两宜编《千唐志斋藏石目录》及陕西师范大学图书馆编《千唐志斋藏石拓片目录》，②皆据拓本著录，石刻数量皆不及郭书。今见"千唐志斋"北朝墓志三种：《薛慧命墓志》《元子正墓志》及《元恭墓志》，另有墓志盖十余种，未确定所属。此外，河南图书馆也是当时藏石重镇。民国十二年（1923），新郑郑公大墓发掘后，出土七百余件文物均入藏河南图书馆。后又馆藏中岳庙文物及金石编纂处等数百种汉魏墓志，影响渐大。据李根源《河南图书馆藏石目》所载，③时馆藏汉代至金代碑刻三百二十九种，其中有《魏故元使君墓志》一种，未知志主。

　　民国时期，与传统墓志目录不同，还存在一种专门著录墓志出土时地的目录。如郭玉堂在整理洛阳地区出土墓志时，将墓志出土时间、地点，以及收藏经过，按照时间顺序一一记录在册，编撰成《洛阳出土石刻时地记》。④该书收录墓志两千八百一十八种，其中北朝《安妙娥墓志》《元桢墓志》《元偃墓志》等二百六十三种。因为郭氏经手墓志多为盗掘，出土信息不全。后日本学者气贺泽保规又对《洛阳出土石刻时地记》进行校勘，改正错误信息，编成《复刻洛阳出土石刻时地记——附解说·所载墓志碑刻目录》，⑤便于使用。与《洛阳

---

① 郭玉堂：《千唐志斋藏石目录》，上海：上海西泠印社，民国二十四年（1935）。
② 谭两宜编，黄惠贤、陈国灿、程喜霖校订：《千唐志斋藏石目录》，《魏晋南北朝隋唐史资料》第1~2辑，1979年、1980年；陕西师范大学图书馆：《千唐志斋藏石拓片目录》，油印本，1981年。
③ 李根源：《河南图书馆藏石目》，民国十四年（1925）铅印本。
④ 郭玉堂：《洛阳出土石刻时地记》，郑州：大象出版社，2005年。
⑤ [日]气贺泽保规：《復刻　洛陽出土石刻時地記——附解説·所載墓誌碑刻目録》（明治大学东洋史丛刊2），东京：明治大学文学部东洋史研究室，2002年。

出土石刻时地记》相类的目录著述，还有余扶危、张剑编撰的《洛阳出土墓志卒葬地资料汇编》。①该书继承《洛阳出土石刻时地记》编撰主旨，收录1998年前著录的洛阳出土墓志近三千种，按照都城、府、县、乡、里行政区划，整理志主卒葬地及墓志出土地四千三百四十七条。《洛阳出土石刻时地记》《洛阳出土墓志卒葬地资料汇编》前后相承，对洛阳历史地理研究具有重要价值。

中华人民共和国成立后，文博事业获得蓬勃发展，各地新出土及新发现石刻数量激增，相关研究成果也得到大规模出版发行。下面根据墓志目录，从地域角度梳理一下各地南北朝墓志及拓本收藏情况。

首先，河南地区。河南自古为中原文化核心区域所在，加之作为北魏、东魏都城的洛阳、安阳，及邙山陵墓区，保留北朝历史文化遗迹众多。可以比较全面地反映河南碑志存佚情况的是河南省文物局、中原石刻艺术馆编撰的《河南碑志叙录》（一、二）。②该书著录东汉至清末墓志、塔铭、造像记、庙碑、功德记等一千四百一十种，注明出土时间、地点、尺寸、书体、容字等信息，书后附二百二十七幅剪裱拓本。其中北朝墓志有《元偃墓志》《元龙墓志》《元始和墓志》等名品数十种。此外，洛阳师范学院也藏有数种北朝墓志。杨作龙、赵水森编《洛阳新出土墓志释录》著录北魏《孙树墓志》《乞伏君墓志》两种，③洛阳师范学院后来收藏的《高树生墓志》《韩期姬墓志》等未及著录。在墓志录目数量和广度上，洛阳市文物局、洛阳市文物工作队编《洛阳出土墓志目录》及

---

① 余扶危、张剑：《洛阳出土墓志卒葬地资料汇编》，北京：北京图书馆出版社，2002年。
② 河南省文物局、中原石刻艺术馆：《河南碑志叙录》（一、二），郑州：中州古籍出版社，1992年、1997年。
③ 杨作龙、赵水森：《洛阳新出土墓志释录》，北京：北京图书馆出版社，2004年。

洛阳市文物考古研究院编《洛阳出土墓志目录续编》要更为专业一些。①前者著录北魏《靳英墓志》到北周《卢兰墓志》二百九十九种，后者增录北朝《冯熙墓志》《杨恩墓志》等共计七十八种，大致可反映出河南北朝墓志出土及保存情况。

其次，河北地区。关于河北地区的石刻现存情况，可参看石永士等编著的《河北金石辑录》。②该书搜集河北"金文""刻石""碑刻""经幢及其他""墓志"等金石三千五百九十五种，其中"墓志"部分著录了河北省出土的《邢峦墓志》《邢伟墓志》等墓志三十种。书末有河北省金石目录，便于检索。

再次，山东地区。对于山东地区石刻文献的考察，可以从《山东省志·文物志》入手。③该书第七编"文物藏品"中第六章"石刻"题下有关于山东地区出土碑志的介绍，辑录了《刁遵墓志》《高道悦墓志》《李璧墓志》《鞠彦云墓志》《李谋墓志》《房悦墓志》《崔芬墓志》等七种北朝墓志。因为《山东省志·文物志》出版时间较早，一些新见墓志未及著录。作为补充，山东地区北朝墓志还可以参阅《山东石刻分类全集·历代墓志卷》和《山东石刻艺术选萃·历代墓志卷》。④二书均为图录类著述，前者录南朝《刘怀民墓志》一种，北朝《韩显宗墓志》等四十三种，后者录北朝墓志二十七种，皆山东地区所出北朝墓志，图像清晰，宣纸印刷，更彰显学术价值。

再次，山西地区。山西地区也是北朝石刻遗存较为丰富的地区之一，如清

---

① 洛阳市文物局、洛阳市文物工作队：《洛阳出土墓志目录》，北京：朝华出版社，2001年；洛阳市文物考古研究院：《洛阳出土墓志目录续编》，北京：国家图书馆出版社，2012年。
② 石永士、王素芳、裴淑兰：《河北金石辑录》，石家庄：河北人民出版社，1992年。
③ 山东省地方史志编纂委员会：《山东省志·文物志》，济南：山东人民出版社，1996年。
④ 《山东石刻分类全集》编撰委员会：《山东石刻分类全集·历代墓志卷》，青岛：青岛出版社，2013年；山东石刻艺术博物馆：《山东石刻艺术选萃·历代墓志卷》，杭州：浙江文艺出版社，1996年。

胡聘之《山右石刻丛编》收录七百四十八种，后《山西通志·金石记》增录至一千五百五十余种。1990年，山西人民出版社出版的《〈山右石刻丛编〉〈山西通志·金石记〉石刻分域目录》，①将《山右石刻丛编》《山西通志·金石记》所收碑志按照光绪年间州府行政区划重新编制目录，利于掌握山西各地区石刻分布情况。当然，最能反映山西石刻全貌的是《三晋石刻总目》。该书按地、市分卷编撰，标注每一市下各县石刻存佚情况，并在书末附《石刻简目》《条目分域统计表》。自1998年始，已经出版《运城地区卷》《长治市卷》《阳泉市卷》《晋中市卷》《晋城市卷》《临汾市卷》《大同市卷》《太原市卷》《朔州市卷》等。②与《三晋石刻总目》相配套的是《三晋石刻大全》，该书图文对照，拓本与录文并重，目前已见出版《吕梁市石楼县卷》《大同市灵丘县卷》《晋中市寿阳县卷》《晋中市灵石县卷》《晋中市左权县卷》《忻州市宁武县卷》《阳泉市盂县卷》《临汾市侯马市卷》《晋城市高平市卷》《长治市长治县卷》《临汾市蒲县卷》《运城市绛县卷》《临汾市永和县卷》《太原市娄烦县卷》《吕梁市兴县卷》

---

① 刘舒侠：《〈山右石刻丛编〉〈山西通志·金石记〉石刻分域目录》，太原：山西人民出版社，1990年。

② 吴均：《三晋石刻总目·运城地区卷》，太原：山西古籍出版社，1998年；王怀中等：《三晋石刻总目·长治市卷》，太原：山西古籍出版社，2000年；张鸿仁、李翔：《三晋石刻总目·阳泉市卷》，太原：山西古籍出版社，2003年；晋华：《三晋石刻总目·晋中市卷》，太原：山西古籍出版社，2004年；吴广隆、秦海轩：《三晋石刻总目·晋城市卷》，太原：山西古籍出版社，2004年；解希恭、张新智：《三晋石刻总目·临汾市卷》，太原：山西古籍出版社，2004年；董瑞山：《三晋石刻总目·大同市卷》，太原：山西古籍出版社，2005年；张崇颜、王德岑：《三晋石刻总目·太原市卷》，太原：山西古籍出版社，2006年；雷云贵：《三晋石刻总目·朔州市卷》，太原：山西古籍出版社，2006年。

等。①山西地区出土的北魏《司马金龙墓志》《封和宠墓志》《辛祥墓志》《宋绍祖墓志》《姬辰墓志》，北齐《张肃墓志》《裴良墓志》《库狄回洛墓志》《娄睿墓志》《韩裔墓志》《徐显秀墓志》，及东魏《刘懿墓志》等，均见著录。

再次，陕西地区。相比其他地区，陕西地区不仅历史悠久，文化遗存众多，还存在西安碑林、陕西历史博物馆、陕西省考古研究所等大型文物研究收藏机构。对陕西地区石刻情况的探求，可以从李慧《陕西石刻文献目录集存》、李域铮《陕西古代石刻艺术》两部目录著作开始。②前书将1949年前有关陕西石刻的著述进行编目，整理出墓志四百四十八种，其中魏晋南北朝占一百三十二种。后书分陕西石刻概述、西安碑林中的书法艺术和历代墓志三个部分，从陕西现存石刻中选取四百三十七种，其中包括《元定墓志》《元鉴墓志》等北朝精品墓志。与这些目录书对应的图录类著述是《陕西金石文献汇集》丛书，目前已见

---

① 刘应刚：《三晋石刻大全·吕梁市石楼县卷》，太原：三晋出版社，2008年；高凤山：《三晋石刻大全·大同市灵丘县卷》，太原：三晋出版社，2010年；史景怡：《三晋石刻大全·晋中市寿阳县卷》，太原：三晋出版社，2010年；杨洪：《三晋石刻大全·晋中市灵石县卷》，太原：三晋出版社，2010年；王兵：《三晋石刻大全·晋中市左权县卷》，太原：三晋出版社，2010年；任宁虎、郭宝厚：《三晋石刻大全·忻州市宁武县卷》，太原：三晋出版社，2010年；李晶明：《三晋石刻大全·阳泉市盂县卷》，太原：三晋出版社，2010年；高青山：《三晋石刻大全·临汾市侯马市卷》，太原：三晋出版社，2011年；常书铭：《三晋石刻大全·晋城市高平市卷》，太原：三晋出版社，2011年；贾圪堆：《三晋石刻大全·长治市长治县卷》，太原：三晋出版社，2012年；王东全：《三晋石刻大全·临汾市蒲县卷》，太原：三晋出版社，2013年；李玉明、柴广胜：《三晋石刻大全·运城市绛县卷》，太原：三晋出版社，2014年；杨年玉：《三晋石刻大全·临汾市永和县卷》，太原：三晋出版社，2015年；梁俊杰：《三晋石刻大全·太原市娄烦县卷》，太原：三晋出版社，2016年；史建春：《三晋石刻大全·吕梁市兴县卷》，太原：三晋出版社，2017年。

② 李慧：《陕西石刻文献目录集存》，西安：三秦出版社，1990年；李域铮：《陕西古代石刻艺术》，西安：三秦出版社，1995年。

出版《咸阳碑石》《安康碑石》《汉中碑石》《咸阳碑刻》《临潼碑石》等。[1] 在陕西省，乃至全国文物收藏机构中，西安碑林是一座历史悠久、收藏丰富的博物馆。上文提到，于右任在抗战时期曾将所藏石刻捐献西安碑林，其中北朝墓志一百五十八种。据陈忠凯等编《西安碑林博物馆藏碑刻总目提要》所载，[2] 截至2005年，西安碑林藏墓志一千零五十三种，其中北朝墓志一百七十一种。与这些目录对应的图版，可参见西安碑林博物馆编《西安碑林全集》。近年来，西安碑林陆续新入藏碑志，皆见著录于《西安碑林博物馆新藏墓志汇编》《西安碑林博物馆新藏墓志续编》等，这些内容将在图录部分进行详细介绍。

最后，辽宁地区。南北朝时期，辽宁西部曾经是北魏、东魏、北齐等政权疆域的组成部分，存在大量历史遗迹。石刻相关目录可以参看《辽宁省志·文物志》。[3] 该书第一编"遗迹遗存"下第六章"石刻"中有关于辽西地区出土北朝墓志的介绍。碑志文字方面的著述，可参阅王晶辰编《辽宁碑志》，[4] 录有《刘贤墓志》《张略墓志》等北朝墓志。此外，辽宁省博物馆也藏有众多历代墓志。其中有《元飈墓志》《元略墓志》《元钦墓志》等北朝墓志三十五种，部分墓志系民国二十三年（1934）罗振玉寄赠时伪满洲国立博物馆（即今辽宁省博物馆前身）收藏。

相比原石，碑志拓本也以其直观具象、携带便捷、价格低廉等特点，为

---

[1] 张鸿杰：《咸阳碑石》，西安：三秦出版社，1990年；张沛：《安康碑石》，西安：三秦出版社，1991年；陈显远：《汉中碑石》，西安：三秦出版社，1996年；曹发展：《咸阳碑刻》，西安：三秦出版社，2003年；赵康民、李小萍：《临潼碑石》，西安：三秦出版社，2006年。

[2] 陈忠凯等：《西安碑林博物馆藏碑刻总目提要》，北京：线装书局，2006年。

[3] 辽宁省地方志编纂委员会办公室：《辽宁省志·文物志》，沈阳：辽宁人民出版社，2001年。

[4] 王晶辰：《辽宁碑志》，沈阳：辽宁人民出版社，2002年。

公、私博物馆、图书馆,及个人藏家所钟爱。如北京地区历史上出土南北朝墓志不多,但作为中国政治中心,逐渐成为各种历史文物的集散地。北京诸博物馆、图书馆、大学等多见碑志收藏,并已有馆藏目录出版。如孙贯文《北京大学图书馆藏金石拓片草目》、北京大学图书馆金石组《北京大学图书馆藏历代墓志拓片目录》[1]、中国科学院图书馆《中国科学院图书馆藏石刻编年草目》[2]、徐自强《北京图书馆藏石刻叙录》[3]、北京图书馆《北京图书馆藏墓志拓片目录》《北京图书馆藏北京石刻拓片目录》[4]及王鑫、程利所编《北京市文物研究所藏墓志拓片》等。[5]其中,以国家图书馆和北京大学图书馆收藏量最大,其目录也为学界所关注。根据《北京图书馆藏墓志拓片目录》记载,国家图书馆收藏墓志拓本四千六百三十八种,其中南北朝《吕超墓志》《元延明墓志》《司马绍墓志》等共计三百一十八种,可与《北京图书馆藏中国历代石刻拓本汇编》相互参照使用。[6]相比之下,北京大学图书馆收藏量要更大,《北京大学图书馆藏历代墓志拓片目录》著录从汉至民国墓志一万零一百九十四种。其中南朝《李氏墓记》《刘怀民墓志》《吕超墓志》《程虔墓志》《卫和墓志》五种,北朝《鱼玄明墓志》《司马金龙墓志》等六百三十四种,部分新出土墓志图版可参见《1996—

---

[1] 北京大学图书馆金石组:《北京大学图书馆藏历代墓志拓片目录》,上海:上海古籍出版社,2013年。

[2] 中国科学院图书馆:《中国科学院图书馆藏石刻编年草目》,油印本。

[3] 徐自强:《北京图书馆藏石刻叙录》,北京:书目文献出版社,1988年。

[4] 徐自强主编,冀亚平、王巽文编,北京图书馆金石组编辑:《北京图书馆藏墓志拓片目录》,北京:中华书局,1990年;《北京图书馆藏北京石刻拓片目录》,北京:书目文献出版社,1994年。

[5] 王鑫、程利:《北京市文物研究所藏墓志拓片》,北京:北京燕山出版社,2003年。

[6] 北京图书馆金石组:《北京图书馆藏中国历代石刻拓本汇编》,郑州:中州古籍出版社,1989—1991年。

2012北京大学图书馆新藏金石拓本菁华》。①此外，上海地区的上海博物馆、图书馆等也是碑志拓本收藏重镇。上世纪50年代时期，孙伯渊曾捐赠上海博物馆三千九百二十件碑帖拓本，其中南北朝墓志三百四十九种。具体目录可参阅《满地香泥梦有痕：孙伯渊先生捐献金石拓片清册》，②其中不乏《程虔墓志》《卫和墓志》等名品。在孙先生之后，戚叔玉也陆续将旧藏四千八百余件碑志拓本捐献给上海博物馆，其中包括三百二十三种南北朝墓志拓本。后上海博物馆图书馆据此捐赠编撰成《戚叔玉捐赠历代石刻文字拓本目录》，③2006年由上海古籍出版社刊行。其中部分南北朝碑志图版见于戚叔玉等选编的《北魏墓志百种》。④上海图书馆藏碑志拓本，可参阅上海图书馆编《上海图书馆藏善本碑帖》《上海图书馆善本碑帖综录》等。⑤

此外，还有台湾地区。台湾地区碑志拓本收藏以历史语言研究所傅斯年图书馆为重镇，共计两万五千余种。学者已进行编目，目前可见毛汉光《"中央研究院"历史语言研究所藏历代墓志拓片目录》《"中央研究院"历史语言研究所藏历代碑志铭、塔志铭、杂志铭拓片目录》、⑥佛教拓片研读小组《"中央研究

---

① 胡海帆、汤燕：《1996—2012北京大学图书馆新藏金石拓本菁华》，北京：北京大学出版社，2013年。

② 徐冰冠：《满地香泥梦有痕：孙伯渊先生捐献金石拓片清册》，香港：集古斋有限公司，2000年。

③ 上海博物馆图书馆：《戚叔玉捐赠历代石刻文字拓本目录》，上海：上海古籍出版社，2006年。

④ 戚叔玉等：《北魏墓志百种》，上海：上海书画出版社，1987年。

⑤ 上海图书馆：《上海图书馆藏善本碑帖》，上海：上海古籍出版社，2005年；《上海图书馆善本碑帖综录》，上海：上海书画出版社，2017年。

⑥ 毛汉光：《"中央研究院"历史语言研究所藏历代墓志拓片目录》，台北：乐学书局，1985年；《"中央研究院"历史语言研究所藏历代碑志铭、塔志铭、杂志铭拓片目录》，台北：学生书局，1987年。

院"历史语言研究所藏北魏纪年佛教石刻拓本目录》、[①]洪金富《"中央研究院"历史语言研究所藏辽金石刻拓本目录》《"中央研究院"历史语言研究所藏元代石刻拓本目录》等。[②]其中，有南朝《刘怀民墓志》《吕超墓志》，及北朝《李氏墓志》《元容墓志》《元理墓志》等三百四十一种，另有墓志盖六种。此外，台湾省图书馆也收藏有大量墓志拓本。根据《"国立中央"图书馆藏墓志拓片目录附索引》所载，该馆收藏墓志两千七百零七种，其中南北朝墓志《闻景墓志》《刘怀民墓志》《宋灵妃墓志》等共计二百五十八种，也是收藏丰富。

至于海外中国古代碑志拓本收藏，主要集中在日本、美国及法国等地区。

日本收藏中国石刻拓本较多的机构是东洋文库、京都大学人文科学研究所、大东文化大学书道研究所、淑德大学书学文化研究中心、东京国立博物馆、京都国立博物馆、书道博物馆、三井文库别馆、大阪市立美术馆等。作为日本汉学研究中心，东洋文库是日本最大的东方学资料收藏机构。根据《东洋文库所藏中国石刻拓本目录》统计，[③]东洋文库藏有中国石刻拓本两千七百六十种，其中南北朝墓志有《刘怀民墓志》《侯氏墓志》《元飝墓志》等七十八种。与东洋文库比肩的京都大学人文科学研究所，也是日本汉学研究重镇之一。根据京都大学网站公布目录，已见展示南北墓志二百一十三种，相关图版可浏览京都大学网站或《日本京都大学藏中国历代文字碑刻拓本汇编》。[④]需要说明的是，这

[①] 佛教拓片研读小组：《"中央研究院"历史语言研究所藏北魏纪年佛教石刻拓本目录》，"中央研究院"历史语言研究所，2002年。

[②] 洪金富：《"中央研究院"历史语言研究所藏辽金石刻拓本目录》，"中央研究院"历史语言研究所，2012年；《"中央研究院"历史语言研究所藏元代石刻拓本目录》，"中央研究院"历史语言研究所，2015年。

[③] 东洋文库：《東洋文庫所藏中国石刻拓本目録》，东京：东洋文库，2002年。

[④] 《日本京都大学藏中国历代文字碑刻拓本汇编》编撰委员会：《日本京都大学藏中国历代文字碑刻拓本汇编》，乌鲁木齐：新疆美术摄影出版社，2016年。

二百一十三种拓本仅是人文科学研究所拓本收藏之一部分，并非全部藏品。大东文化大学书道研究所藏中国石刻拓本主要来自宇野雪村的捐赠。宇野雪村是日本书法名家，多年从事中国石刻碑帖收藏。1997年，宇野雪村将所藏书学、美术相关资料捐赠给大东文化大学书道研究所，其中石刻拓本五百余册，一千余种。据该所编制《宇野雪村文库拓本目录》著录，① 南北朝墓志有《刘怀民墓志》《吕超墓志》《陶峻墓志》等二百九十三种，部分墓志拓本存在整拓和册页等不同装帧形式，较为珍贵。同前面几所大学一样，淑德大学书学文化研究中心也是日本收藏中国石刻拓本的重镇。就南北朝墓志而言，该中心收藏《刘怀民墓志》《吕超墓志》《陶弘景墓志》《程虔墓志》《杨公则墓志》等墓志拓本二百三十一种，② 而且多为其他馆藏未见者。此外，东京国立博物馆、大阪市立美术馆等也收藏有数量众多的中国石刻拓本。前者可以参见《东京国立博物馆所藏竹岛卓一旧藏中国史迹写真目录》，③ 后者收藏南北朝墓志拓本一百三十八种，见大阪市立美术馆所编目录。④

美国收藏中国石刻拓本机构很多，其中以哈佛大学燕京图书馆、柏克莱加州大学东亚图书馆及芝加哥富地博物馆为代表。哈佛大学燕京图书馆现藏碑志拓本一千零六十六种，两千四百六十五幅，⑤ 基本实现数字化，可于图书馆主页浏览，现存南朝《杨公则墓记》，北朝《元钴远墓志》《元徽墓志》等百余种。

---

① ［日］玉村清司：《大東文化大学書道研究所所藏宇野雪村文庫拓本目録》，东京：大东文化大学书道研究所，2004年。

② ［日］中滨慎昭：《淑德大学書学文化中心藏中国石刻拓本目録》，千叶：淑德大学书学文化中心，2016年。

③ ［日］田良岛哲、平势隆郎、三轮紫都香：《東京国立博物館所蔵竹岛卓一旧藏「中国史跡写真」目録》，东京：东京大学东洋文化研究所，2015年。

④ 大阪市立美术馆：《大阪市立美術館紀要　中国金石拓本目録》，1978年。

⑤ 姚伯岳：《堀越喜博和他的金石拓片收藏》，《燕北书城困学集》，长沙：岳麓书社，2010年，第153~168页。

相比之下，柏克莱加州大学东亚图书馆收藏的善本碑帖及各类金石拓本更多，达到四千七百五十三种，两万八千余品。墓志类中以山东、河南、山西地区出土的北朝及隋唐墓志为大宗，其中不乏《刁遵墓志》《王僧墓志》《李超墓志》《高湛墓志》《刘懿墓志》等名品。2008年，上海古籍出版社出版的《柏克莱加州大学东亚图书馆藏碑帖》，①对该馆藏品有详细介绍，可为参考。最后是芝加哥富地博物馆，该馆所藏中国金石拓本主要来源于美国著名汉学家劳费尔的收藏。劳费尔一生致力于汉学研究，曾游历中国，收集金石拓本三千三百三十六种，大部分为富地博物馆收藏。1981年，Hartmut Walravens主编《富地博物馆藏拓本聚瑛》出版。②该书收录馆藏拓本两千零一十四种，并于每一目下详述该石刻年代、出土地、书体、尺寸等信息，书后又附"题名""人名""寺庙名"等多种索引。石刻中山东、陕西等地的汉魏六朝石刻占有相当大的比重，多是造像记文献，有北朝《崔敬邕墓志》等十种。

在美国、日本之外，法国各地博物馆、图书馆等也存在数量众多的中国古代石刻拓本。如汉学家沙畹、伯希和、赛和朗、奥龙等学者收藏的拓本，分别收藏于亚洲协会、吉美博物馆、法兰西国立图书馆、远东学院等机构，总数七千余种。③

最后，谈一下通代墓志目录。这类目录涵盖范围广，跨度时间长，具有集成性质，对墓志及相关问题研究更具指导意义。首先介绍的是王壮弘、马成名编撰的《六朝墓志检要》。④该书根据《北京大学图书馆藏金石拓片草目》《石

---

① 周欣平：《柏克莱加州大学东亚图书馆藏碑帖》，上海：上海古籍出版社，2008年。
② Walravens, Hartmut. *Catalogue of Chinese Rubbings from Field Museum*, Chicago: Field Museum of Natural History，1981.
③ [法]戴仁撰，周长青、施安昌译：《沙畹和法国的中国碑铭学》，《法国汉学》第六辑，北京：中华书局，2002年，第587~601页。
④ 王壮弘、马成名：《六朝墓志检要》，上海：上海书画出版社，1985年。

刻题跋索引》等文献所载,对南北朝五百四十六种墓志进行著录,编写每种墓志的时代、尺寸、书体、出土地及真伪等信息,并于目下详列著录出处,书后又附目录索引。该书自1985年出版以来,2008年再出修订本,一直是六朝墓志研究的必读工具书。之后是荣丽华编集的《1949—1989四十年出土墓志目录》,[①]该书对1949—1989年四十年间出土的墓志进行统一著录,其中包括南北朝墓志一百种。因为所录墓志多为科学发掘,材料较为真实可信。后汪小烜续编《1990—1999新出汉魏南北朝墓志目录》。[②]此两种墓志目录大致可反映1949年以来中古墓志出土和著录情况。在此之后,是两部墓志目录集大成之作:毛远明《汉魏六朝碑刻校注·总目提要》和梶山智史《北朝隋代墓志所在总合目录》。[③]毛远明《汉魏六朝碑刻校注·总目提要》收录2008年前出土或著录的汉魏南北朝时期诸类石刻近两千六百种,其中南北朝墓志七百九十八种。总目在著录墓志信息之外,还特别注明拓片来源。《汉魏六朝碑刻校注》只收录有实物、拓片、照相、摹本的石刻,说明该书对不见实物及拓本的石刻资料未加著录。相比之下,日本学者梶山智史《北朝隋代墓志所在总合目录》更专注于北朝墓志著录,共计录目一千二百一十一种,是目前所见规模最大的北朝墓志目录书。该书不仅条目多,著录信息也非常丰富,具有极高价值。但该书缺录南朝墓志,及对中国古代金石志书关注无多,略为遗憾。加之,成书至今已近六年,应该还有大量新见墓志需要增补。

---

① 荣丽华编集,王世民校订:《1949—1989四十年出土墓志目录》,北京:中华书局,1993年。

② 汪小烜:《1990—1999新出汉魏南北朝墓志目录》,《魏晋南北朝隋唐史资料》第十八辑,武汉:武汉大学出版社,2001年。

③ 毛远明:《汉魏六朝碑刻校注·总目提要》,北京:线装书局,2008年;[日]梶山智史:《北朝隋代墓誌所在総合目録》(明治大学東洋史資料叢刊11),东京:明治大学东亚石刻文物研究所,2013年。

二、图录：观之有物

图录，又称图谱，是一种通过拓本、摹本等呈现金石原貌的文献形式。图录的出现，可追溯至先秦时期。《汉书·艺文志》自易家后，著目图录数十种。已见出土的长沙子弹库战国楚帛书、清华简《筮法》卦位图等都证明先秦时期确实存在图录。就金石图录而言，其文献表现形式有二：一是拓本，二是摹本。前者复原准确性强，出品效率高，一直沿用至今。后者形式灵活，大小可变，多用于上石印刷。无论是拓本，还是摹本，汇编成帙，刻版制书，都可以制成图录。早期图录中，拓本类图录以欧阳修《集古录》为代表。《集古录》前有拓本，后有跋尾，因靖康之变欧阳修后人南迁中，将拓本部分割弃，只剩跋尾，故成《集古录跋尾》。摹本类图录以王溥《宛炎集》最早。王溥曾收藏三千余石本，命善书者分录为《宛炎集》凡百卷。关于图录之用，郑樵《通志·图谱略》曾归纳"器用""班爵""名物"等十六类学问，"有书无图，不可用也"。郑氏所言虽略有夸张，但图录在历史信息的还原及传递过程中，所呈现出的直观和具象优势，是目录、文字等其他文献所不具备的。这一点在石刻文献上表现更为明显：一方面，石刻多在远郊荒野，不便近至观览，即使私人收藏，也不轻易示人。另一方面，自然风化、人为破坏都会造成石刻的泐损，甚至亡佚，早期拓本和摹本可以最大程度上保留石刻原貌。图录在空间和时间上的穿越，可视为其在石刻图样保存上的最大贡献。

宋代金石学兴盛，大量的图录类著述也随之而生。除上举欧、王之书外，当时还有刘敞《先秦古器记》、曾巩《金石录》、李公麟《考古图》等，但均已亡佚。今见传世文献中，最早的图录是吕大临《考古图》。[①]《考古图》十卷，成书于宋元祐七年（1092），著录青铜器二百二十四种，玉器十三种，石器一

---

① 〔宋〕吕大临：《泊如斋重修考古图》，北京：北京图书馆出版社，2003年。

种。该书摹绘图形、款识,并记录尺寸、容量、重量、出土地、收藏处等信息,在图录编撰体例上具有开创意义。此后,又有宋官修《宣和博古图》等,[1]仍以图录青铜器为主,直到洪适《隶释》《隶续》及朱熹《家藏石刻集》等,始图录石刻文献。[2]洪书将石刻隶书誊录于纸本,实现了拓本与书本的有机转换。朱书则继承传统,将拓本编辑成书帙。在这些金石图录之外,这一时期还出现收录金石文字的刻帖。如《淳化阁帖》《绛帖》《大观帖》《汝帖》《历代钟鼎彝器款识法帖》《古鼎法帖》等,但重在提供书法临摹对象,非为纯粹金石图录著录,此不展开论述。即便如此,上举诸著作仍不见墓志类石刻录图。从今见图录来看,这种情况的改变自王俅编撰《啸堂集古录》开始出现。[3]《啸堂集古录》收录金石器三百四十五种,其中墓志一种,即《滕公墓铭》,观王俅临摹字型,似为道家符箓之体。虽然《滕公墓铭》真实性有待探究,但仍可视为墓志图录之始。

元明时期,理学日盛,金石学逐渐没落。图谱不若宋代之众,反而是出现一些刻帖图录。如顾信、吴世昌《乐善堂帖》将赵孟頫、姜夔、卢柳南等名家书迹摹刻上石,[4]《赵孟頫安素轩石刻》收录赵孟頫书《道德经》及老子画像拓本图录,[5]董其昌《戏鸿堂法帖》搜集历代名家法书等。到了明代,有代表性的石刻图录是陶滋《碧落碑文正误》,[6]书首录碧落碑篆书铭文,可视为临摹原石之作。相类著述还有杨慎《石鼓文音释》,[7]对所见石鼓篆书,一一摹录原文,

---

[1] 〔宋〕王黼:《宣和博古图》,清文渊阁《四库全书》本。
[2] 〔宋〕洪适:《隶释·隶续》,北京:中华书局,1985年。郭齐、尹波点校:《朱熹集》,成都:四川教育出版社,1996年。
[3] 〔宋〕王俅:《啸堂集古录》,民国十一年(1922)涵芬楼《续古逸丛书》本。
[4] 〔元〕赵孟頫:《乐善堂帖》,北京:北京图书馆出版社,1998年。
[5] 〔元〕赵孟頫:《赵孟頫安素轩石刻》,天津:天津古籍出版社,2006年。
[6] 〔明〕陶滋:《碧落碑文正误》,明嘉靖十二年(1533)汾亭陶氏刊本。
[7] 〔明〕杨慎:《石鼓文音释》,北京:中华书局,1985年。

以及王佐《汇堂摘奇》，①摹录《楚衡岳神禹碑》《汉滕公石椁铭》《吴季公碑》三种。相比之下，明代图录收录金石最多者为丰道生《金石遗文》，②辑金石文图录五卷，但大抵取材《宣和博古图》《考古图》《历代钟鼎彝器款识法帖》等，价值不大。

相比宋元明，图录的大发展发生在清代，不仅出现了若干图录制版名家，还产生了一系列的图录著述。清初较为著名的图录是诸峻《金石经眼录》《金石图说》。③诸峻字千峰，合阳人，工于镌字，以贩鬻碑刻为业，每裹粮走深山、穷谷、败墟、废址之间，搜求金石之文，凡前人所未及录与虽录而非所目击未能详悉言之者，皆据所亲见，绘其形状，摹其字画，并其剥蚀刓缺之处，一一手自钩勒，作为缩本镌于枣板，纤悉逼真。《金石经眼录》收录自太学石鼓以下迄于曲阜颜氏所藏汉无名碑阴，为数四十七种。牛运震各系以说，详其高卑广狭及所在之处，其假借通用之字亦略训释。《金石图说》则在《金石经眼录》之外，又广收青铜器若干。前代图录之书，重在摹写或拓录文字，皆不及《金石经眼录》《金石图说》图绘形制，形象逼真。此外，还有朱枫《秦汉瓦图记》、程敦《秦汉瓦当文字》、毕沅《秦汉瓦当图》、邹安《广仓砖录》《双王䥨斋金石图录》等图录瓦当砖石。略微遗憾的是，上述著录著作均未收录墓志。究其原因所在，一是墓志形制简单，字数繁多，文字书法并未受到时人的重视。二是墓志摹勒刻印，难度较大，拓本制作仍占据主流。

进入清末，随着石印技术传入，印刷技术出现革命性的变革和发展。虽然石印技术很快被铅印技术取代，但仍然有大量古籍凭此得到刊行。同样，这一时期的石印技术也被广泛地应用于墓志图录印刷。清光绪八年（1882），日本

---

① 〔明〕王佐：《汇堂摘奇》，民国二十五年（1936）商务印书馆《丛书集成初编》本。
② 〔明〕丰道生：《金石遗文》，湖南图书馆藏钞本。
③ 〔清〕诸峻：《金石经眼录》，清文渊阁《四库全书》本；《金石图说》，聚学轩刘氏藏自刻本。

印书局影印杨守敬《寰宇贞石图》，①将先秦至宋，及日本、朝鲜石刻二百三十余种名品集中进行影印。与以往图版摹录不同，《寰宇贞石图》采用了石印技术影印，这在石刻图版印刷发展史上具有里程碑意义。1940年，藤原楚水对该书删减增录成《增订寰宇贞石图》，②沈勤卢、陈子彝又编制了《寰宇贞石图目录》，③可供检索。《寰宇贞石图》收录北朝《北魏司马景和妻孟氏墓志》《北魏泾雍二州别驾皇甫骥墓志》《北魏洛州刺史刁遵墓志并阴》《北魏镇远将军郑道忠墓志》《北魏鞠彦云墓志并盖》《北魏吴高黎墓志》《北魏南阳太守刘玉墓志》《北魏怀令李超墓志》《东魏南秦州刺史司马升墓志》《东魏定州刺史李宪墓志》《东魏齐州刺史高湛墓志》《东魏太尉刘懿墓志》《东魏渤海太守王偃墓志》《东魏源磨耶墓志》《东魏开府参军崔颐墓志》《北周开府仪同贺屯公高植墓志》等十六种。光绪三十四年（1908），吴隐纂辑，顾燮光编《六朝志铭丛录》由西泠印社石印出版，④收录吴隐所藏六朝墓志八十种，皆旧拓本或新出土之初拓本，开本阔大，图版清晰，足资校勘研究之用。民国六年（1917），罗振玉石印出版《六朝墓志菁英》《六朝墓志菁英二编》二书。前者收录墓志十八种，其中南朝宋墓志一种，北魏墓志十六种，隋墓志一种。后者续收南朝墓志三种，北魏墓志十一种。二书收录墓志皆南北朝墓志精品，选用初拓影印，足可传世。此外，六朝墓志的图录著述还有狄楚青《六朝墓志精华》，⑤该书四集十六册，收录晋至隋墓志一百种，均为原拓影印，字迹清晰。总体而言，民国时期墓志图录集大成者为赵

---

① 杨守敬：《寰宇贞石图》，清光绪八年（1882）日本印书局石印本。
② [日]藤原楚水：《寰宇貞石図 増訂》，兴文社，1940年。
③ 沈勤卢、陈子彝：《寰宇贞石図目录》，民国二十一年（1932）江苏省立苏州图书馆铅印本。
④ 吴隐纂辑，顾燮光编：《六朝志铭丛录》，清光绪三十四年（1908）西泠印社石印本。
⑤ 狄楚青：《六朝墓志精华》，民国九年（1920）有正书局石印本。

万里《汉魏六朝冢墓遗文图录》。①该书十卷,后有补遗一卷。第一册叙述墓志拓本年代、尺寸、书体,及对所涉史实进行考证,属于题跋性质。第二册为图版,著录墓志、墓记、椁铭、神坐、柩铭等各种冢墓遗文近六百零九种,图七百八十余。在赵氏碑志研究著述中,此书先出,与后出《汉魏南北朝墓志集释》图版部分多有重合,不为学界所关注。《汉魏六朝冢墓遗文图录》图版精良,虽无释文,但大体涵盖当时已见墓志,亦有可观之处。

石印技术的引进,虽然可以促进图录著述的发展,但对传统悠久且自成体系的石刻拓本收藏影响不大。清末民初出现的拓本鉴定及收藏指导性著述即是例证。方若《校碑随笔》是其中较有代表性的一种。②方若将本人收藏的历代石刻四百五十种进行整理,在记录年代、书体、容字、所在地等信息之外,更关注拓本面貌的描述,以及不同拓本之间的考证与鉴别。因为作者收藏广泛,所据拓本多为早拓及精拓,关于石刻早期及全貌的论述较为权威,对后世石刻拓本收藏及录文考证影响较大。在南北朝墓志方面,《校碑随笔》收录南朝《刘怀民墓志》《程虔墓志》两种,北朝《孟炽墓志》《韩显宗墓志》《司马昞墓志》《司马昭墓志》《杨范墓志》等六十七种。后王壮弘《增补校碑随笔》增录南朝墓志《永阳昭王萧敷墓志》《永阳敬太妃王氏墓志》《卫和墓志》《到仲举墓志》四种,北朝墓志《元弼墓志》《元羽墓志》《寇臻墓志》《元绪墓志》《元详墓志》等三十九种。王书为避免重复,见于《文物》《考古》等期刊发表的石刻多不著录,略有遗憾。此外,方若《校碑随笔》书末列伪刻五十六种,王壮弘又增一百一十七种,对于石刻辨伪多有指导意义。

为方便论述,下面将中华人民共和国成立后出现的拓本鉴定类著述集中介

---

① 赵万里:《汉魏六朝冢墓遗文图录》,民国二十五年(1936)"中央研究院"历史语言研究所石印本。
② 〔清〕方若著,王壮弘增补:《增补校碑随笔》,上海:上海书画出版社,1981年。

绍。1984年，中华书局出版了张彦生《善本碑帖录》。[①] 该书分四卷，前三卷分为秦汉至唐宋的碑刻，第四卷为宋元明丛帖，于每一碑帖目下，叙述书体、年代、出土地、容字等信息后，详细考证不同拓本损泐、新旧拓本差异、翻本与伪刻不同，及传世拓本纸墨、装潢等特征，为碑帖收藏研究之必读书目。《善本碑帖录》中收录南朝《刘怀民墓志》等七种，北朝《韩显宗墓志》等二十三种，均为墓志名品。另一部碑帖鉴定名作是马子云《碑帖鉴定浅说》，[②] 专论碑志之种类、形式、书法及其古今演变情况，以及各代刻石、碑志之存与佚、真与伪以及拓本之考据情况。与以往碑帖考据著述不同，《碑帖鉴定浅说》附图于文中及书后，使用方便。在张、马二先生之后，仲威《中国碑帖鉴别图典》和《碑帖鉴定概论》也是碑帖鉴定专书。[③] 特别是《中国碑帖鉴别图典》，基于上海博物馆藏品，选取历代名碑三百三十余种，配以图片两千三百余幅，重在比较不同时期拓本，及翻刻本特征，学术价值较高。书中"南朝篇"收录《萧敷墓志》《程虔墓志》两种，"北魏篇""东魏篇""北齐、北周篇"收录《韩显宗墓志》《元羽墓志》等五十五种，数量亦超前贤若干。

中华人民共和国成立以来，墓志图录著作如雨后春笋般刊行，不论在数量上，还是在质量上，都远远超越前代。这种局面的出现，一方面源于印刷技术突飞猛进的发展，可以满足人们对碑志原石及拓本观览需要。另一方面，文博事业的蓬勃发展，也激励着各大博物馆、图书馆等文博单位出版馆藏品图录。当然，这也在一定程度上刺激盗掘等违法现象的发生，致使收藏市场中墓志拓本盛行。为便于论述，对墓志图录著述的分析仍以地域角度来进行。

首先，北京地区。关于北京各大文博机构收藏墓志拓本情况，前文目录部分已经有所介绍。与目录相关的图录也在中华人民共和国成立后得到大规模出

---

① 张彦生：《善本碑帖录》，北京：中华书局，1984年。
② 马子云：《碑帖鉴定浅说》，北京：紫禁城出版社，1986年。
③ 仲威：《中国碑帖鉴别图典》，北京：文物出版社，2010年；《碑帖鉴定概论》，上海：上海古籍出版社，2014年。

版，其中最著名的是北京图书馆金石组编撰的《北京图书馆藏中国历代石刻拓本汇编》。该书收录历代石刻拓本近两万种，共计一百册，有关南北朝墓志的著录在第2~8册，第2册录有《刘怀民墓志》《杨公则墓志》《卫和墓志》三种，第3~8册著录北朝《元桢墓志》《元偃墓志》《元简墓志》等三百八十种。该书篇帙宏大，收藏丰富，图版清晰，制作精良，为目前所见规模最大的通代石刻拓本图录汇编。前文已言，北京大学图书馆收藏金石拓本数量巨大，其中南北朝墓志达到六百三十九种。相关墓志图录可以浏览北京大学图书馆"秘籍琳琅"网站，该网站收录四万条拓片记录，七万五千种拓片。2013年，北大图书馆又出版了《1996—2012北京大学图书馆新藏金石拓本菁华》，收录1996—2012年间新入藏金石拓本，其中有北朝《司马金龙墓表》《李伯钦墓志》《司马悦墓志》等三十八种。与北京图书馆、北京大学图书馆收藏拓本不同的是，故宫博物院、中国国家博物馆更多是收藏墓志原石。其中故宫博物院收藏的墓志基本为清末民国初出土，多为端方、周季木、徐森玉、马衡等名家旧藏。根据《故宫博物院藏历代墓志汇编》所录图版，①有北魏、东魏、北齐《元鸾墓志》《安绪墓志》《元演墓志》《孟敬训墓志》等墓志十四种。同样，《中国国家博物馆馆藏文物研究丛书·墓志卷》也图录中国国家博物馆藏南北朝《广陵王墓志》《胡毛进墓志》等九种。②

其次，河南。河南是北朝墓志出土量最大的省份，所以出版的墓志图录也最多。如《新中国出土墓志》系列已经出版河南三卷：《河南（壹）》有《范粹墓志》《颜玉光墓志》《吕贬墓志》《道明墓志》《姜夫人墓志》《司马悦墓志》《和绍隆墓志》《元华墓志》等八种；③《河南（贰）》有《席盛墓志》《陶潜墓志》

---

① 故宫博物院：《故宫博物院藏历代墓志汇编》，北京：紫禁城出版社，2010年。
② 中国国家博物馆：《中国国家博物馆馆藏文物研究丛书·墓志卷》，上海：上海古籍出版社，2017年。
③ 中国文物研究所、河南省文物研究所：《新中国出土墓志·河南（壹）》，北京：文物出版社，1994年。

两种;①《千唐志斋（壹）》有《谭荣墓志》《元璨墓志》《赵绍墓志》三种。②与《新中国出土墓志》系列相类似，河南众多的文博单位也根据藏石情况自行刊布拓本图录著述。如河南省文物研究所、河南省洛阳地区文管处编撰的《千唐志斋藏志》图录北朝墓志《薛慧命墓志》《元子正墓志》《元恭墓志》三种。③谭淑琴主编的《琬琰流芳——河南省博物馆藏碑志集粹》图录馆藏《司马悦墓志》《元苌墓志》等十种。④近年来，张海书法艺术馆入藏民间流散墓志百余种。该馆自编图录集中有《张斌墓志》《杨倪墓志》等十二种，也值得关注。在上述文物研究所、高校、博物馆之外，洛阳市文物工作队、洛阳市第二文物工作队在历年考古发掘及文物征集过程中，也积累了为数众多的墓志材料。如洛阳市文物工作队编撰的《洛阳出土历代墓志辑绳》图录北魏《靳英墓志》《曹永墓志》等四十二种。⑤此后，洛阳市第二文物工作队陆续编撰《洛阳新获墓志》《洛阳新获墓志续编》二书，⑥将考古队近年来考古发掘的墓志及征集来的民间流散墓志统一录图及释文，收录《穆循墓志》《元冏墓志》等十六种北魏墓志。在文博单位收藏原石拓本图录之外，近年来还出现若干流散墓志拓本图录汇编，及代表性学者赵君平、齐运通、毛汉光等的图录著述。如赵君平编撰的《邙洛碑志

---

① 中国文物研究所、河南省文物考古研究所：《新中国出土墓志·河南（贰）》，北京：文物出版社，2002年。

② 中国文物研究所、千唐志斋博物馆：《新中国出土墓志·河南（叁）》（千唐志斋·壹），北京：文物出版社，2008年。

③ 河南省文物研究所、河南省洛阳地区文管处：《千唐志斋藏志》，北京：文物出版社，1984年。

④ 谭淑琴：《琬琰流芳——河南省博物馆藏碑志集粹》，郑州：中州古籍出版社，2015年。

⑤ 洛阳市文物工作队：《洛阳出土历代墓志辑绳》，北京：中国社会科学出版社，1991年。

⑥ 洛阳市第二文物工作队、李献奇、郭引强：《洛阳新获墓志》，北京：文物出版社，1996年；洛阳市第二文物工作队、乔栋、李献奇、史家珍：《洛阳新获墓志续编》，北京：科学出版社，2008年。

三百种》图录北魏《杨熙仙墓志》《源显明墓志》等墓志二十二种;①《河洛墓志拾零》图录《王皓墓志》《元苌墓志》等二十八种;②《秦晋豫新出墓志搜佚》图录南朝《秦永太墓志》一种,北朝《冯熙墓志》《杨恩墓志》等五十四种;③《秦晋豫新出墓志搜佚续编》图录北朝墓志《赵谧墓志》《王遇墓志》等一百一十三种。④此外,齐运通主编《洛阳新见墓志》《洛阳新获七朝墓志》《洛阳新获墓志二〇一五》等,⑤也先后收录北朝墓志七十九种。这些墓志拓本图录对民间流散墓志的整理贡献良多,但也要注意到民间流散墓志未见原石,使用时需要谨慎考辩。

再次,河北地区。前文目录部分已经通过《河北金石辑录》对河北地区金石存在情况进行了介绍,其中涉及到河北省博物馆、河北省文物研究所等机构收藏的北朝墓志,相关图录可以参看《新中国出土墓志·河北(壹)》,⑥已见《邢伟墓志》《崔氏墓志》等北朝墓志三十六种。在文博单位之外,河北还存在一些民间收藏,数量品种也非常丰富,已出版的《文化安丰》《墨香阁藏北朝墓志》等可见一斑。⑦《文化安丰》以推介高陵,宣传安丰为主旨,于曹操高陵及周边地区历史文化遗迹记述详悉。该书第六章"古墓志铭集粹"收录北朝《间

---

① 赵君平:《邙洛碑志三百种》,北京:中华书局,2004年。
② 赵君平、赵文成:《河洛墓志拾零》,北京:北京图书馆出版社,2007年。
③ 赵君平、赵文成:《秦晋豫新出墓志搜佚》,北京:国家图书馆出版社,2012年。
④ 赵文成、赵君平:《秦晋豫新出墓志搜佚续编》,北京:国家图书馆出版社,2015年。
⑤ 齐运通:《洛阳新见墓志》,上海:上海古籍出版社,2011年;《洛阳新获七朝墓志》,北京:中华书局,2012年;齐运通、杨建锋:《洛阳新获墓志二〇一五》,北京:中华书局,2017年。
⑥ 中国文物研究所、河北省文物研究所:《新中国出土墓志·河北(壹)》,北京:文物出版社,2004年。
⑦ 贾振林:《文化安丰》,郑州:大象出版社,2011年;叶炜,刘秀峰:《墨香阁藏北朝墓志》,上海:上海古籍出版社,2016年。

麟墓志》《李伯钦墓志》《元昂墓志》等一百五十六种。严格意义上讲，安丰位于安阳县的最北端，是河南省的北大门。但从《文化安丰》所收墓志葬地来看，有一些墓志应该出土于河北磁县东魏、北齐古墓群，而且部分墓志确实出自河北民间藏家。《墨香阁藏北朝墓志》一书系北京大学中国古代史研究中心关于河北正定墨香阁所藏墓志的整理著述。正定墨香阁以收藏丰富，种类齐全，在河北地区，乃至全国石刻收藏界都较有影响。在专业学术团队的介入下，该书不论是图录，还是释文，都保持了较高的学术水平，其中著录《李伯钦墓志》《元昂墓志》等北朝墓志一百一十二种。在墨香阁之外，正定百石斋所藏石刻数量也较为可观。2015年，"百石斋藏新出宋元买地券整理与研究"（项目编号：15BZS053）获得国家社科基金立项。联想到北京大学等高校学术团队也曾专门整理西安大唐西市博物馆馆藏墓志，共同编撰《大唐西市博物馆藏墓志》，公私博物馆以及私人收藏与高校等科研单位的合作，将是未来石刻整理研究的一个趋势。

再次，陕西地区。陕西石刻保存丰富，图录类著述有以下几种值得关注：一是前面目录提到的《陕西金石文献汇集》丛书，按地域收录金石拓本图录及释文。以《咸阳碑刻》为例，书中著录咸阳地区出土的《张宜墓志》《独孤浑贞墓志》等北朝墓志八种。二是西安碑林博物馆编《西安碑林全集》，[①]图录北朝墓志一百七十一种，其目录可参见《西安碑林博物馆藏碑刻总目提要》。近年来，碑林博物馆又连续出版《西安碑林博物馆新藏墓志汇编》《西安碑林博物馆新藏墓志续编》。[②]前书收录西安碑林博物馆1989年至2006年间新入藏墓志三百八十一种，其中有北朝《赵超宗墓志》《赵超宗妻王氏墓志》《张宜墓志》《杨舒墓志》《杨昕墓志》《辛苌墓志》《独孤浑贞墓志》等墓志七种。后书新收

[①] 西安碑林博物馆：《西安碑林全集》，广州：广东经济出版社，深圳：海天出版社，1996年。
[②] 赵力光：《西安碑林博物馆新藏墓志汇编》，北京：线装书局，2007年；《西安碑林博物馆新藏墓志续编》，西安：陕西师范大学出版社，2014年。

录2007年至2013年入藏的二百三十一种墓志,包括《辛术墓志》《辛术妻裴氏墓志》《侯兴墓志》《拓跋宁墓志》《宇文业暨妻张氏墓志》《宇文逢恩墓志》等北朝墓志六种。三是胡戟、荣新江编《大唐西市博物馆藏墓志》。① 西安大唐西市博物馆是近年来发展比较迅速的民营遗址类博物馆,馆藏墓志五百余种,其中有《刘阿倪提墓志》《宇文测墓志》《叱罗招男墓志》等北朝墓志九种。最后是陕西历史博物馆编《风引薤歌:陕西历史博物馆藏墓志萃编》。② 陕西历史博物馆前身是陕西省博物馆,馆藏文物171.795万件,在国家级博物馆中影响较大。1991年,原陕西省博物馆分为西安碑林博物馆和陕西历史博物馆,二者馆藏石刻可以互相补充。根据《风引薤歌:陕西历史博物馆藏墓志萃编》图录,陕西历史博物馆馆藏有《杨阿难墓志》《杨颖墓志》《杨播墓志》《杨泰墓志》《冯景之墓志》《侯义墓志》《任老墓志》等北朝墓志精品。此外,赵力光《鸳鸯七志斋藏石》,及《新中国出土墓志》系列《陕西》三卷等,名目基本在上述诸图录范畴之内。

再次,甘肃地区。甘肃综合性金石图录可以参阅赵逵夫主编《陇南金石校录》,③ 该书对1949年以前陇南行政区内九个区县的金器铭文、碑碣摩崖等金石文献进行了系统著录,并提供原石照片或拓片图版。此外,李龙文主编《兰州碑林藏甘肃古代碑刻拓片菁华》也收录了部分甘肃地区古代石刻拓本。④ 在甘肃本地出土碑志之外,西北民族大学图书馆收藏的于右任金石拓本也值得关注。前文已讲,于右任曾将旧藏碑石捐献给西安碑林,但在西安及南京两地仍收藏有大量金石拓本。抗战时期,南京处拓本毁于战火。中华人民共和国成立后,于右任女

---

① 胡戟、荣新江:《大唐西市博物馆藏墓志》,北京:北京大学出版社,2012年。
② 陕西历史博物馆:《风引薤歌:陕西历史博物馆藏墓志萃编》,西安:陕西师范大学出版社,2017年。
③ 赵逵夫:《陇南金石校录》,北京:社会科学文献出版社,2018年。
④ 李龙文:《兰州碑林藏甘肃古代碑刻拓片菁华》,兰州:甘肃人民美术出版社,2010年。

婿屈武将西安处三千余种拓本捐赠给西北民族学院（即西北民族大学前身）。这批金石拓本中，南北朝墓志数量较大，多为早期精拓，较为珍贵。2008年，上海古籍出版社刊行《西北民族大学图书馆于右任旧藏金石拓片精选》，可见部分拓本图录，①总目及叙录见《西北民族大学图书馆于右任旧藏金石拓本总目提要》。②

再次，山东、山西、辽宁、四川地区。因前文已有论述，下面将这些地区集中一起介绍。山东地区北朝墓志图录以《山东石刻分类全集·历代墓志卷》和《山东石刻艺术选萃·历代墓志卷》为代表：前者录南朝《刘怀民墓志》一种，北朝《韩显宗墓志》四十三种；后者录北朝墓志二十七种，皆为山东地区所出北朝墓志。关于山西地区墓志图录，主要是《三晋石刻大全》系列，前文已经有所介绍。近年来比较重要的图录是大同北朝艺术研究院编《北朝艺术研究院藏品图录·墓志》，③图录洛阳、邺城等地出土的北朝《邢合姜墓志》《建康长公主墓志》《拓跋忠墓志》等五十五种，拓本图版清晰，书后并附原石图版，可做对比。辽宁地区的北朝墓志基本收藏在辽宁省博物馆，共计三十五种，部分为罗振玉旧藏。图版可见《北魏墓志二十品》《辽宁省博物馆藏碑志精粹》等。④辽宁省博物馆一楼展厅有常规展览"中国古代碑志展"，将墓志镶嵌于墙内，可近距离观赏。四川地区在南北朝时期先后属刘宋、南齐、南梁、西魏和北周统治，南朝历史文化遗迹较多，以造像为主。高文、高成刚编《四川历代碑刻》图录汉代至民国四川地区石刻二百零一种，六朝部分多是造像记，不见墓志。至于南北朝墓志拓本，规模较大的是彭州博物馆藏李宗昉集北朝隋唐碑拓。李宗昉系川军将领，戎马一生，精于碑志拓本收藏，后将旧藏悉数捐

---

① 郭郁烈：《西北民族大学图书馆于右任旧藏金石拓片精选》，上海：上海古籍出版社，2008年。
② 杨莉、赵兰香：《西北民族大学图书馆于右任旧藏金石拓本总目提要》，兰州：甘肃文化出版社，2013年。
③ 大同北朝艺术研究院：《北朝艺术研究院藏品图录·墓志》，北京：文物出版社，2016年。
④ 辽宁博物馆：《北魏墓志二十品》，北京：文物出版社，1990年；《辽宁省博物馆藏碑志精粹》，北京：文物出版社，2000年。

献给彭州博物馆。2010年，彭州博物馆编《彭州博物馆藏李宗昉集北朝隋唐碑拓》，①选取精品三百余种图录展示，其中有北朝《元理墓志》《元简墓志》《元弼墓志》等一百二十种之多。

最后，江苏、上海及海外地区。江苏南京地区是南朝宋、齐、梁、陈都城所在，保留南朝历史遗迹较多。这一地区的墓志图录可以参看《南京历代碑刻集成》《新中国出土墓志·江苏（贰）南京》二书。②《南京历代碑刻集成》搜集南京及周边地区现存历代碑刻二百三十六种，其中有南朝《温峤墓志》《王宝玉墓志》等八种。在数量上，后出的《新中国出土墓志·江苏（贰）南京》图录墓志要多一些，计有《谢珫墓志》《恭皇帝墓碣》《宋乞墓志》《宋乞妻丁氏墓志》《宋乞暨妻丁氏合葬墓志》《明昙僖墓志》《萧融墓志》《王慕韶墓志》《卢某墓志》《萧子恪墓志》《黄法氍墓志》等十一种南朝墓志。与南京不同，上海博物馆等文博单位主要收藏墓志拓本。相关图录可见戚叔玉编《北魏墓志百种》、③上海图书馆编《北魏墓志选萃》《上海图书馆藏善本碑帖》《上海图书馆善本碑帖综录》等，④以及《新中国出土墓志·上海　天津》等。⑤至于海外收藏南北朝墓志图录，以前文提到的《柏克莱加州大学东亚图书馆藏碑帖》《日本

---

① 刘雨茂、荣远大、丁武明：《彭州博物馆藏李宗昉集北朝隋唐碑拓》，成都：四川美术出版社，2010年。

② 南京市文化广电新闻出版局：《南京历代碑刻集成》，上海：上海书画出版社，2011年；故宫博物院、南京市博物馆：《新中国出土墓志·江苏（贰）南京》，北京：文物出版社，2014年。

③ 戚叔玉等：《北魏墓志百种》，上海：上海书画出版社，1987年。

④ 上海图书馆历史文献研究所：《北魏墓志选萃》，武汉：湖北美术出版社，2001年；上海图书馆：《上海图书馆藏善本碑帖》，上海：上海古籍出版社，2005年；《上海图书馆善本碑帖综录》，上海：上海书画出版社，2017年。

⑤ 中国文化遗产研究院、上海博物馆、天津文化遗产保护中心：《新中国出土墓志·上海　天津》，北京：文物出版社，2009年。

京都大学藏中国历代文字碑刻拓本汇编》《二玄社原色法帖选》《三井文库馆藏名品撰》《听冰阁旧藏碑拓名帖撰》《木鸡室金石碑拓拾遗》等为代表。

需要说明的是,在常规墓志之外,砖志也是墓志重要形式之一。砖志存世数量较大,很早就受到学界的重视,如吴廷康《慕陶轩古砖图录》、陆心源《千甓亭古专图释》、吴大澄《愙斋砖瓦录》、邹安《广仓砖录》、端方《匋斋藏砖》、罗振玉《雪堂砖录》等都有集中著录。解放后,殷荪《中国砖铭》[1]和胡海帆、汤燕《中国古代砖刻铭文集》最具代表性。[2]后者收录砖文两千零五种,其中南北朝砖二百零九种,并有图录及释文,为集成之作。

三、释文:言之有文

如果说,目录可以开启门径之途,图录给人以直观感受,那么,墓志释文则是更多地提供文本信息,以利于相关问题的深入研究。较之目录、图录,墓志释文出现的时间要更早。与墓志成熟状态相对应,南北朝时期已见墓志文的辑集。梁江淹《江文通集》录有《宋尚书左丞孙缅墓铭》五种,萧统《文选》卷五十九"碑文下"录文"刘先生夫人墓志"。梁元帝《金楼子》卷五"著书篇"著录《碑集》十帙百卷。《隋书·经籍志》亦载梁元帝曾撰《杂碑》二十二卷、《碑文》十五卷。与这些著录相印证的是,《续高僧传》卷三十载释法韵"诵诸碑志及古导文百有余卷,并王僧孺等诸贤所撰",说明当时碑志文献已经结集流行。前文已言,墓志兼具文物、文献的双重属性。在以往的研究中,学界多关注墓志的文物属性,以及在此基础上的整理和研究。实际上,墓志的文献属性也非常明显,特别是作为文学体裁之一,长期保持着独立的流传过程。从这个角度说,墓志的释文辑录有两条线索:一是作为文体类型,出现在不同

---

[1] 殷荪:《中国砖铭》,南京:江苏美术出版社,1998年。

[2] 胡海帆、汤燕:《中国古代砖刻铭文集》,北京:文物出版社,2008年。

时代的传世文集和类书中。二是作为出土文物，出土后被隶定释文，编辑成出土文献集。两条线索，一早一晚，泾渭分明，时有交叉印证，皆为墓志录文的重要来源。

从现存文献来看，最早对南北朝墓志进行录文的著述是《江文通集》。[①]《江文通集》，梁江淹撰，又称《江淹集》，《隋书·经籍志》《旧唐书·经籍志》《新唐书·艺文志》等均有著录，为六朝旧集。今见《江文通集》中著录《宋尚书左丞孙缅墓铭》《宋安成王右常侍刘乔墓铭》《宋光禄大夫孙复墓铭》《齐御史中丞孙诜墓铭》《齐司徒右长史檀超墓铭》五种南朝墓志，均存志文。在此之后，萧统《文选》卷五十九"碑文下"亦录文《刘先生夫人墓志》一种。[②]与南朝墓志文辑录相对应，北朝墓志的录文以庾信《庾子山集》为代表。《庾子山集》，又称《庾信集》，北周大象元年（579）宇文逌编撰，唐宋目录书皆有著录，后原本亡佚，元末明初有重编之本。已见诸版本的《庾子山集》中著录《周大将军襄城公郑伟墓志铭》《周骠骑大将军开府侯莫陈道生墓志铭》《周车骑大将军赠小司空宇文显和墓志铭》等二十一种，并存墓志文。这些南北朝墓志均出自撰者之手，集中见于个人文集中。目前，已有部分墓志出土，文辞与文集所见略异，二者可互相勘正。

南北朝之后，唐宋时期仍然未见专门辑录墓志文的金石志书，大量的南北朝墓志录文出现于诸种类书和总集中。其中，类书比较有代表性的是《艺文类聚》，[③]总集比较有代表性的是《文苑英华》。[④]类书以荟萃成言，衷次故实，兼收众籍，不主一家，而区以部类，条分件系，利寻检，资采掇，历来为学界所重。经过统计，在《艺文类聚》诸部类中出现《豫章长公主墓志铭》《永嘉长公

---

① 〔南朝梁〕江淹：《江文通集》，四部丛刊影明翻宋本。
② 〔南朝梁〕萧统：《文选》，上海：上海古籍出版社，1986年。
③ 〔唐〕欧阳询等：《艺文类聚》，上海：上海古籍出版社，1965年。
④ 〔唐〕李昉：《文苑英华》，北京：中华书局，1966年。

主墓志铭》《临海公主墓志铭》《新安长公主墓志铭》《征君何先生墓志》等南朝墓志四十八种，北朝墓志有《太尉韩公墓志铭》《后魏温子升司徒元树墓志铭》《司徒祖莹墓志》等三种，全部录文。此外，《初学记》也录有《齐太尉文宪王公墓志铭》一种。[①]与《艺文类聚》重南朝墓志不同，收录北朝墓志文比较集中的是宋雍熙三年（986）成书的《文苑英华》。《文苑英华》一千卷，录唐及前代文学，精加铨择，以类编次，自卷九百六十三"妇人"部录庾信所撰妇人墓志《周谯国公夫人步陆孤氏墓志》《周赵国公夫人纥豆陵氏墓志》《周安昌公夫人郑氏墓志》《周大将军陇东郡公侯莫陈君夫人窦氏墓志》等十三种。与此同时，孙逢吉《职官分纪》中也曾引用南朝墓志《王宏墓铭》《沈增旻墓铭》《陈暄墓铭》《海陵王墓铭》《文献王墓铭》等五种，[②]均为节录志文，多与前代著录重复，价值有限。

　　从上面梳理情况来看，南北朝墓志录文的整理基本出现于个人文集、类书及总集中，尚属于前文所言墓志录文流传的第一个线索，即传世文献中的文体类型录文。但也要注意到，至南宋洪适撰《隶释》《隶继》，及明都穆编《金薤琳琅》，专门辑录出土石刻的著述开始出现，只是诸书未见南北朝墓志录文，本文暂不展开论述。以今见传世文献观之，专门著录出土南北朝墓志的著述以陶宗仪《古刻丛钞》最早。[③]《古刻丛钞》钞碑刻凡七十二种，全录其文，其中有南朝墓志《故永阳敬太妃墓志铭》《宋故散骑常侍扬州丹阳郡秣陵县谢公墓志》《宋张氏墓志》《宋故散骑常侍护军将军临澧侯刘使君墓志》《前陈伏波将军骠骑府咨议参军陈府君墓志序》等五种。这些墓志与传世文献中保存的文体类墓志名目有异，未见重复，是为出土墓志的录文整理之作，属于前文所言墓志录文流传的第二个线索。《古刻丛钞》屡见碑志篆书、隶书原石摹写，也可为佐证。

---

① 〔唐〕徐坚：《初学记》，北京：中华书局，1962年。
② 〔宋〕孙逢吉：《职官分纪》，清文渊阁《四库全书》本。
③ 〔明〕陶宗仪：《古刻丛钞》，嘉庆十六年（1811）兰陵孙星衍平津馆重编本。

明代虽然出现《古刻丛钞》等专门录文南北朝墓志的著述，但对传世文献中墓志文的整理仍然进行，如梅鼎祚《释文纪》、张溥《汉魏六朝百三家集》、王志庆《古俪府》等。① 这些文集多取材前代史书、文集、类书、子书等编撰而成，所以在墓志录文上会出现一些重复。如梅鼎祚《历代文纪》中《后周文纪》录文北朝墓志十九种，均为庾信撰文墓志，不出《艺文类聚》著录范围之外。在重复之外，新增补的墓志更值得关注。如《陈文纪》《汉魏六朝百三家集》收录的《鲁广达墓志》，前代文献即没有著录。又如《释文纪》著录南朝僧人墓志《同泰寺故功德正智寂师墓志铭》《宋熙寺慧念法师墓志铭》《甘露鼓山寺敬脱法师墓志铭》《湘宫寺智蒨法师墓志铭》《净居寺法昂墓志铭》《扬州僧正智寂法师墓志铭》《保志法师墓志铭》《扬都兴皇寺释法朗墓铭》等八种。其中，《净居寺法昂墓志铭》《扬都兴皇寺释法朗墓铭》都是新增录的墓志，开创了专门集录僧人墓志文的体例。虽然顾起元《金陵古金石考目》也曾著录过僧尼墓志，但不论是数目，还是录文上，都远远不及《释文纪》。此外，《释文纪》文献价值也不容忽视，如《保志法师墓志铭》《艺文类聚》《金陵古金石考目》皆称"志法师"，阙录"保"字，唯《释文纪》录墓志文言"法师自说姓朱，名保志"。此亦后世文集在墓志校勘上的贡献。

进入清代，尤以乾嘉之后，学者莫不借金石以为考经证史之资，金石著录日渐盛行。南北朝墓志录文著述中，以高钫《武乡金石志》最早。② 该书以山西武乡县碑刻为著录对象，其中有庾信撰《宇文显和墓志》，可与《庾子山集》相印证及校勘。其次是赵绍祖《金石文钞》，③ 此书虽仿都穆《金薤琳琅》之体例，但每于录文后均有考证，言之凿凿，较见学术功底。是书收录《魏崔敬邕墓志

---

① 〔明〕梅鼎祚：《释文纪》，清文渊阁《四库全书》本；〔明〕张溥：《汉魏六朝百三家集》，清文渊阁《四库全书》本；〔明〕王志庆：《古俪府》，清文渊阁《四库全书》本。
② 〔清〕高钫：《武乡金石志》，清康熙三十一年（1692）刊本。
③ 〔清〕赵绍祖：《金石文钞》，明嘉庆七年（1802）泾县赵氏刻本。

铭》一种，后赵氏继作《金石续钞》，① 又录《魏司马绍墓志铭》一种。相比之下，成书于嘉庆十年（1805）的王昶《金石萃编》堪称清代石刻文献研究集大成之作。②《金石萃编》收录三代至辽金石刻一千五百余种，叙述器物信息，移录文字，辑众家之跋，并加按语，集著目、录文、题跋于一身。在《金石萃编》中，王昶共录文北魏《司马元兴墓志铭》《司马景和妻墓志铭》《刁遵墓志》《高植墓志》《司马昞墓志铭》《怀令李超墓志铭》，东魏《司马升墓志铭》《高湛墓志铭》等共八种。相比其他石刻文献，《金石萃编》虽然录文较少，但该书开时代之风气，后世陆续增补校正，形成金石录文系列。如严可均《平津馆金石萃编》增补北齐《崔颢墓志铭》《朱岱林墓志》两种，③ 陆耀遹《金石续编》增北齐《朱岱林墓志》一种，④ 方履籛《金石萃编补正》增南朝《永阳昭王萧敷墓志》《永阳敬妃王氏墓志》两种，刘承干《希古楼金石萃编》增南朝《刘怀民墓志》一种。⑤ 比较之下，陆增祥《八琼室金石补正》增录最多。⑥ 在南北朝墓志数目上，《八琼室金石补正》增录南朝《殷氏砖文》一种，增录北朝《四郡太守皇甫骎墓志》《镇远将军郑道忠墓志》《陆希道墓志盖》《吴高黎墓志》《咸阳太守刘玉墓志》《南阳张元墓志》《太尉公刘懿墓志》《源磨耶圹志》《开府参军崔颢墓志》《功曹李琮墓铭》《开府仪同贺屯植墓志》等十一种之多。陆增祥不仅详于墓志题跋考证，对墓志真伪问题亦有关注，书末附《祛伪》一卷，专论石刻辩伪。在《金石萃编》增补系统之外，略晚于王昶的黄本骥曾编撰《古志石华》三十卷，⑦ 这同样是一部值得关注的金石巨著。与其他志书金石并录不同，《古志石华》只录文墓志，并作题跋，是为墓志著录专书。该书共收录南朝《谢

---

① 〔清〕赵绍祖：《金石续钞》，明嘉庆七年（1802）泾县赵氏刻本。
② 〔清〕王昶：《金石萃编》，清光绪十九年（1893）上海醉六堂石印本。
③ 〔清〕严可均：《平津馆金石萃编》，嘉业堂抄本。
④ 〔清〕陆耀遹：《金石续编》，清同治十三年（1874）毗陵双白燕堂刻本。
⑤ 〔清〕刘承干：《希古楼金石萃编》，民国二十二年（1933）吴兴刘氏希古楼刻本。
⑥ 〔清〕陆增祥：《八琼室金石补正》，民国十四年（1925）吴兴刘氏希古楼刻本。
⑦ 〔清〕黄本骥：《古志石华》，清道光二十七年（1847）三长物斋刻本。

涛墓志》《刘袭墓志》《张济女推儿墓志》《海陵王昭文墓志》《永阳敬太妃王氏墓志》五种，北朝《僧慧猛墓志》《司马绍墓志》《司马昞妻孟氏墓志》《刁遵墓志》《崔敬邕墓志》《高植墓志》《司马昞墓志》《郑道忠墓志》《陆希道墓志》《李超墓志》《张元墓志》《司马升墓志》《高湛墓志》《崔颙墓志铭》《朱岱林墓志》《王通墓志》等十六种。稍后毛凤枝《关中金石文字存逸考》增录北朝《贺屯植墓志》一种。[①] 录文加题跋的体例，直到清末仍有继承。端方曾将所藏历代石刻拓本编辑成《匋斋藏石记》四十四卷，录文后加题跋考证，涉及南北朝墓志三十三种。端方收集广泛，书中多见砖志、塔铭等墓志形式，为他书未见，较为珍贵。

到了民国时期，随着大量北朝墓志的出土，墓志录文向专业化和集成化方向发展。比如吴鼎昌《志石文录》即是一部体例完备的纯墓志类录文著述。[②] 吴鼎昌先于墓志题首下介绍书法、尺寸、容字、存佚等情况，然后钞录墓志释文，结构清晰，层次分明。该书所录多为北朝墓志，计有《献文帝嫔侯夫人墓志》《城阳怀王元鸾墓志》《元始和墓志》《恒农太守寇臻墓志》《城阳康王元寿妃曲氏墓志》《镇北大将军元思墓志》《洛州刺史乐安王元绪墓志》《宁陵公主墓志》《益州刺史乐安王元悦墓志》《江阳王次妃石夫人墓志》《安乐王元诠墓志》《元显儁墓志》《梁州刺史元演墓志》《文成帝嫔耿氏墓志》《冀州刺史元珍墓志》《徐州刺史王绍墓志》《济州刺史杨胤墓志》《豫州刺史乐陵王元彦墓志》等六十四种。后杨守敬撰《望堂金石》，虽非墓志专书，但也收录南朝《永阳昭王萧敷墓志》《永阳敬妃王氏墓志》两种，北朝《崔敬邕墓志》《高植墓志》《南阳张元墓志》三种。但比较而言，民国时期进行大规模墓志录文的学者是罗振玉。上文已言，罗振玉、罗福颐《墓志征存目录》载罗氏藏南朝墓志拓本三种，北朝墓志拓本三百三十四种。罗振玉不仅存目，还将这些墓志一一录文，刊行于

---

① 〔清〕毛凤枝：《关中金石文字存逸考》，清光绪二十七年（1901）会稽顾氏刻本。

② 吴鼎昌：《志石文录》，民国铅印本。

世。如《襄阳冢墓遗文》录梁《程虔墓志》一种;①《邺下冢墓遗文》录《汝阳王墓志》《章武王妃墓志》《吴郡王墓志》《穆子彦墓志》等十六种;②《芒洛冢墓遗文》录《江阳王次妃墓志》《王绍墓志》等北朝墓志十一种;③《芒洛冢墓遗文补遗》录《韩显宗墓志》《□渊墓志》《惠猛法师墓志》等北朝墓志三种;④《芒洛冢墓遗文续编》录《张安姬墓志》《吴高黎墓志》《陆绍墓志》《元毓墓志》等北朝墓志四种;⑤《芒洛冢墓遗文续补》录《品一王遗女墓志》《元倪墓志》《元显魏墓志》等北朝墓志三种;⑥《芒洛冢墓遗文三编》录《一品嫔侯夫人墓志》《寇臻墓志》《安乐王元诠墓志》等北朝墓志十五种;⑦《芒洛冢墓遗文四编》录《元羽墓志》《元鸾墓志》《元始和墓志》《元思墓志》等北朝墓志四十八种;⑧《京畿冢墓遗文》录《姚纂墓志》《刁遵墓志》《李璧墓志》《王僧墓志》《李宪墓志》《范思彦铭》《李琮墓志》七种;⑨《山右冢墓遗文》录《刘懿墓志》一种;⑩《山左冢墓遗文》录《刘怀民墓志》《□玄墓志》《鞠彦云墓志》《李谋墓志》《刘玉墓志》《高湛墓志》《王偃墓志》《朱岱林墓志》《房周陀墓志》《逢哲墓志》十种;⑪《中州冢墓遗文》录《司马元兴墓志铭》《司马景和妻墓志铭》《司马昞墓志铭》等七种。⑫后来,罗振玉将这些墓志类著述集中收录于《唐风楼碑录》

---

① 罗振玉:《襄阳冢墓遗文》,民国四年(1915)上虞罗氏刊本。
② 罗振玉:《邺下冢墓遗文》,民国上虞罗氏刊本。
③ 罗振玉:《芒洛冢墓遗文》,民国上虞罗氏刊本。
④ 罗振玉:《芒洛冢墓遗文补遗》,民国上虞罗氏刊本。
⑤ 罗振玉:《芒洛冢墓遗文续编》,民国上虞罗氏刊本
⑥ 罗振玉:《芒洛冢墓遗文续补》,民国上虞罗氏刊本。
⑦ 罗振玉:《芒洛冢墓遗文三编》,民国上虞罗氏刊本。
⑧ 罗振玉:《芒洛冢墓遗文四编》,民国上虞罗氏刊本。
⑨ 罗振玉:《京畿冢墓遗文》,民国上虞罗氏刊本。
⑩ 罗振玉:《山右冢墓遗文》,民国上虞罗氏刊本。
⑪ 罗振玉:《山左冢墓遗文》,民国上虞罗氏刊本。
⑫ 罗振玉:《中州冢墓遗文》,民国上虞罗氏刊本。

三十一卷，[1]易于查阅。

中华人民共和国成立后，墓志的整理与刊布得到快速的发展，前文已经有所论述。随着墓志目录、图录等著述的出版，墓志释文的整理工作也得到了相应的重视。目前看，七十年来出版发行的墓志释文类著作大体有三种形式：图文并存、文跋合体及单纯录文。下面从每一类中选择若干有代表性的著述进行介绍。

首先，图文并存。今所见一些大型石刻图录类著作通常都附有释文，所以图文并存类在墓志释文著作中所占比重较大。如前面曾介绍的《新中国出土墓志》系列、《洛阳新获墓志续编》《辽宁省博物馆藏碑志精粹》《西安碑林博物馆新藏墓志汇编》《文化安丰》，以及新近出版的《墨香阁藏北朝墓志》《北朝艺术研究院藏品图录·墓志》等。这里要特别介绍一下洛阳市文物局编《洛阳出土北魏墓志选编》[2]和毛远明《汉魏六朝碑刻校注》。《洛阳出土北魏墓志选编》精选北魏墓志二百七十三种，图文并存，书后附人名索引。相比上举诸书，该书有三点值得关注：其一，释文为主，图录为辅。与一般图录著作不同，该书先作释文，后配图录，后者为前者服务的意图明显。其二，释文准确。作者能够核对原石拓本，厘定志文，释文保存较高的准确率，经常为后来释文著作明引或暗引。其三，去伪求真。对收集到的四十九件伪志进行释文，并附图版及编制"伪刻墓志目录"。无论是在体例，还是在内容上，都有开创意义，对南北朝墓志文献辨伪有所裨益。比较而言，毛远明《汉魏六朝碑刻校注》著录石刻的范围和时代要更广。该书收录2008年前出土或著录的汉魏南北朝时期诸类石刻近两千六百种，其中南北朝墓志七百九十八种。在编撰体例上，先提供石刻图版，然后誊录释文，最后对释文进行校注。该书录志众多，校注认真，学术性高，是近年来石刻文献研究领域的佳作。不过，《汉魏六朝碑刻校注》只校注

---

[1] 罗振玉：《唐风楼碑录》，民国上虞罗氏刊本。
[2] 洛阳市文物局：《洛阳出土北魏墓志选编》，北京：科学出版社，2001年。

有拓本石刻，失收墓志较多，后来毛先生的学生对此多有补充研究。[1]此外，该书图版多影印其他图录著作，清晰度略低，墓志类尤甚。

其次，文跋合体。所谓文跋合体，即指先誊录志文，再加以题跋。这类释文著述出现很早，前文介绍的洪适《隶释》、黄本骥《古志石华》、王昶《金石萃编》、陆增祥《八琼室金石萃编》等都属于此类。中华人民共和国成立以来，文跋合体类著录不多，仅有罗新、叶炜《新出魏晋南北朝墓志疏证》、王连龙《新见北朝墓志集释》等数种。[2]《新出魏晋南北朝墓志疏证》收录三国至隋末的二百三十一种墓志，均为赵万里《汉魏南北朝墓志集释》及赵超《汉魏南北朝墓志汇编》未及收录的墓志，多为1986年后新出土及新发现，故冠名"新出"。在体例上，该书先抄录墓志文，然后以"疏证"起首，进行考证。疏证内容，篇幅不大，关注史实，题跋性质明显。该书在2016年又出增订本，对部分释文及观点进行了修改。在罗新、叶炜《新出魏晋南北朝墓志疏证》之后的是王连龙《新见北朝墓志集释》，二者在时间上相衔接，该书主要收录2003年以后学术刊物公开发布的墓志，以及公私博物馆收藏的新见墓志，共计五十四种。与《新出魏晋南北朝墓志疏证》略不同，《新见北朝墓志集释》每种墓志都配以图版，然后再作释文及考证。

最后，单纯录文。顾名思义，单纯录文是指专门辑录墓志文，不附图版，不作题跋。南北朝墓志录文著作以赵超《汉魏南北朝墓志汇编》最为著名。[3]该

---

[1] 参见王迟迟：《〈汉魏六朝碑刻校注〉未收石刻整理与研究——三国、两晋及南朝时期》，西南大学硕士学位论文，2014年；朱遂：《〈汉魏六朝碑刻校注〉未收北齐北周碑刻辑补》，西南大学硕士学位论文，2014年；杜莹：《〈汉魏六朝碑刻校注〉未收北魏碑刻整理与研究》，西南大学硕士学位论文，2014年。

[2] 罗新、叶炜：《新出魏晋南北朝墓志疏证》，北京：中华书局，2005年，2016年修订；王连龙：《新见北朝墓志集释》，北京：中国书籍出版社，2013年。

[3] 赵超：《汉魏南北朝墓志汇编》，天津：天津古籍出版社，1992年，2008年再版。

书收录汉代至北周及陈代的墓志六百八十六种，其中南朝《刘怀民墓志》《刘岱墓志》《萧融墓志》等十一种，北朝《鱼玄明墓志》《元桢墓志》等五百七十六种。相比目前已见公开发布一千四百余种南北墓志，该书收录墓志数量虽然有限，但在南北朝墓志文献整理上却占有着重要地位。主要有以下几点原因：其一，开创性。系中华人民共和国成立以来第一部大型南北朝墓志释文全集，在体例编排、释文隶定、墓志命名等方面都为后来墓志文整理奠定了基础，具有开创意义。其二，学术性。南北朝墓志文的考释，虽然不若甲骨文、金文识读难度大，但也以数量众多、别字横生等原因，为一般学者所忌惮。该书作者能够核对原石拓本，科学考释墓志文，使该书具有较高的学术水平。这是该书自问世以来一直保持较高引用率的重要原因所在。需要指出的是，《汇编》收录墓志截至1986年，加之，对无拓本及拓本不可辨识的墓志不予收录，这就使该书无法满足前沿学术研究的创新需求。至于释文错字、缺乏索引等问题，在2008年再版，以及日本学者编定相关索引目录书后，[①]已经得到了很大程度的改善。在《汉魏南北朝墓志汇编》之外，南北朝墓志单纯录文的著作还有张永强、余扶危《洛阳出土少数民族墓志汇编》以及韩理洲编撰的《全三国两晋南北朝文补遗》《全北魏东魏西魏文补遗》《全北齐北周文补遗》系列，[②]多辑录自相关金石志书，可备校勘之用。

在南北朝墓志释文类研究领域，还有一种特殊类型，即存在于研究专著中

[①] [日] 伊藤敏雄主编，中村圭尔、室山留美子编：《魏晋南北朝墓誌人名地名索引——『漢魏南北朝墓誌彙編』『新出魏晋南北朝墓誌疏証』篇一一》，大阪教育大学，2008年；[日] 中村圭尔、[日] 室山留美子编：《魏晋南北朝墓誌官職名索引——『漢魏南北朝墓誌彙編』『新出魏晋南北朝墓誌疏証』篇一一》，大阪市立大学，2009年。

[②] 张永强、余扶危：《洛阳出土少数民族墓志汇编》，郑州：河南美术出版社，2011年；韩理洲：《全三国两晋南北朝文补遗》，西安：三秦出版社，2013年；《全北魏东魏西魏文补遗》，西安：三秦出版社，2010年；《全北齐北周文补遗》，西安：三秦出版社，2008年。

的墓志文汇编。如罗宗真《罗宗真文集》、朱智武《东晋南朝墓志研究》都存在南朝墓志释文辑录。① 特别是后者，在墓志文辑录之外，还进行校释，并附图版及官职名、人名、地名索引，具有较高学术价值。只是该书由台湾新北市花木兰文化出版社刊行，流传不广，不为学界所熟知。

四、题跋：叙之有闻

在存目、释文、图录之外，南北朝墓志的著录还有题跋一类。题跋文体出现也早，学者习引徐师曾《文体明辨序说》所言"题跋者，简编之后语也。凡经传、子史、诗文、图书之类，前有序引，后有后序，可谓尽矣。其后览者，或因人之请求，或因感而有得，则复撰词以缀于末简，而总谓之题跋。至综其实，则有四焉：一曰题，二曰跋，三曰书某，四曰读某……题、读始于唐，跋、书起于宋。曰题跋者，举类以该之也"。徐氏谓"题跋者，简编之后语"，较为中肯，至于"跋、书起于宋"，则不确。今以体例及内容观之，题跋可追溯至刘向《别录》。刘向校书，"每一书已，向辄条其篇目，撮其指意，录而奏之"。今存《战国策叙录》等多见校书过程、版本信息、作者介绍、主旨评介等，可为后世典籍题跋之源。墓志题跋亦由此而来，只是将题跋形式置于金石文献之后，替换目录、版本、校勘等为史志互证、阐幽表微、补阙正误等内容。墓志题跋，行文简约，要言大略，以传后学，庶益于多闻。

以现存文献而言，墓志题跋始见于欧阳修《集古录跋尾》。② 欧阳修搜集历代碑刻资料，上自周穆王，下更隋唐五代，外至四海九州岛，共计四百余种。欧阳修于所录石刻均一一题跋，如题跋《宋宗悫母夫人墓志》时，首先提出该

---

① 罗宗真：《罗宗真文集》，北京：文物出版社，2013年；朱智武：《东晋南朝墓志研究》，（台湾）新北：花木兰文化出版社，2014年。

② 〔宋〕欧阳修：《集古录跋尾》，清光绪十三年（1887）朱氏槐卢校刊本。

志不著书撰人名氏及有志无铭,关注墓志形制问题。其次,结合史书宗悫本传,考证宗悫职官除授等问题。最后,以墓志刊刻时间为标准,分析当时州郡地理变迁等内容。这种史论结合,传世文献与出土文献互证,开启了后世碑志题跋的风气和范式。《集古录跋尾》著录南朝墓志三种:《宋宗悫母夫人墓志》《南齐海陵王墓铭》《陈张慧湛墓志铭》,皆有题跋。在欧阳修之后,墓志类题跋著述是黄伯思《东观余论》。[①]该书关注金石史实考评,于《集古录》多有勘误,只是原书十卷,今存二卷,易为学界忽视。《东观余论》卷下有"跋海陵志后",专门考证《南齐海陵王墓志》。与欧阳修考证史实不同,黄伯思更关注墓志的出土与亡佚,以及撰书人真伪等问题。与《东观余论》相类的著述,还有董逌《广川书跋》。[②]《广川书跋》虽然侧重于书学评论,亦有史学考证。该书卷六跋北朝《乌丸僧修志》一种,先节录志文,分析乌丸僧修世袭,次结合传世典籍,考证乌丸氏迁徙及改姓,最后论述建德改元史实。跋文五百余字,考证精审,为不刊之论。今《乌丸僧修志》已亡佚,幸赖该书存其大略。在宋代,另一部著名的题跋著述是《金石录》。前文已言,《金石录》有目录十卷,跋尾二十卷。卷二十一有《后魏安东将军孙公墓志》,卷二十二有《后周太学生拓跋府君墓志》《后周同州刺史普六如忠墓志》《后周温州刺史乌丸僧修墓志》,共见四种北朝墓志跋尾。该书未见南朝墓志跋尾,系成书北宋宣和年末(1126)之故,且书自《集古录》而来,前者已见南朝诸志,故有省略。但核之目录,《后魏张夫人墓志》《东魏张早墓志》《魏岐州刺史王毅墓志》皆有目无跋,《后周温州刺史乌丸僧修墓志》无目存跋。在题跋内容上,《金石录》多参核史书本传,文字较短,略显简略,不类《集古录》,更不若《东观余论》《广川书跋》。此外,宋代存在的一些随笔文集类著述,也偶涉金石,值得关注。如《宋宗悫母夫人墓志》及相关事迹,沈括《梦溪笔谈》卷二十四、曾慥《类说》卷四十七、江少

---

① 〔宋〕黄伯思:《东观余论》,学津讨原本。
② 〔宋〕董逌:《广川书跋》,清文渊阁《四库全书》本。

虞《事实类苑》卷六十、高承《事物纪原》卷八等均有论说，这类著述也不容忽视。

有明一代，南北朝墓志题跋著述以胡谧《山西金石记》为代表。①《山西金石记》十卷，只收录山西金石，计有《张黑女墓志》《龙骧将军杜何拔墓志铭》《侍中骠骑大将军太保刘懿墓志铭》《彭城太妃墓志》《齐侍中开府仪同三司韩祜墓志铭》《齐赵郡太守申穆墓志铭》《齐中山太守苏顺墓志铭》七种，均为前世未见著录者。在题跋内容上，《山西金石记》先著录刊刻年代、书体及收藏地，次对墓志进行考证，若有前贤论说，则引其文，再加按语，称引《集古录》《金石录》《金石略》等较多。这种体例直接影响到后来王昶《金石萃编》、赵万里《汉魏南北朝墓志集释》等集释类著述的编撰。

进入清代后，金石题跋类著述逐渐增多。与南北朝墓志相关者，有《金石录补》《山右金石录跋尾》《中州金石记》《潜研堂金石文跋尾》《授堂金石跋》《金石萃编》等数种。②叶奕苞《金石录补》刊于《金石录》之后，增补《宋散骑常侍谢公墓铭》《宋林沨侯刘使君墓铭》《梁永阳太妃王氏墓铭》等南朝墓志三种。夏宝晋《山右金石录跋尾》题跋北朝《刘懿墓志》一种，毕沅《中州金石记》成书于乾隆五十二年（1787），专跋河南中州古代碑刻数百种，其中有北朝《怀令李超墓志》一种。钱大昕《潜研堂金石文跋尾》又增跋《司马绍志》《刁遵墓志》《高植墓志》《李超墓志》《高湛墓志》《朱岱林墓志》等北朝墓志六种。此后，武亿撰《授堂金石跋》，题跋北魏《司马升墓志铭》《司马元兴

---

① 〔明〕胡谧：《山西金石记》，明成化十一年（1475）刻本。
② 〔清〕叶奕苞：《金石录补》，清咸丰元年（1851）海昌蒋氏宜年堂刻本；〔清〕夏宝晋：《山右金石录跋尾》，清咸丰四年（1854）木威喜室刻本；〔清〕毕沅：《中州金石记》，光绪十三年（1887）上海大同书局石印本；〔清〕钱大昕：《潜研堂金石文跋尾》，清光绪十年（1884）长沙龙氏刻本；〔清〕武亿：《授堂金石跋》，清道光二十三年（1843）《授堂遗书》刻本。

墓志铭》《司马景和妻墓志铭》《刁遵墓志铭》《司马景和墓志铭》《崔敬邕墓志铭》《陆希道墓志铭》、东魏《法师惠猛墓志铭》、北齐《韩佑墓志铭》等九种。以上诸书继承了《集古录》《金石录》的体例，注重于金石文献的题跋和考证。前文在介绍墓志录文类著述时，曾以《金石萃编》及其增补系列为例。实际上，这些著述在录文之后，都会对石刻进行研究考证，也可归入题跋类著述之列。具体如王昶《金石萃编》、严可均《平津馆金石萃编》、陆耀遹《金石续编》、方履籛《金石萃编补正》、刘承干《希古楼金石萃编》、陆增祥《八琼室金石补正》、黄本骥《古志石华》、毛凤枝《金石萃编补遗》、端方《匋斋藏石记》等。清代中后期，在这些录文+题跋著述形式之外，也存在数量众多的纯粹金石题跋著作。如严可均在编撰《平津馆金石萃编》同时，还编有《铁桥金石跋》，曾题跋《崔颋墓志铭》。洪颐煊曾据孙星衍旧藏，编撰《平津读碑记》，题跋北朝《宁朔将军司马绍墓志铭》《扬州长史司马景和妻孟氏墓志铭》《洛州刺史刁遵墓志铭》《济青相凉朔恒六州刺史高植墓志》《平州刺史司马昞墓志铭》《怀令李超墓志铭》《南秦州刺史司马升墓志铭》《齐州刺史高湛墓志铭》《开府参军崔颋墓志》《朱岱林墓志》十种。《三续》又跋《镇远将军郑道忠墓志铭》一种，均属此类。

综观清末及民国时期南北朝墓志题跋学者，当以罗振玉为大家。罗振玉善识文物，精研文史，富于收藏，墓志类原石及拓本数百种。罗氏《唐风楼金石文字跋尾》题跋《惠猛法师墓志》《司马昞墓志》《魏贾太妃砖志》等北朝墓志三种。后又增订《雪堂金石文字跋尾》，续跋《宋刘怀民墓志》《魏鱼玄明墓志》《魏元始和墓志》《恒农太守寇臻墓志》《江阳王次妃石夫人墓志》《安乐王元诠墓志》《梁州刺史元演墓志》《冀州刺史元珍墓志》《昌国县侯王绍墓志》《皇甫驎墓志》《安乐王元彦墓志》《崔敬邕墓志》《惠猛法师墓志》《汝南太守寇演墓志》《寇凭墓志》《司马昞墓志》《宫内大监刘阿素墓志》《世宗第一贵嫔司马氏墓志》《宫第一嫔张安姬墓志》《宫内司杨氏墓志》《傅母杨遗女墓志》等南北朝墓志四十六种。观罗振玉南北朝墓志题跋，以数量巨大，种类齐全，材料真实，博学洽闻，为学界所重。与前代金石混杂题跋不同，民国时期开始出现内容单一的墓志题跋。如范寿铭《循园古冢遗文跋尾》题跋两汉至北齐墓志一百三十七种，①收录南朝《吕超墓志》《杨公则墓志》两种，北朝《韩显宗墓志》《元羽墓志》《侯夫人墓志》等一百一十五种。为避免重复，凡《金石萃编》《续编》《古志石华》等专书曾出现的墓志，以及无拓本、字迹残泐的墓志等，《跋尾》均不再收录。书末六卷又附《元氏志录补遗目录》，系顾燮光增补，多为范氏未见者。

中华人民共和国成立以来，传统意义上的题跋多见于书画艺术创作中，在学术实践中逐渐没落，取而代之的是单篇论文考证和系统著作研究。但不论形式如何变化，深度如何拓展，前人关于墓志题跋的研究都是不可忽略的治学积累，这也是学术研究的规范所在。下面对中华人民共和国成立以来几部有代表性的著述进行推荐和介绍。

首先，具有题跋目录性质的杨殿珣《石刻题跋索引》。②从前面的论述中可以看到，前人关于石刻题跋多散见于个人文集及著述中，数量巨大，形式分散，不易查找。有鉴于此，杨殿珣编撰了《石刻题跋索引》，分墓志、墓碑、刻经、造像、题名题字、诗词、杂刻七大类，于每一类下每一种石刻著录题跋出处。杨殿珣早年入职北平图书馆（后改名北京图书馆，今国家图书馆），长期从事目录类著述的研究与整理，具有丰富的目录书编撰经验。《石刻题跋索引》于1941年由商务印书馆刊行，选用前代金石志书一百三十四种，石刻条目四万余种，其中墓志两千三百二十五种。至1957年出修订本时，又增加叶奕苞《金石录赓跋》等四种征引书目。1977年台湾新文丰出版公司、1990年商务印书馆分别出版修订本影印本。关于《石刻题跋索引》的编撰刊行及优缺点，时贤邵友诚、冀亚平等多有评述，此处仅就《石刻题跋索引》中南北朝墓志题跋索引情况略作探讨。应该说，《石刻题跋索引》虽然贡献巨大，但也存在一些需要改进

---

① 范寿铭：《循园古冢遗文跋尾》，民国十九年（1930）金佳石好楼石印本。
② 杨殿珣：《石刻题跋索引》，北京：商务印书馆，1990年。

之处。首先，书目失收。古代金石志书浩如烟海，仅台湾新文丰出版公司《石刻史料新编》系列就已经出版一百册，书目一千零九十五种之多。《石刻题跋索引》虽以个人之力征引书目一百三十八种，但失收者众多。较为重要者如郑樵《金石略》、朱长文《墨池编》、张铉《金陵碑碣志》、胡谧《山西金石记》、顾起元《金陵古金石考目》、于奕正《天下金石志》、朱晨《古今碑帖考》、陈汉章《集古录补目》等，六朝墓志类著作如李富孙《汉魏六朝墓铭纂例》、吴镐《汉魏六朝志墓金石例》等也未被收入。至于《石刻题跋索引》不收文集，择地方志最著者入录，都会造成题跋材料来源的缺失。其次，体例不清。《石刻题跋索引》虽然将墓志与墓碑、刻经、造像、题名题字、诗词、杂刻并列为七类，但在杂类中仍然存在墓砖、墓记、塔铭等属于墓志范畴的石刻。造成这种情况的根本原因在于石刻种类在不同时代发展并不均衡，经常会出现新兴与消亡，不能用一成不变的模式去套用石刻分类。至于《石刻题跋索引》成书时间较早，新出墓志题跋失录等问题，自然也在情理之中。

其次，作为墓志题跋类著述个案的赵万里《汉魏南北朝墓志集释》，[①]罗新、叶炜《新出魏晋南北朝墓志疏证》，王连龙《新见北朝墓志集释》等。前文已言，赵万里曾编撰《汉魏六朝冢墓遗文图录》，著录墓志、墓记、椁铭、神坐、柩铭等各种冢墓遗文近六百零九种，图七百八十余张。《汉魏南北朝墓志集释》即是在《汉魏六朝冢墓遗文图录》基础上编撰而成。在体例上，《新见北朝墓志集释》分为题跋和图版两个部分。在题跋部分，作者继承胡谧《山西金石记》、王昶《金石萃编》集释类编撰方式，将前人题跋一一罗列，然后再增跋续论，无前人跋者，直接考证。就此而言，杨殿珣《石刻题跋索引》属于题跋查询的指导性著作，赵万里《汉魏南北朝墓志集释》则为题跋搜集的实践性作品。此外，《汉魏南北朝墓志集释》在考证之前还记述诸种墓志的年代、尺寸、容字、书体、出土地等信息，以及附录图版，又兼有墓志目录和图录的功能。与《石

[①] 赵万里：《汉魏南北朝墓志集释》，北京：科学出版社，1956年。

刻题跋索引》一样，《汉魏南北朝墓志集释》也存在成书时间早及材料失收等问题。至于罗新、叶炜《新出魏晋南北朝墓志疏证》和王连龙《新见北朝墓志集释》，以及大同北朝艺术研究院编《北朝艺术研究院藏品图录·墓志》的前言部分，都属于学术化的墓志题跋范围，前文已有介绍，兹不赘述。

<h2 style="text-align:center">结　语</h2>

在上文中，笔者结合多年来学习和整理南北朝墓志的实践，介绍一些心得和经验。主要从存目、图录、释文、题跋等角度，对古今所见南北朝墓志著录源流情况做了一个宏观的概述。既然是心得体会和经验之言，就决定了这个概述的主旨是为广大学者，特别是南北朝墓志研究初学者提供服务。在书目上，本文涉及古今金石志书二百五十三种，并尽量介绍每一种著作中出现的墓志名称和数量，但限于篇幅及文章结构的考虑，数量可以做到精确，名称只能举其大略。至于对不同书目的品评，多是个人读书心得，权且算作今后研究中使用材料时的一些注意事项和善意提醒。如有讹误，还请著者多多包涵。

关于本文的史料和体例，有两点需要说明：一是1949年之前的古籍多选用一些较早的版本，原因多半是笔者在早期搜集资料时曾有意寻求善本的缘故。实际上，今天多见古籍影印本和整理本，如台湾新文丰文化公司出版的《石刻史料新编》系列，也颇为适用，只是该丛书时有省略版本信息的地方，值得注意。二是体例分类中不同金石著作重复出现问题。这主要有两个原因，其一是早期墓志整理著述偶有体例不纯者，一书可分见存目、释文、题跋等若干分类中。其二是近现代的著作多具兼容性，一书中经常并见图版、释文及研究等内容。所以，本文适当采用目录学中的"别裁""互著"方法来解决这个问题。

总体而言，墓志目录是墓志整理中发展比较平稳的研究分支。在早期目录著录中，墓志并未单列为一项，而是与其他石刻一起著录。这说明前人并未给予作为冢墓幽石的墓志太多关注，即便有著录，也是南朝墓志重于北朝墓志以及南南北北的侧重著录。直到清末民国初，大量邙山墓志出土，墓志才逐渐为学者和商贾，甚至盗墓贼所重视，并出现一系列的墓志目录类著述。在早期石刻目录中，著录对象多为石刻原石，后来逐渐转化以拓本为主。同样，明清时期曾出现几种全国视野下的地域石刻目录。到了民国及现代，随着各省《文物志》的编撰和各大博物馆等文博单位馆藏目录的发布，全国性的墓志目录编撰条件已经成熟。这种大型目录编制，一方面可以避免重复和缺录，节省材料查找的时间和精力。另一方面，也有助于全面了解全国墓志石刻及拓本存佚情况，使墓志文献得到最有效的使用。此外，由于历史等原因造成的文物散佚，使得海外墓志目录的整理也成为当下墓志研究的一个重要内容。

比较之下，图录是一个既古老又新兴的分支。说其古老，是因为作为重要传播载体的拓本，出现时间比较早，而且一直延续使用在今天。所谓新兴，主要是讲图录印刷技术上几次革命式飞跃，从拓本——临摹——刻版——石印——铅印——胶印——电子彩印。加上时代风气的变化，图录是石刻文献整理著述中增长变化最快的一个分支。墓志图录虽然发展快，但也存在一定的问题。最明显的有两个：一是数量齐备问题。以南北朝墓志为例，目前学术刊物公开发布近一千五百种，但并不是每种都有图版。如《北京图书馆藏中国历代石刻拓本汇编》这种大型图录，已经很久没有出版发行。二是图版质量问题。与其他石刻略有不同，墓志形制简单，体积不同，字数多寡不一。如何在有限的版面空间里清晰地展现墓志文字全貌，是一个很难完美解决的技术和现实问题。如已见部分图录采用拓本同尺寸印刷，但因出版成本太高，并未得到普及。至于一些著作翻拍已见图录图版，也存在图版还原效果及拍摄图版像素低下等问题，情况更是堪忧。换言之，墓志图录在如何做到搜集全面及提高清晰度等方面还有很长的路要走。可喜的是，目前一些大型电子数据库陆续上线，如果能处理好收集全面、图版清楚，以及版权问题，则功莫大焉。

与目录、图录不同，墓志释文和题跋是墓志著录中发展比较缓慢的分支。如墓志释文方面，在1992年赵超《汉魏南北朝墓志汇编》后，再无见集成性释文著述。这在某种程度上也反映出墓志研究严重滞后于墓志发现的局面。此外，墓志文的考释、输入、编定、校勘等内容也有必要纳入到文献学范畴下规范进行，提高释文准确性和形式规范性。同释文不同，墓志题跋不仅发展慢，而且面临形式改变等问题。西方学科分类体系的引入，对我国传统史学研究模式产生影响和推动。在墓志研究上一个比较明显的变化是，传统意义上的题跋慢慢消失，逐渐转化为墓志研究。墓志研究虽然在深度及规范上都得到进一步强化，但问题是，题跋与研究并不等同，前者只是后者形式之一，并带有一定的独立性。题跋从开始产生，就具有叙录的性质，进而与目录、图录发展更为紧密。如何使文辞简约、语言优美、信息丰富的墓志题跋获得新生，将是今后墓志研究中需要思考的问题之一。

最后想说明的是，在墓志著录中，目录开辟门径，图录呈现具象，释文提供文本，题跋叙录多闻。它们并不是各自为营，彼此分散，而是紧密联系，相互支撑。从当前墓志著录情况来看，单一著录形式已不多见，多元化的整理著作普遍存在，这也符合现代学术多元化的发展需求。就此角度而言，将来的墓志著述更需要集目、图、文、研为一身的大成之作，规范之作。

梁元帝《职贡图》研究综述

米婷婷

梁元帝《职贡图》的原图创作于他担任荆州刺史的普通七年（526）十月到大同五年（539）七月间，其最后定本绘梁周边三十二国朝贡使者和梁荆州地区三蛮族使者立像，立像之侧附有介绍该国和蛮族历史与地理等内容的题记，是一幅基本写实的图文并茂长卷，作为研究南北朝时期中外关系和中国周边国家史地的基本史料，受到中外学界的高度重视。

梁元帝《职贡图》原本已不存，传世摹本有四：

1. 唐阎立本摹本

原名《唐阎立本王会图》，现藏台北故宫博物院，清官修《石渠宝笈》卷三二著录，绢本设色，自右至左，依次绘虏国以下二十四国和蛮族使者立像，无题记（本文简称"唐摹本"）。

2. 五代南唐顾德谦摹本

原名《梁元帝蕃客入朝图》，现藏台北故宫博物院，清官修《石渠宝笈续编·养心殿藏》卷二著录，纸本白描，自右至左，依次绘鲁（虏）国以下三十三国和蛮族使者立像，无题记（本文简称"五代摹本"）。

3. 北宋熙宁十年（1077）摹本

原名《唐阎立德职贡图》，原为南京博物院藏品，现藏中国国家博物馆，清官修《石渠宝笈》卷三二著录，绢本设色，自右至左，依次绘写滑国以下十二国使者立像与十三国题记（倭与狼牙修之间有宕昌残题记，无图像）（本文简称"北宋摹本"）。

4. 清乾隆四年（1739）张庚摹本

原名《诸番职贡图卷》，原图现藏何处不详，清末民初葛嗣浵《爱日吟庐书画续录》卷五著录，据称为纸本，用白描法，依次迻录渴槃陀以下十八国与蛮族题记，无图像（本文简称"清摹本"）。

从19世纪末、20世纪初德国汉学家夏德（F. Hirth，1845~1927）、[1]法国汉学家伯希和（P. Pelliot，1878~1945），[2]开始关注梁元帝《职贡图》以来，梁元帝《职贡图》就一直成为欧美研究中国南北朝时期民族史的重要资料。我国对于梁元帝《职贡图》的研究，发轫于20世纪50年代末、60年代初，随后引起日本、韩国相关学者的注意。特别是2011年3月，清摹本的发现与公布。[3]2012年1月21日，中、日、韩三国学者在日本东京国学院大学成功举办"梁職貢図と倭——5、6世紀の東ユーラシア世界"（"梁职贡图与倭——5、6

---

[1] [德] Friedrich Hirth, *Ueber den Verfasser und Abschreiber der chinesichen Inschrift am Denkmal des Köl Tägin*, T'oung Pao, Vol. 7, No. 2（1896）, pp. 151~157.

[2] [法] Paul Pelliot, *Notes sur quelques artistes des six dynasties et T'ang*, T'oung Pao, Second Series, Vol.22, No.4 (Oct. 1923), pp. 215~291.

[3] 赵灿鹏：《南朝梁元帝〈职贡图〉题记佚文的新发现》，《文史》2011年第1辑，北京：中华书局，2011年3月，第111~118页。

世纪的东部欧亚世界"）学术研讨会，①2014年5月10日，出版经过重新组稿的会议论文集，②大大推动了梁元帝《职贡图》研究向纵深发展。关于梁元帝《职贡图》的研究成果异常丰硕，涉及领域亦极为广泛，这里概括为艺术史、政治史、民族史以及交通史四个领域，摘要进行综述。

一、艺术史

艺术是梁元帝《职贡图》的创作基础，是艺术史研究者关注的热点，涉及形成时代与作者、原本与摹本关系、摹本演变流传等诸多问题。

1. 时代与作者

最早引起关注的是北宋摹本。由于该摹本原名《唐阎立德职贡图》，时代与作者明晰，长期以来无人质疑。1956年，王逊最早在南京博物院看到该摹本，即指出时代应早于唐，稍后又指出应出自梁元帝萧绎，可惜因其翌年被错划"右派"，没有撰成论文发表。③1959年，该图被中国历史博物馆（今中国国家博物馆）借展，沈从文撰写讲解词认为是宋人摹绘唐阎立本《职贡图》。④1960

---

① 按：此次会议，主题演讲五人，依次为王素（中国故宫博物院）、李成市（韩裔，早稻田大学）、金子修一（国学院大学）、新川登龟男（早稻田大学）、广濑宪雄（爱知大学）。再次发表三人，依次为河上麻由子（奈良女子大学）、赤羽目匡由（首都大学东京）、尹龙九（韩国仁川都市公社文化财）。王素先生是中国唯一代表。
② [日] 铃木靖民、金子修一编：《梁職貢図と東部ユーラシア世界》，东京：勉诚出版株式会社，2014年5月10日。按：本论文集包括前言、解题、后记，共收论文二十一篇，下文引述仅称《梁職貢図と東部ユーラシア世界》，不具注。
③ 薄松年：《怀念新中国美术史界拓荒者王逊》，《中华读书报》2016年1月27日第21版。
④ 沈从文：《唐宋绘画及其他》（七则之三），原写于1959年，后收入同作者：《沈从文全集》第28卷《物质文化史》，太原：北岳文艺出版社，2002年，第385页。

年，金维诺发表论文，认为该摹本风格、技巧与二阎不类，所记各国历史、地理、风俗、朝贡等情况仅见于《梁书》，认为作者应为梁元帝萧绎。①此后，除沈从文仍坚持自己的观点外，②学界均无异议，较早就成了定论。

2. 原本与摹本

1961年，岑仲勉通过整理滑国、百济、邓至、白题四国题记的讹误，认为：北宋摹本如是梁元帝《职贡图》原本，不可能出现这种情况，应该是隋至初唐一段时期所摹的摹本。③1987年，榎一雄指出：台北故宫博物院藏唐摹本和五代摹本，是梁元帝《职贡图》的另外两个摹本。④1999年，深津行德从鉴藏印入手，对这两个摹本进行了专门研究，稍后又对摹本的构图等问题进行了补充说明。⑤2011年，郭怀宇通过对北宋摹本中滑国、波斯、呵跋檀、胡蜜丹、

---

① 金维诺：《"职贡图"的时代与作者——读画札记》，原载《文物》1960年第7期，第14~17页；改名《〈职贡图〉的时代与作者》后，收入同作者：《中国美术史论集》上卷，哈尔滨：黑龙江美术出版社，2003年3月，第114~118页，此据《文物》第15页。

② 沈从文：《狮子在中国艺术上的应用及其发展》，原写于1965年，后收入同作者：《沈从文全集》第28卷《物质文化史》，太原：北岳文艺出版社，2002年，第222~231页，此据第225页。

③ 岑仲勉：《现存的职贡图是梁元帝原本吗？》，原载《中山大学学报》1961年第3期，第42~47页，收入同作者：《金石论丛》，上海：上海古籍出版社，1981年，第476~483页，此据《中山大学学报》第44页。

④ [日]榎一雄：《故宮博物院所藏の梁職貢圖について》，《東洋文庫書報》第19号，东京：东洋文库，1987年，第61页。

⑤ [日]深津行德：《台湾故宫博物院所藏〈梁職貢図〉模本について》，《学習院大学東洋文化研究所調査研究報告》No.44，1999年，第41~73页。另参[日]深津行德：《台湾故宫博物院所藏「南唐顧德謙模梁元帝蕃客入朝図」について》，《梁職貢図と東部ユーラシア世界》，第241~270页。

白题等九国使者服饰样式时代特征的分析,探讨摹本作为史料的有效性和真实性。①同年,赵灿鹏发表论文,公布了梁元帝《职贡图》的第四个摹本——清摹本,并移录十八国题记进行分析比对,指出具有极高的史料价值。②稍后,赵灿鹏又从唐宋佛教文献中辑出梁元帝《职贡图》题记佚文三则,分别为鲁(虏)、新罗、白木条三国题记。③梁元帝《职贡图》的唐、五代、清三摹本,因与北宋摹本比较,属于同类,其时代与作者,学界亦无异议,也成为了定论。

3. 演变与流传

有梁一代,不仅有梁元帝《职贡图》,还有裴子野《方国使图》,二者是什么关系?梁元帝《职贡图》有《蕃客入朝图》《职贡图》《贡职图》三个别称,三者又是什么关系?为此,曾经引起热烈讨论。

1963年,榎一雄最早根据白题、滑二国向梁朝贡的时间进行分析,认为梁元帝《职贡图》的题材和内容都与裴子野《方国使图》存在继承关系,可以看作是裴子野《方国使图》的增补版。④1998年,余太山认为所谓北宋摹本:"今存残卷一十二国使臣图像之原底及一十三国使臣图题记可能是裴子野《方国使图》。"⑤即认为梁元帝《职贡图》的北宋摹本,现存图像和题记与裴子野《方国

---

① 郭怀宇:《〈职贡图〉的时代风格再研究——探讨由"摹本"所建构起的早期卷轴画史的有效性》,《美术》2011年第2期,第110~113页。

② 赵灿鹏:《南朝梁元帝〈职贡图〉题记佚文的新发现》,《文史》2011年第1辑,北京:中华书局,2011年,第111~118页。

③ 赵灿鹏:《南朝梁元帝〈职贡图〉题记佚文续拾》,《文史》2011年第4辑,北京:中华书局,2011年,第237~242页。

④ [日]榎一雄:《梁職貢図について》,原载《東方學》第26辑,1963年,第31~46页,收入《榎一雄著作集》第7卷,东京:汲古书院,1994年,第106~127页。

⑤ 余太山:《〈梁书·西北诸戎传〉与〈梁职贡图〉》,原载《燕京学报》新5期,北京大学出版社,1998年,第93~123页,收入同作者:《两汉魏晋南北朝正史西域传研究》,北京:中华书局,2003年,第26~64页。

使图》应该一样,北宋摹本可能就是裴子野《方国使图》。2014年,石见清裕、李成市、赤羽目匡由等围绕"东明王"的讨论,也涉及梁元帝《职贡图》是否承袭裴子野《方国使图》等问题。①

1986年,薛永年指出:"《职贡图》一称《蕃客入朝图》,为梁元帝任荆州刺史时创稿。"②即认为《职贡图》就是《蕃客入朝图》。1992年,王素先生经过考证认为:《蕃客入朝图》《职贡图》《贡职图》是梁元帝创作的同一幅图的三个不同阶段图:第一阶段图为《蕃客入朝图》,绘制于普通七年(526)十月到大同五年(539)七月梁元帝任荆州刺史时;第二阶段图为《职贡图》,是《蕃客入朝图》的增补图,绘制于大同六年(540)七月之后,即梁元帝由荆州再回建康,任安右将军、护军将军、领石头戍军事时期;第三阶段图是《贡职图》,绘制于承圣三年(554)春梁元帝当皇帝时。③2006年,陈继春针对王素先生的观点,认为:《职贡图》尽管有三个不同的名称,但仍然应是同一幅图,因为《职贡图赞》"图兹贡职"云云,也有可能是为了押韵。④2014年,石见清裕将前揭

---

① [日]石见清裕:《梁への道——〈職貢図〉とユーラシア交通》;[日]李成市:《〈梁職貢図〉高句麗・百済・新羅の題記について》;[日]赤羽目匡由:《新出〈梁職貢図〉題記逸文の朝鮮関係記事二、三をめぐって》,分见《梁職貢図と東部ユーラシア世界》,第67~102、429~454、455~476页。

② 薛永年:《三国两晋南北朝的绘画艺术》,原载《中国美术全集・绘画篇1・原始社会至南北朝绘画》,北京:人民美术出版社,1986年,第16~34页,收入同作者:《书画史论丛稿》,成都:四川教育出版社,1992年,第28~46页,此据《书画史论丛稿》第39页。

③ 王素:《梁元帝〈职贡图〉新探——兼说滑及高昌国史的几个问题》,原载《文物》1992年第2期,第72~80页,收入同作者:《汉唐历史与出土文献》,北京:故宫出版社,2011年,第457~469页,此据《文物》第79~80页。

④ 陈继春:《萧绎〈职贡图〉的再研究》,《中国美术史论文集——金维诺教授八十华诞暨从教六十周年纪念文集》,北京:紫禁城出版社,2006年,第154页。

唐、五代、北宋、清四个摹本与宋、明、清三朝传世文献关于《职贡图》的记载进行比较，认为：其中存在两个不同的系统，与王素先生的三阶段图说可以印证。①2016年，陈长华认为王素先生"推断有道理"，但他更倾向于认为：史籍所载《蕃客入朝图》《职贡图》《贡职图》，本系一图，即《贡职图》，只是称呼不一而已。此图或许曾经梁元帝数次修补，但亦绝不可将之截然分开：底图名为《蕃客入朝图》，修补后名为《职贡图》，最后完成才名为《贡职图》。②

2019年，米婷婷在前人研究的基础上，撰写论文，通过考证，认为：梁元帝《职贡图》，据传世文献记载收录三十五国，实际是由裴子野《方国使图》与梁元帝《蕃客入朝图》《职贡图》《贡职图》三个不同阶段图递增而成。《蕃客入朝图》在裴子野《方国使图》二十国的基础上增补了六国与蛮族，《职贡图》又在《蕃客入朝图》二十六国与蛮族的基础上增补了七国，《贡职图》又在《职贡图》三十三国与蛮族的基础上增补了二国，最终完成了三十五国之数。③

1969年，榎一雄最早发表文章，介绍宋楼钥《攻媿集》、明宋濂《宋学士全集》及明焦竑《国史经籍志》所记梁元帝《职贡图》流传情况。④1999年，深津行德根据五代摹本上的鉴藏印，探讨该摹本在宋、明、清的流传过程。⑤2006年，陈继春根据《职贡图》国名排序，不同时期传世文献著录存在

---

① [日]石见清裕：《梁への道——〈職貢図〉とユーラシア交通》，《梁職貢図と東部ユーラシア世界》，第70页。
② 陈长华：《梁元帝〈职贡图〉名称考》，《浦东史志论稿》，上海：上海远东出版社，2016年，第200页。
③ 米婷婷：《梁元帝〈职贡图〉的形成》，《魏晋南北朝隋唐史资料》第四十一辑待刊。
④ [日]榎一雄：《梁職貢図の流伝について》，原载《鎌田博士還暦記念歴史學論叢》，东京：天通社、天理时报社，1969年，第131~144页，收入《榎一雄著作集》第7卷，东京：汲古书院，1994年，第175~189页。
⑤ [日]深津行德：《台湾故宫博物院所藏〈梁職貢図〉模本について》，《学習院大学東洋文化研究所調査研究報告》No.44，1999年，第52页。

差异，认为存在两种可能性：一种可能如明宋濂《宋学士全集》所言，《职贡图》在萧梁覆灭时与萧氏家藏的十多万卷书画一起被烧毁了；另一种可能如张彦远《历代名画记》所云，成了"于谨等于煨烬之中收其书画四千余轴，归于长安"当中的幸存之物。①

此外，王以中、②铃木靖民、③徐邦达、④李垠周、⑤林通雁、⑥户田有二⑦诸位中外学者关于梁元帝《职贡图》的研究成果也涉及艺术史问题。

二、政治史

政治是梁元帝《职贡图》的创作目的，是政治史研究者关注的热点，涉及世界与天下、内政与外交、强弱与利害诸多问题。

1. 世界与天下

1987年，榎一雄指出：梁元帝《职贡图》的创作，反映了梁武帝新的世界

---

① 陈继春：《萧绎〈职贡图〉的再研究》，《中国美术史论文集——金维诺教授八十华诞暨从教六十周年纪念文集》，北京：紫禁城出版社，2006年，第156页。

② 王以中：《山海经图与职贡图》，《禹贡》（半月刊）第1卷第3期，1934年，第5~10页。

③ [日] 铃木靖民：《職貢図の倭国使》，《古代国家史研究の步み：邪馬台国から大和政権まで》，东京：新人物往来社，1980年。

④ 徐邦达：《阎立德、阎立本：职贡图即王会图卷》，《古书画伪讹考辨》上卷，南京：江苏古籍出版社，1984年，第36~42（文字）、63~69（图版）页。

⑤ [韩] 李垠周：《早期职贡题材绘画之再探讨》，《美术研究》2001年第3期，第44~52页。

⑥ 林通雁：《从职贡图到八蛮进宝和回回进宝——陕西关中拴马桩胡人驭狮雕像解读》，《美术观察》2004年第1期，第98~100页。

⑦ [日] 户田有二著，刘建英、韩昇译：《论武宁王陵的莲花纹——与中国南朝及高句丽墓的比较研究》，《古代中国：传统与变革》，上海：复旦大学出版社，2005年，第47~86页。

观念。^①1999年，葛兆光认为：梁元帝《职贡图》也算是一种世界的图像，但是，通过这种图像，人们还是不能得到一种世界的图像；^②后来又认为：从梁元帝《职贡图》到《皇清职贡图》，反映了古人的世界观和天下观。^③2011年，铃木靖民在北京大学演讲，即提出：梁元帝《职贡图》反映了梁武帝时期的世界意识和天下观念。后来写成论文，虽有一些修订，但主要观点没有变化。^④2014年，王素先生认为：梁元帝《职贡图》反映了儒家的天下观念，并具有世界史的内涵，从此角度进行评判，至少存在两个方面的意义：首先它反映了作为当时世界主体或中心的梁朝，对作为附从或周边的各国的分野及秩序的看法；其次也反映了作为附从或周边的各国，对作为当时世界主体或中心的梁朝的文化

---

① [日] 榎一雄：《職貢図の起源》，原载《東方學会創立四十周年記念 東方學論集》，1987年，第173~193页，收入《榎一雄著作集》第7卷，东京：汲古书院，1994年，第83~105页。

② 葛兆光：《"天下""中国"与"四夷"——作为思想史文献的古代中国的世界地图》，《学术集林》第16卷，上海：上海远东出版社，1999年，第50页。

③ 葛兆光：《从〈职贡图〉看古代中国怎样描述"天下"、表现"异域"的——古人的"世界观"》，《北京日报》2015年11月30日第20版。

④ [日] 铃木靖民：演讲题目日文原名《梁職貢図から東ユーラシア世界論へ》，北京大学历史系二院108会议室，2011年9月8日16：00~18：00；后定名《東アジア世界史と東部ユーラシア世界史——梁の国際関係・国際秩序・国際意識を中心に》，刊于《東アジア世界史研究センター年報》第6号，2012年，第143~163页。按：本文与演讲稿比较，小标题颇多增改，内容也有新的补充，用语显得更加精确，各种观念也更加丰富，可以与演讲稿对照阅读，以见作者思想之变化。最后更名为《東部ユーラシア世界史と東アジア世界史——梁の国際関係・国際秩序・国際意識を中心として》，收入《職貢図図と東部ユーラシア世界》，第3~44页。

及地望的看法。①

2. 内政与外交

1987年，榎一雄指出：梁元帝《职贡图》的创作，反映了梁武帝新的对外政策。②1992年，王素先生提出：梁元帝《职贡图》的创作，既包含内政（如荆州三蛮），又包含外交，对于研究梁朝的内政与外交很有帮助。③2002年，葛兆光认为：梁元帝《职贡图》表现着天朝大国的自我意识，是一种想象的图像，中国以文明大国的眼光俯瞰四夷，半是鄙夷，半是哀愍。④2014年，铃木靖民认为：梁元帝《职贡图》是梁武帝时期外交政策的展示。⑤

3. 强弱与利害

1992年，王素先生最早提出：梁元帝《职贡图》既含有政治目的，其编排

----

① 王素著，[日]菊地大、速水大译：《梁職貢図と西域諸國——新出清張庚模本「諸番職貢図卷」がもたらす問題》，《梁職貢図と東部ユーラシア世界》，第58頁。按：本文中文改订本《梁元帝〈职贡图〉与西域诸国——从新出清张庚摹本〈诸番职贡图卷〉引出的话题》，刊于《文物》2020年第2期，第33~40页。
② [日]榎一雄：《職貢図の起源》，原载《東方學会創立四十周年記念 東方學論集》，1987年，第173~193页，收入《榎一雄著作集》第7卷，东京：汲古书院，1994年，第83~105页。此据《榎一雄著作集》第84页。
③ 王素：《梁元帝〈职贡图〉新探——兼说滑及高昌国史的几个问题》，原载《文物》1992年第2期，第72~80页，收入同作者：《汉唐历史与出土文献》，北京：故宫出版社，2011年，第457~469页。此据《文物》第77页。
④ 葛兆光：《思想史研究视野中的图像》，《中国社会科学》2002年第4期，第78~79页。
⑤ [日]铃木靖民：《東部ユーラシア世界史と東アジア世界史——梁の国際関係・国際秩序・国際意識を中心として》，《梁職貢図と東部ユーラシア世界》，第3~44頁。

国家的顺序，也应根据强弱显示利害关系。①2002年，韩昇认为：梁元帝《职贡图》反映了东亚各国在南朝国家关系秩序中的变化。以北宋摹本为例，传统上东亚各国的顺序为高句丽、百济、新罗、日本，但北宋摹本反映的东亚国家顺序，变成以百济为首。同样，梁朝对东亚各国的册封，也出现高句丽与百济地位逆转的情况，百济位于高句丽之上。这反映出南朝以来，高句丽与北朝、百济与南朝的外交格局逐步形成，并在梁代定型，这种局面一直维持到南朝灭亡。梁元帝《职贡图》中的使节排序，与国家间政治关系的推演相吻合，应该不是偶然。②1999年至2014年，深津行德、尹龙九、中村和树等也曾围绕梁元帝《职贡图》的国家排序的意义进行过探讨。③

需要特别强调的是，20世纪90年代以来，一些日本、韩国学者已经尝试将区域整体史研究范围进一步扩大，努力发掘包括中亚在内的亚洲东部地区历史发展中的互动关系。2011年3月清摹本发现与公布之后，立刻引起了日本、韩国学者的关注，特别是前揭铃木靖民，利用清摹本新史料，以揭示由中心、周边、边缘构成的欧亚大陆东部世界体系为目的，除了承认在中国南北朝时期，欧亚大陆东部存在以南朝为中心的整体互动的国际秩序外，进一步提出当时的

---

① 王素：《梁元帝〈职贡图〉新探——兼说滑及高昌国史的几个问题》，原载《文物》1992年第2期，第72~80页，收入同作者：《汉唐历史与出土文献》，北京：故宫出版社，2011年，第457~469页。此据《文物》第77页。
② 韩昇：《萧梁与东亚史事三考》，《上海社会科学院学术季刊》2002年第3期，第182页。
③ [日]深津行德：《台湾故宫博物院所藏〈梁職貢図〉模本について》，《学習院大学東洋文化研究所調查研究報告》No.44，1999年，第41~73页；[韩]尹龙九：《〈梁職貢図〉의传统과摹本》，原载《목간과문자》第9号，2012年，第125~168页，此据[日]近藤刚译文：《〈梁職貢図〉流伝と模本》，《梁職貢図と東部ユーラシア世界》，第201~216页；[日]中村和树：《梁職貢図の国名記載順》，《梁職貢図と東部ユーラシア世界》，第103~129页。

欧亚东部世界，实际存在梁、滑两个中心。该观点在继承西嶋定生"东亚世界论"旧观点的基础上，发展成为"欧亚东部世界论"新观点，受到学界普遍关注。

此外，坂元义种、①栗原朋信、②菊地大、③李成市、④金子修一、⑤堀内淳一、⑥河内春人、⑦广濑宪雄、⑧金子ひろみ、⑨河上麻由子等日韩学者，⑩关于梁元帝《职贡图》的研究成果也涉及政治史问题。

---

① [日]阪元义种：《倭国王の國際的地位——五世纪の南朝を中心として》，《古代東アジアの日本と朝鮮》，东京：吉川弘文馆，1978年，第526~533页。

② [日]栗原朋信：《日本から隋へ贈った国書——とくに"日出処天子致書日没処天子"の句について》，同作者：《上代日本対外関係の研究》，东京：吉川弘文馆，1978年，第189~191页。

③ [日]菊地大：《孫吳・東晋と東南アジア諸国》，《梁職貢図と東部ユーラシア世界》，第365~383页。

④ [日]李成市：《〈梁職貢図〉高句麗・百済・新羅の題記について》，《梁職貢図と東部ユーラシア世界》，第429~454页。

⑤ [日]金子修一：《北朝の国書》，《梁職貢図と東部ユーラシア世界》，第502~530页。

⑥ [日]堀内淳一：《"魯国"か"虜国"か》，《梁職貢図と東部ユーラシア世界》，第477~501页。

⑦ [日]河内春人：《中国における倭人情報——〈梁職貢図〉の前後》，《梁職貢図と東部ユーラシア世界》，第339~364页。

⑧ [日]广濑宪雄：《倭の五王の冊封と劉宋遣使——倭王武を中心に》，《梁職貢図と東部ユーラシア世界》，第384~404页。

⑨ [日]金子ひろみ：《南朝梁の外交とその特質》，《梁職貢図と東部ユーラシア世界》，第130~165页。

⑩ [日]河上麻由子：《〈梁職貢図〉と東南アジア国書》，《梁職貢図と東部ユーラシア世界》，第405~426页。

三、民族史

民族是梁元帝《职贡图》的重要内容,是民族史研究者关注的热点,涉及民族与种族、宗教与服饰、物产与饮食诸多问题。

1. 民族与种族

中国周边民族与种族研究,原本就是民族史研究者的传统课题。而南北朝时期,是一个民族大迁徙时期,不仅北方民族大批南下,中亚民族也大批东迁,在泛西域的东部地区,也就是今天的新疆地区,与两汉时期相比,这里的民族与种族发生了明显的变化,外来民族似乎超过了当地土族。因此,根据梁元帝《职贡图》,研究当时中国周边民族与种族,也是民族史研究者关注的问题。

虏国或鲁国:这是梁元帝《职贡图》排名第一的国家,但国名或作"虏",或又作"鲁",长时间没有定论。1963年,榎一雄认为:"虏"为"鲁"之误,而"鲁"又为"禀""壈"之误,实际上为Frum或Prum的对音,指东罗马帝国,即拂菻。①1992年,王素先生指出:原作"虏国"不误,后世将"虏国"写作"鲁国"反而致误。"虏国"实指东魏。南北朝时期南北互争正统,北魏称宋齐梁为"岛夷",宋齐称北魏为"索虏"。梁以东魏为北魏分裂后的北方正统,记载均称"魏",前面不加"东"字。②1999年,深津行德亦认为"鲁"为"虏"之误,但认为唐摹本和五代摹本所见虏国使者三人,中间站立者为北魏的

---

① [日]榎一雄:《梁職貢圖について》,原载《東方學》第26辑,1963年,第31~46页,收入《榎一雄著作集》第7卷,东京:汲古书院,1994年,第106~127页。此据《榎一雄著作集》第125~126页。

② 王素:《梁元帝〈职贡图〉新探——兼说滑及高昌国史的几个问题》,原载《文物》1992年第2期,第72~80页,收入同作者:《汉唐历史与出土文献》,北京:故宫出版社,2011年,第457~469页。此据《文物》第74~75页。

皇帝。①2014年，堀内淳一经过考证认为：唐摹本和五代摹本所见虏国使者三人，是大同三年（537）东魏遣使梁朝的李谐、卢元明、李业兴三人。②

丙丙国：梁元帝《职贡图》旧摹本有"丙丙国"，北宋李公麟疑为"芮芮"之误。1992年，王素先生认为李说不正确，"丙丙国"实为"西虏国"经辗转临摹并擅改所致，"西虏"应指西魏。王素先生认为：侯景乱后，梁国力大衰，西魏趁机侵掠梁地，进逼江陵，梁元帝时为荆州刺史，大惧，送子为质以求和，实际是向西魏称臣。梁元帝在江陵即位后，由于国力尚未恢复，仍与西魏维持这种君臣关系，但对于梁元帝是奇耻大辱，必欲彻底洗刷而后心安，于是在《贡职图》中大书西虏国朝贡之事。王素先生还指出，将"虏"和"西虏"误作"鲁"和"丙丙"，原因之一应是摹本所根据的底本没有题记。③

滑国（嚈哒）：滑是否是嚈哒，过去曾有学者质疑。1960年，金维诺认为：仅《梁书》称滑国，梁以后，滑国以国王厌带夷栗陁的姓氏厌带来名其国，称为"嚈哒"。④1961年，岑仲勉认为：滑即嚈哒，题记甚明，无须怀疑。⑤1964年，榎一雄认为：在北魏与梁对峙的复杂形势下，嚈哒与北魏通好，为避免

---

① [日]深津行德：《台湾故宫博物院所藏〈梁職貢図〉模本について》，《学習院大学東洋文化研究所調査研究報告》No.44，1999年，第66、71页。

② [日]堀内淳一：《"魯国"か"虜国"か》，《梁職貢図と東部ユーラシア世界》，第495页。

③ 王素：《梁元帝〈职贡图〉新探——兼说滑及高昌国史的几个问题》，原载《文物》1992年第2期，第72~80页，收入同作者：《汉唐历史与出土文献》，北京：故宫出版社，2011年，第457~469页。此据《文物》第75页。

④ 金维诺：《"职贡图"的时代与作者——读画札记》，载《文物》1960年第7期，第14~17页，定名《〈职贡图〉的时代与作者》，收入《中国美术史论集》上卷，哈尔滨：黑龙江美术出版社，2003年3月，第114~118页。此据《文物》第14页。

⑤ 岑仲勉：《现存的职贡图是梁元帝原本吗？》，原载《中山大学学报》1961年第3期，第42~47页，收入同作者：《金石论丛》，上海：上海古籍出版社，1981年，第476~483页。此据《中山大学学报》第46页。

北魏加害，则以滑国之名与梁朝通好。①1992年，王素先生认为：北宋摹本与《梁书》均记滑国原名"八滑"。伯希和2011号王仁昫《刊谬补缺切韵》滑为"户八"反，《龙龛手鉴》滑为"患八"反，可见"八滑"似由反语"八"和"滑"二字误拼而成，而厌带、嚈哒及挹怛等均应为户八、患八之变异，也都是"滑"的反语，快读为滑，慢读为厌带、嚈哒及挹怛。嚈哒之号，恐怕并非5世纪中叶以后才有。滑本属车师后部，应是与匈奴混血的大月氏种。其大规模西迁，应在北魏孝文帝太和十一年，亦即南齐武帝永明五年（487）之后，与其故地被高车占领有关。②

倭国：1964年，上田正昭认为：倭国在梁朝建立之后未有遣使入梁朝贡事。梁元帝《职贡图》倭国使者图像与古坟时代的人物图像相比过于粗糙，推测原因应是该倭国使者并非萧绎亲见后所绘，而是参考《三国志·魏书·东夷传》关于倭人的记载结合想象而成，虽然并非写实，却反映了当时中国官僚阶层的倭国观，是3世纪以来最有价值的资料。③2002年，韩昇认为：《职贡图》倭国使者图像与《三国志》所载倭人服饰基本一致，足见此图是根据《三国志》的记载通过想象创作的。据此亦可反证有梁一代倭国使者未曾到过梁朝。梁武帝册封倭王，只是即位时的遥授，以营造国家昌盛、四夷来朝的气氛而已。将

---

① [日] 榎一雄：《滑国に関する梁職貢図の記事について》，原载《東方學》第27辑，1964年，第12~32页，收入《榎一雄著作集》第7卷，东京：汲古书院，1994年，第132~161页。此据《榎一雄著作集》第133页。

② 王素：《梁元帝〈职贡图〉新探——兼说滑及高昌国史的几个问题》，原载《文物》1992年第2期，第72~80页，收入同作者：《汉唐历史与出土文献》，北京：故宫出版社，2011年，第457~469页。此据《文物》第78~79页。

③ [日] 上田正昭：《職貢図倭人の风俗》，《风俗》第3卷第4号，1964年，第47~49页，改名《職貢図の倭国使について》，收入同作者：《日本古代国家論究》，东京：塙书房，1968年，第477~480页。此据《风俗》第49页。

《职贡图》作为倭国使者来梁朝贡的证据是不成立的。①2010年，葭森健介认为："绘制《职贡图》的虽是萧绎，但他生于梁天监七年（508），而南北朝关于倭国的朝贡记录最晚在天监元年（502）（《元帝本纪》）。因此，与其说他所绘的是亲自看到的倭使图像，倒不如认为他是将别人的叙述和阅读图书所得印象加以整理而成。"②

蛮族：梁元帝《职贡图》提到的蛮蜑有临江蛮、天门蛮、建平蛮（蜑）及女蜑四种。1963至1969年，榎一雄一直认为：蜑指建平蜑，是建平地方的民族。③1992年，王素先生认为：临江、天门、建平三蛮梁时已归化，属梁元帝荆州刺史管制之下，收入《职贡图》是为了显示梁元帝管制有方。④2019年，米婷婷认为：梁元帝《职贡图》收录临江、天门、建平三蛮，除上述原因外，还想将自己的地方治理蛮族政绩上升到国家治理蛮族政绩。这种做法与他自己的遭遇和性格有很大关系。⑤同年，米婷婷还认为：梁元帝《职贡图》的最后一国是临

---

① 韩昇：《萧梁与东亚史事三考》，《上海社会科学院学术季刊》2002年第3期，第182页。
② ［日］葭森健介撰，张宇译：《东亚世界的形成与中国皇权——以六朝时期为重点》，《南京师大学报》2010年第4期，第77页。按：译文似有错简，"（《元帝本纪》）"应置于"天监七年"后，"天监元年"是梁武帝进倭王武号征东大将军的记录，并非倭国的朝贡记录。
③ ［日］榎一雄：《梁職貢図について》，原载《東方學》第26辑，1963年，第31~46页；同作者：《梁職貢図の流伝について》，原载《鎌田博士還暦記念歴史學論叢》，东京：天通社、天理时报社，1969年，第131~144页。此二文均收入《榎一雄著作集》第7卷，东京：汲古书院，1994年，第106~127、175~189页。此据《榎一雄著作集》第118、120~121、181页。
④ 王素：《梁元帝〈职贡图〉新探——兼说滑及高昌国史的几个问题》，原载《文物》1992年第2期，第72~80页，收入同作者：《汉唐历史与出土文献》，北京：故宫出版社，2011年，第457~469页。此据《文物》第77页。
⑤ 米婷婷：《梁元帝〈职贡图〉与临江、天门、建平"三蛮"》，《中国艺术报》2020年4月3日第4版。

江蛮，不是女蛮；梁元帝《职贡图》所见女蜑（或女蛋），都是临江蛮之误。①

此外，李弘稙、洪思俊、李镕贤等先后对《职贡图》题记反映的百济地位与使者图像反映的时代特征进行了多角度研究；②钱伯泉根据北宋摹本西域滑国、波斯、龟兹、周古柯、呵跋檀、胡密丹、白题、末八国使者图像反映的人种特征，题记所记国王姓氏反映的民族属性，认为这都证实了中亚民族向塔里木盆地周边迁移并定居的基本史实，值得学界重视。③谷口房男对《职贡图》中蛮族使者图像的内涵也进行了研究。④王素先生对《职贡图》中龟兹国使题记和高昌国使的图像与题记，结合清摹本和传世文献的记载，先后进行了深入研究。⑤

---

① 米婷婷：《梁元帝〈职贡图〉"女蜑国"即"临江蛮"考》，《文物》2020 年第 2 期，第 56~58 页。

② [韩] 李弘稙：《梁職貢図論考——特に百済国使臣図経を中心として》，《高麗大学校 60 周年記念論文集・人文科学篇》，1965 年，第 295~325 页；[韩] 洪思俊：《梁代职贡图에 나타난百济国使의肖像에대하여》，《百济研究》，1981 年，第 167~176 页；[韩] 李镕贤：《〈梁職貢図〉の百済国条の"旁小国"》，《朝鮮史研究会論文集》第 37 号，1999 年，第 171~195、264 页。

③ 钱伯泉：《〈职贡图〉与南北朝时期的西域》，《新疆社会科学》1988 年第 3 期，第 78~86 页。

④ [日] 谷口房男：《〈梁職貢図〉の中の蛮使図》，白山史学会第四七回大会论文，2009 年 11 月 28 日。

⑤ 王素：《梁元帝〈职贡图〉"龟兹国使"题记疏证》，《龟兹学研究》第 5 辑，乌鲁木齐：新疆大学出版社，2012 年，第 139~145 页；《梁元帝〈职贡图〉"高昌国使"的图像与题记》，新疆吐鲁番地区博物馆学术讲座，新疆吐鲁番地区博物馆学术报告厅，2013 年 6 月 24 日 10：00~12：00；《梁元帝〈职贡图〉"高昌国使"图像与题记》，《魏晋南北朝隋唐史资料》第四十一辑，上海：上海古籍出版社，2020 年 5 月，第 72~78 页。

2. 宗教与服饰

　　1987年，榎一雄认为：从《职贡图》可以看出，梁武帝崇奉佛教，赋予了佛教新的教义，希望能够用新佛教统一以梁为中心的世界。①1988年，钱伯泉根据北宋摹本西域滑国、波斯、龟兹、周古柯、呵跋檀、胡密丹、白题、末八国题记，发现这八国皆信奉佛教，推测西域及其以东诸国与梁建立密切关系，佛教的因素起了很大的作用。②2001年，深见纯生认为：海南诸国不仅信仰佛教，还信仰婆罗门教，因为南朝对佛教的热衷，才在上表文中使用佛教色彩较浓的词汇。③2002年，韩昇认为：《职贡图》百济使者的服饰与南朝极为相似，显示其深受南朝影响的文化特色。④2006年，陈继春认为：《职贡图》不仅记录了在某一个特定时期足履中国的外国人肖像，也为后世留下了存世最早的几位琐罗亚斯德教教徒的形象。还认为：图像中的使者，其原始衣饰应有一些纹样，并且差别程度应该很大，但现在看来差别却不大，可能经过一定程度的处理。⑤2007年，金子修一认为：从北宋摹本题记内容看，西北亚也向梁呈上佛教色彩浓厚的上表文。将东亚各国与南朝的交涉，与海南诸国与南朝的交涉进

---

① [日] 榎一雄：《職貢図の起源》，原载《東方學会創立四十周年記念 東方學論集》，1987年，第173~193页，收入《榎一雄著作集》第7卷，东京：汲古书院，1994年，第83~105页。此据《榎一雄著作集》第100~102页。
② 钱伯泉：《〈职贡图〉与南北朝时期的西域》，《新疆社会科学》1988年第3期，第84页。
③ [日] 深见纯生：《マラッカ海峡交易世界の変遷》，《岩波講座東南アジア史》第1卷《原史東南アジア世界》，东京：岩波书店，2001年。
④ 韩昇：《萧梁与东亚史事三考》，《上海社会科学院学术季刊》2002年第3期，第182页。
⑤ 陈继春：《萧绎〈职贡图〉的再研究》，《中国美术史论文集——金维诺教授八十华诞暨从教六十周年纪念文集》，北京：紫禁城出版社，2006年，第160页。

行比较，东亚各国追求的是政治的、国际的交流，而海南诸国追求的是宗教的、文化的交流。①2008年，连冕根据北宋摹本及新获得的朝鲜、韩国服饰材料，对中古时期特别是南北朝时期中国本土及域外服制与帽制的交融变化情况进行了探讨。②2011年，河上麻由子认为：海南诸国所呈佛教色彩浓厚的上表文，是为了站在对自身有利的立场进行交易，获得回赐品。而以佛教为媒介进行外交，实际上并非海南诸国的专利，东亚、西亚、北亚诸国也是如此。③2014年，新川登龟男也对梁元帝《职贡图》与《梁书·诸夷传》所载各国上表文中的佛教因素进行了考察。④此外，武田佐知子、李镇民等也对《职贡图》所见宗教与服饰进行了探讨。⑤

3. 物产与饮食

1984年，王素先生与李方先生最早根据《梁四公记》所载高昌国使向梁

---

① [日]金子修一：《『宋書』夷蛮伝に関する覚書》，《國學院雜誌》第108编第3号，2007年，第1~15页。
② 连冕：《宋摹梁元帝〈职贡图〉与中古域外"冠服"》，《装饰》2008年第12期，第131~133页。
③ [日]河上麻由子：《中国南朝の対外関係において仏教が果たした役割——南海諸国が奉った上表文の檢討を中心に》，《古代アジア世界の対外交渉と仏教》，东京：山川出版社，2011年。
④ [日]新川登龟男：《〈梁職貢図〉と〈梁書〉諸夷伝の上表文——仏教東伝の準備的考察》，《梁職貢図と東部ユーラシア世界》，第166~197页。
⑤ [日]武田佐知子：《古代国家の形成と衣服制》，东京：吉川弘文馆，1985年；[韩]李镇民：《〈王会图〉와〈蕃客入朝图〉에묘사된三国使臣의服饰研究》，《服飾》第51卷第3号，2001年，第155~170页。

朝贡的贡品，探讨高昌地区的物产与饮食。①若干年后，王素先生又结合考古材料对高昌的经济地理，包括农业、畜牧业、手工业及其物产，进行了详细研究。②1999年，葛兆光根据梁元帝《职贡图序》有"明珠翠羽之珍，细而弗有；龙文汗血之骥，却而不乘"语，认为当时外国向梁朝贡，其交流主要局限在物质的层面，刺激的是一种商业和贸易的需要，也许给予古代中国人的异国印象，主要是"明珠翠羽之珍""龙文汗血之骥"。③2014年，石见清裕认为：左思《吴都赋》说"职贡纳其包匦"，包匦是装香草的箱子。梁朝时期，外国使者到建康"朝贡"，目的之一是"献方物"，就是贡献本国的土特产，希望能够与梁通商。④

四、交通史

交通是梁元帝《职贡图》反映的重要信息，是交通史研究者关注的热点，主要是对于画上来自不同地区的贡使所经交通道路的推测，因东亚、南亚多走海路较为清楚，故西域诸国通南朝的道路应该以陆路为重点。

1979年与1983年，唐长孺先生指出："当时益州与鄯善间有一条与河西走廊并行的所谓'河南道'。这条道路大概早就是今新疆、青海、甘肃、四川的古代各族人民友好往来的道路，但到了南北朝才更加显得重要。本来，益州和

---

① 王素、李方：《〈梁四公记〉所载高昌经济地理资料及其相关问题》，《中国史研究》1984年第4期，第131~135页。
② 王素：《高昌史稿·交通编》，北京：文物出版社，2000年，第85~122页。
③ 葛兆光：《"天下""中国"与"四夷"——作为思想史文献的古代中国的世界地图》，《学术集林》第16卷，上海：上海远东出版社，1999年，第44~71页。
④ [日]石见清裕：《梁への道——〈職貢図〉とユーラシア交通》，《梁職貢図と東部ユーラシア世界》，第67~102页。

西域之间的往来可以在河西走廊东头与进入关中的大道分路，不必要穿越今青海省境，但由于南北分立，来自南朝和往南朝境内去的行旅不得不绕过北朝所属的河西走廊，取道吐谷浑。"①1984年，王素先生与李方先生根据《梁四公记》所载高昌国使向梁朝贡途中遭遇，指出：此次高昌国使向梁朝贡，开始走的是河西走廊，因遭西魏阻挠，贡物被夺，才改道宕昌入益州，从益州到建康。②从一个侧面印证了南北分裂时期，西域与南朝交通，走河西走廊确实存在风险。1988年，钱伯泉指出：从《职贡图》题记及有关史实的研究得知，梁朝与西域之间存在着一条新的"丝绸之路"。这条丝绸之路东起梁朝的首都建康（今江苏南京市），溯长江而上，经江州（今江西九江市），在今武汉以西，溯汉水进入汉中，然后经宕昌国、邓至国、河南国（吐谷浑）至西域，经白题、末国、于阗、周古柯、疏勒、渴盘陀，到达胡密丹、呵跋檀、波斯等国。又，从河南国西部（吐谷浑西界）北上，可至焉耆、龟兹等国。由河南国中部越祁连山，经敦煌西北，可至高昌国。由于西域诸国多信奉佛教，这条"丝绸之路"又是佛教东传之路。③2000年，王素先生对"高昌通中国（中原）的道路"进行了通盘研究，并首次制作了"高昌通中国（中原）道路图"进行配套解说，其中专辟一节谈"青海路"，谓该路即汉魏时期的羌中路或西羌路，东晋南北朝时期的河南路或吐谷浑路，当时西域与中国南方，包括东晋南朝，进行交通，走的都是这条道路。④2014年，石见清裕根据《梁书》《南史》《建康实录》《册府元

---

① 唐长孺：《北凉承平七年（449）写经题记与西域通往江南的道路》，原载《魏晋南北朝隋唐史资料》第1期，1979年，第8页，增订改名《南北朝期间西域与南朝的陆路交通》，收入《魏晋南北朝史论拾遗》，北京：中华书局，1983年，第193页。
② 王素、李方：《〈梁四公记〉所载高昌经济地理资料及其相关问题》，《中国史研究》1984年第4期，第134~135页。
③ 钱伯泉：《〈职贡图〉与南北朝时期的西域》，《新疆社会科学》1988年第3期，第84页。
④ 王素：《高昌通中国（中原）的道路·青海路》，《高昌史稿·交通编》，北京：文物出版社，2000年，第217~241页。

龟》《资治通鉴》，按国家及遣使回数分别制作《对梁遣使国一览》《对宋遣使国一览》进行比较，并以《职贡图》为中心，结合高昌文书和《虞弘墓志》等材料，对当时整个欧亚大陆的交通进行了综合探讨。①

综上摘要叙述，已可看出，梁元帝《职贡图》对于中国中古时期艺术史、政治史、民族史以及交通史的研究，具有极其重要的价值。还可看出，关于梁元帝《职贡图》的研究，存在日本、韩国很热而中国偏冷现象。特别是2011年3月清摹本被发现与公布之后，立刻引起了日本、韩国学者的关注。迄今为止，围绕清摹本，日本、韩国学者已发表论文数十篇，而中国仅王素先生发表过论文两篇，其中一篇还是日文版。笔者认为，这种现象值得我辈学人思考！

---

① [日]石见清裕：《梁への道——〈職貢図〉とユーラシア交通》，《梁職貢図と東部ユーラシア世界》，第67~102页。

第三部分

书评

《嬗变、趋同及比较：北朝后期民族认同及区域文化研究》述评

王 欣

民族的迁徙与融合以及政治上的分裂与割据，曾被认为是魏晋南北朝时期历史演进的两个主要特征，而两者之间的关系实际上是互为表里、交互影响的。前者促进了所谓胡、汉两大族群的交融，后者则形成了特色鲜明的区域文化，且两者均为隋唐的大一统局面的形成奠定了坚实的基础，故胡汉关系及其文化意义一直是魏晋南北朝史研究领域的热点。有关研究成果丰硕，难以具列。早在七十多年前，陈寅恪先生就指出，种族与文化问题是中古史研究的核心与关键所在，并认为"北朝胡汉之分，在文化而不在种族"，从而揭示了这一时期各种社会现象背后的本质与历史发展的内在动因。近四十年来，大量出土文献与碑铭材料的刊布，又为本领域研究范围和拓展视野及细节性和实证性研究的开展提供了广阔的空间。新世纪以来多学科理论和方法的引入，新问题也不断地被提出；在学术研究取向与现实问题关怀情结交互作用的背景下，本领域的研究日益走向深化并呈现出鲜明的时代性特征。黄寿成教授出版的专书《嬗变、趋同及比较：北朝后期民族认同及区域文化研究》就是这方面的代表之一；①

---

① 黄寿成：《嬗变、趋同及比较：北朝后期民族认同及区域文化研究》，北京：中国社会科学出版社，2019年。

其研究的重点和问题是学术界研究相对薄弱的北朝后期（即东魏北齐和西魏北周），与隋唐时期相接，具有较为重要的学术意义和价值。

从结构上来看，除"绪言"和"结束语"外，本书的主体分为上下两编，共五章。前者的主题为"民族认同"，由三章组成；后者的主题为"区域文化之比较"，仅有两章，在整体上准确呼应了这一时期"民族"与"区域"的两条历史演进的主线。然而，作为一部"脱胎于博士学位论文的书稿"，本书的主体内容经过十余载的修改而有了较大的提升，但是在结构上仍然带有"博士论文"文本框架的痕迹，致使"提升"后厚重的研究内容未能在全书过于简约的篇章布局上得到充分的体现，所以全书在结构安排、逻辑关系梳理以及一致性和系统性等方面仍有进一步完善、细化和提升的空间。与正文近五十万字的厚重内容相比，五章的篇章布局则似乎显得有些"脚重头轻"，完全可以从中析出更多的章节以平衡全书的结构。此外，"绪言"部分不仅过于简略，而且在结构内容上（如研究现状的论述）并未与正文完全契合。当然，作者在"研究思路"中对此的表述却是十分清晰的："本书着重论述东魏北齐与西魏北周两大政权对峙时期的不同种族文化相互碰撞、相互影响，最终形成的以儒家文化为核心的全新汉文化，为日后隋唐时期文化繁荣奠定了基础"（《嬗变、趋同及比较：北朝后期民族认同及区域文化研究》，第19页，下同）。全书最后虽然列出了主要的参考文献，但是却并未做出全书内容的相关索引，可谓是结构上的又一缺憾。

从内容上来看，本书上编的前两章围绕着"文化"与"制度"两大主题，对这一时期所谓的"汉化"问题进行了专精而细致的讨论，从而深化了本领域的研究。前者包括儒学、礼仪习俗、姓名籍贯、郡望世系、文学艺术、社会风尚及生活等诸多思想与文化内容，后者则涵盖职官、选举、礼仪、法律、经济、军事、都城等制度层面的主要内容。第三章则围绕"外来文化对汉族的影响"，集中讨论了所谓胡族文化在儒学、宗教、文学艺术、风尚习俗等方面对汉族的影响。由此可见，本书上编所讨论的内容实际上是胡汉文化的交互影响与相互融合，但是作者更多强调的却是所谓的胡族"汉化"而非汉族的"胡化"（只称"影响"），这应当源于中国史学界的主导性观念：即"在此次文化融合的过程中主要是胡族受到汉文化的影响，逐渐接受了汉文化，这是这次文化融合的主流"。胡文化的影响只是"支流"而已（第190页）。这种两分的"主流"与"支流"学说更多的只是形象性地说明了一些历史文化的表象，对于全面阐释纷繁复杂的历史文化本相而言，显然存在着某些缺陷和不足。作者也注意到了这一点，并在多处提出了所谓的"全新汉文化"的概念，并强调"魏晋南北朝时期最终形成的文化绝不是所谓既不属于汉族又不属于胡族的第三种形态的文化，而仍然是以儒家思想为核心的文化"（第5页），这一点无疑具有启发性意义。事实上，在中国古代以文化而非种族划分"夷夏"的知识和观念背景下，胡汉之间的分野或边界并未如当代民族那样相对身份固化或者泾渭分明；其中既有"夷夏之辨"，更有"用夏变夷"（《孟子·滕文公上》）和"诸侯用夷礼则夷之"（韩愈《原道》），两者始终并存且可以相互转化、彼此交融。南北朝时期的胡汉关系亦是如此，所谓"汉化"和"胡化"乃是双向的而非单向的，亦即"你中有我，我中有你"。当然，本书上编在"民族认同"的标题下更加强调文化认同或趋同，即"全新的以儒家思想为核心的汉文化"认同。

本书下编分为两章，即第一章"胡汉文化之整合趋同及区域差异"和第二章"胡汉文化整合趋同及地域差异之缘由"，意在上编研究的基础上，从区域文化比较的视角集中讨论这一时期胡汉文化的整合及其所造成的区域文化的差异，并对这些区（地）域差异所产生的原因进行分析。其中第一章围绕东魏、北齐和西魏、北周两大对抗政权之间的互动，重点比较了两者在儒学教育、礼仪习俗、政治经济制度、文学艺术、社会生活等方面的异同，及其在历史发展进程中所形成的区域性文化（山东与关陇），意在强调两者之间的"趋同"，从而为隋唐的一统打下注脚。本章不仅在资料的详实与全面程度上超越了前人，而且在传世文献和资料与新发现的文献和考古材料的运用与结合等方面更是值得称道。以东魏北齐的美术为例（第279~290页），其中既有《历代名画记》、展子虔《游春图》等传世文献和资料的分析和介绍，更有20世纪80年代以来在河北、山西考古发现的一大批北朝墓葬壁画资料,以及山东青州龙兴寺佛教造像的介绍和阐释;对西魏北周,既有西安碑林博物馆所藏佛教造像,新近出土的安伽、史君等粟特人墓葬石棺椁浮雕资料也被纳入到本书的考察范围,无论在内容上还是形式上均极大地丰富了人们对北朝美术的全面认识,大致反映了学术界在本领域的最新研究成果。而其中胡汉文化相互影响与交融的主题,更是得到了彰显。

在第二章,本书一方面简要分析了这一时期胡汉文化整合趋同的主流,即"以汉文化为主体的新文化"(第334页),另一方面着重从自然和人文的诸多方面,用大量的篇幅分析了山东与关陇两大区域文化差异产生的原因。作者认为,虽然两者在这一时期都形成了"胡汉文化相互碰撞、相互交流、相互影响的局面"(第339页),但与东魏北齐统治区(山东地区)相比,西魏北周统治区(关陇地区)文化发展滞后,具体表现在后者在各方面的汉化规模和程度都要小于或次于前者。与第一章一样,本书在此同样用大量详实的资料和数据阐释了这一点,甚至在一定程度上改变了人们以往因北魏孝文帝汉化改革影响而对关陇地区文化面貌的既有认识与刻板印象。

至于其中基于自然环境方面的缘由,本书认为在于东魏北齐所在区域(大致包括两汉时期的豫州、青州、兖州、幽州、并州、徐州)宜于农耕,利于汉文化的发展;而西魏北周所在区域(大致包括两汉时期的雍州和梁州)则农牧兼宜,农牧文化时常会产生冲突,不利于汉文化的发展。这一结论的得出显然在论证上存在一定的缺憾。就前者而言,幽州与并州历史上就一直属农牧交错地带;就后者来讲,雍州与梁州的核心地区一直属农耕核心区域。事实上,上述两个区域在总体上均以农耕为主,北部则均为农牧交错地带,具有相近的自然与生态环境。以此作为两者文化发展差异产生的原因,就显得有些难以令人信服。

在人文环境方面,本书认为东魏北齐统治区文化源远流长,而西魏北周统治区文化发展滞后。但是前者强调的是"文化源流"的悠久,后者强调的则是

"文化发展"的状况，两者并不具备完全契合的可比性。事实上，这两个区域历史上均是所谓汉文化的中心区域，具有相同的源远流长的汉文化传统，只不过在这一时期前者汉文化的发展与繁荣程度超越了后者而已；具体体现在文中所论述的两者在学者和士族的来源、结构与规模的差异，中枢权力核心中的胡汉比例以及战争的频次与影响等方面，这些显然更能具体而微地说明两种区域文化产生的原因或背景。

从研究方法上来看，本书虽然试图将近三十年来逐渐流行的"民族认同"引入，但是全文依然遵循传统的史学研究方法与范式进行比较和分析；尽管资料丰富、考证详实、内容全面，统计数据也极具说服力，显示出作者厚重的文献学功底，但文中并未按照"民族认同"的理论框架及其所谓的"三论"（根基论、建构论和工具论）对胡族汉化的主题进行深度分析与研究。然而，对于一部厚重的史学传统研究专著而言，这些并不影响本书在学术上的内在价值和意义，也非这样一篇短文可全面讨论的。

别开生面、后出转精
——佐川英治《中国古代都城的设计和思想——圆丘祭祀历史的展开》读后

韦 正

日本中青年学者中，佐川英治先生不仅执中国中古史治学之牛耳，而且对中国考古资料极为关心和熟悉。佐川在文献史研究之余，对中国中古时代都城的研究相当深入，他这个方面的主要研究成果结集为《中国古代都城的设计和思想——圆丘祭祀历史的展开》。① 下面主要围绕这一著作，从一个考古工作者的角度，谈谈自己大略阅读后的粗浅体会。

这一著作由九个部分构成：

序论　中国古代都城史研究序说

第一章　宗庙和禁苑——中国古代都城的神圣空间

第二章　汉代郊祀与都城空间

第三章　"奢靡"与"狂直"——洛阳建设事件中的魏明帝与高堂隆

---

① [日]佐川英治：《中国古代都城の設計と思想——円丘祭祀歴史の展開——》，东京：勉诚出版株式会社，2016年。

第四章　曹魏太极殿的位置问题

第五章　北魏平城鹿苑功能的变迁

第六章　北魏洛阳城的形成和空间布局——以外郭和中轴线为中心

第七章　六朝建康城在中国都城史上的地位

第八章　从西郊到圆丘——《文馆词林》北魏孝文帝祭圆丘大赦诏书中的祭天仪式

结语　古代东亚都城的理念——从北魏洛阳城到日本平城京

如果将这一著作译为中文，并将著者名字隐去，读者颇难猜测作者的学术背景。从书名和章节名称看，著者很像建筑史学者；从对考古资料的熟练运用看，著者似乎跟考古学渊源颇深；从对文献的自如运用和史识看，著者似乎又是一位历史学者。事实上，佐川正是集多学科理论与知识于一身的学者，不宜用某一学科将其框定住。

在对具体史料或考古资料的辨析方面，读者能够感觉到细腻的日本式学风。但这一著作涉及的时段涵盖整个汉唐时期，话题又丰富多彩，与通常所见的日本论著颇不相同，就又难免引人将著者作日本之外学者想。事实上，佐川正是将微观与宏观贴合的日本学者。这种学者在日本不多。实际上，在哪个国家都不多。

如果对佐川学术背景和学术特点的上述推衍不是太离谱的话，我们就有可能对《中国古代都城的设计和思想——圆丘祭祀历史的展开》一书有更好的把握。

以一个中国历史时期考古工作者的眼光看来，强烈的现代性是这一著作最值得赞赏的特点。这里所说的现代性是针对中国同类著作而言的。从《中国古代都城制度史》到《中国古代都城考古发现与研究》，再到面世不久的《古都邺城研究——中世纪东亚都城制度探源》，以及刚刚面世的《中国考古学·三国两晋南北朝卷》这几部中国都城研究的重要著作，[①]它们基本上都属于描述性和解释性著作，与明确以现代城市理论和概念进行研究的佐川著作明显不同。这么说不是做高低上下之分，而是想指出容易被中国学者忽略的彼此差异。佐川这一著作虽然考证精审，但论述色彩其实更强烈。他试图深入探讨和把握中古中国都城的发展状况和特点，他的讨论方式所具有的现代性则是比论述色彩更值得重视的方面，这在他所运用的诸如仪礼空间、神圣空间、祭祀景观、都城规划等新概念上表现得异常清晰。不能不承认，新概念运用是学科现代性的标志之一，不使用和少使用新理论和新概念的学科与现代学术的进步通常较远。纯粹的、完全回复到历史原貌的学术研究是不存在的，在这个意义上，一切历史都是当代史这个论断是有效的。中国考古学，或者说主要是中国历史时期考古学基本还处于不使用或较少使用新理论、新概念的阶段，自然也就比较缺少从现代角度对古代都市进行全面深入的解读，从而造成将注意力过分集中在遗迹现象的复原方面，进而忽略从社会史、生活史、礼仪空间等视角的灵活解读。恰恰在这一方面，佐川的研究可圈可点，比如说他对北魏平城性质和鹿苑功能的探讨可谓完全超乎中国学者的关注和想象。

必须指出的另一点是，与前人相比，佐川著作的学术站位更高。佐川认为北魏洛阳城总体上没有超出中国古代都城规划的传统体系，在中国学者看来，或许这不算什么，但如果了解日本中国古代都城研究的历史和传统，就会明白佐川的卓越之处。我们知道，西汉长安城和隋唐长安城形态差异巨大，如何理解这种差异牵涉到对中国古代历史的理解。由于日本平城京等都城与隋唐长安城关系紧密，日本学者对中国汉唐长安城的差异考虑最多，其主流观点为那波

[①] 杨宽：《中国古代都城制度史》，上海：上海人民出版社，2006年；刘庆柱：《中国古代都城考古发现与研究》，北京：社会科学文献出版社，2016年；牛润珍：《古都邺城研究——中世纪东亚都城制度探源》，北京：中华书局，2015年；中国社会科学院考古研究所：《中国考古学·三国两晋南北朝卷》，北京：中国社会科学出版社，2018年。

利贞先生所首倡：隋唐长安城与中国传统相背离，隋唐长安城向上可追溯至北魏洛阳城，它们都是受胡族文化影响的都市。上述观点已流行近百年，不仅仍然对现今日本学者，而且对求学日本的中国大陆和台湾学者的影响也非常之大。那波利贞的观点在民国时代就受到陈寅恪先生的批评，陈寅恪认为隋唐长安城曾受到姑臧（今甘肃武威市）的直接影响，陈寅恪这一说法的立论基础是其河西构成隋唐文化一源的文化观。现在看来，将隋唐长安城的渊源追溯到姑臧是不妥的，因此，陈寅恪对那波利贞的批评没有到位。实际上，那波利贞对自己的观点也没有充分的具体的论证，但除陈寅恪之外，后来的中国学者对那波利贞的观点几乎都不再关心，这就在一定程度上造成了那波利贞的观点长期主导日本学术界，并影响到入日大陆及台湾学者。佐川既不迷信权威，也无学术成见，他在开展研究前全盘清理了已有材料和研究成果；还由于他能够上下贯通，所以得出了北魏洛阳城总体上属于中国古代都城规划传统体系的认识，这当然是非常了不起的。

在具体的学术贡献方面，最值得称说的还是佐川对北魏洛阳城中轴线的复原。北魏洛阳城研究备受中外学者关注，其在中国古代都城史中的地位无须多说。上世纪70年代宿白先生率先根据汉魏洛阳城考古调查报告、亲身踏勘所识，并利用《洛阳伽蓝记》《魏书》等文献，结合地名学等知识，对北魏洛阳城进行了复原，其成果以《北魏洛阳城与北邙陵墓——鲜卑遗迹辑录之三》一文发表，[①]产生了巨大影响，成为中国学者关于北魏洛阳城最基本的知识。后来北魏洛阳外郭城考古工作的开展，与宿白的论述有很大关系，但外郭城的勘探结果与宿白的复原也有不尽吻合之处。遗憾的是，中国考古学者和历史学者均未对此予以重视。坦率地说，没有认识到其中蕴含的重大学术价值。宿白后来将主要精力移至佛教考古，对此也未再进行研究。佐川最初是奉业师中村圭尔先

---

① 宿白：《北魏洛阳城与北邙陵墓——鲜卑遗迹辑录之三》，《文物》1978年第7期，第42~52页。

生之命为相关会议准备一篇论文，但他的睿智、细致以及怀疑精神和对中国中古都市的通盘考虑，使他很快意识到北魏洛阳城是严格按照太极殿——圆丘这一中轴线建立的，北魏里坊是按照北魏尺度而不是汉代尺度建设的，这有效地解释了北魏洛阳城东西郭城墙都超出宿白复原案的现象，也解释了北魏沿用的汉代地名难以与北魏洛阳城充分契合的现象。

北魏洛阳城太极殿——圆丘中轴线是中国古代都城中第一条真正的完整的中轴线，这条中轴线决定了都城中官府、礼制建筑、里坊等各种建置的配置，这在一定程度上是中国古代社会发展状况的一个反映，也是对北魏历史地位的重要说明，因此佐川的这个发现和研究是很大的贡献。

佐川读书细致，又能牢牢抓住关键、可靠史料，对前人复原方案与史料之间的矛盾不是轻轻放过，而是深挖猛掘，进而寻求更合理的解释。这种对关键、可靠史料的笃信和竭泽而渔不只是一种能力，更是一种史识。但与这种在史料鉴别和运用上的史识相比，佐川对都城中轴线的高度重视和利用中轴线统领各种具体考古发现，才是更重要、更高等级的史识。严格地说，从太极殿到圆丘这条中轴线不是佐川首先发现的，也不是他首先应用于学术研究之中的，但其他学者都没有像佐川这么认真、这么重视。没有这么认真、这么重视的原因，大概还是对中轴线在中国古代都城发展史中的意义估计不足。

佐川不迷信前辈学者，将前辈学者的研究成果、新考古发现与旧有史料重新置于同一平面之上加以讨论，这是佐川学术上的"唯物主义"和平等精神的体现，这是比佐川的具体研究成果更加了不起的地方，也是更值得中国学者学习的地方。洛阳城考古工作是由中国人进行的，《洛阳伽蓝记》等史书中国人阅读起来更容易点，理应中国学者再次率先对洛阳城的复原提出新意见来，但中国学者没有做到。能力之外，对前辈学者研究成果不能以平等心看待恐怕也是主要原因之一。

同样需要指出的是，佐川的复原固然成绩很大，但引发他再度进行复原的主要契机不是对文献的细抠，而是考古上的新成果。洛阳外郭城考古结果与宿白复原方案不完全契合，是佐川发现问题、进而提出新复原方案的基本动因。如果没有考古新成果，佐川的新研究大概无从谈起。在这个意义上，佐川的复原工作是宿白复原工作的延续，二者能够取得很大成就，都是最大程度地利用了当时最新的考古成果。上个世纪70年代时，宿白能够利用的考古成果只有汉魏洛阳大城轮廓的考古勘探报告，外郭城、里坊的考古工作不用说进行，就是这些概念也无人谈及。在这种情况下，宿白利用史料对外郭城进行了复原，这是非常了不起的前瞻性贡献。今日所强调的一些细微而关键的文献资料如七里桥之东一里为东郭门、张方沟在阊阖门外七里，即便当时意识到有难解之处，也根本不可能解决。可以说，宿白做了他那个时代能够做到的事情。每个学者应该做但也只能做他那个时代的事情，宿白不能例外，佐川同样也不可能例外。

佐川的研究再度提示了历史时期考古研究中，考古发掘和文献资料研读的不可偏废，对两类资料的研读也没有止境。在这一点上，佐川也与宿白是一致的。宿白的复原是基础，佐川的复原修正了宿白的复原，使北魏洛阳城研究达到一个新高度，也使史学与考古学的融合达到一个新的高度，因此说，佐川的研究既别开生面，又后出转精。

当然，佐川的研究不可能尽善尽美。在笔者看来，至少以下两个方面还有拓展空间，其中一个方面还值得继续讨论，一个方面可以进行补充。

值得继续讨论的是南朝建康城与北魏洛阳城的关系问题。文献中对北魏洛阳城曾受到南方建康城的影响有明确记载，佐川对此持不同意见。佐川将建康城归入旧式的汉代都城系统，其特点是围绕五郊发展出环形城市空间，都城中轴线的意义不很强烈，这个认识的说服力可能不那么强。站在北魏洛阳城的角度，很容易看出其他都城与北魏洛阳城的差异，也很想寻找其他都城不同于北魏洛阳城的原因所在。由于佐川对北魏洛阳城的研究主要立足于礼仪，所以对其他都城的讨论也会不自觉地立足于礼仪，但这可能是不完全合适的。建中立极的观点至少在西周时期已经产生，建筑和道路呈对称布局先秦时期也已出现，礼制建筑"走向南郊"在西汉也已基本完成，但两汉魏晋都没有创造出严整的北魏洛阳城式的都城，大概相差的不是观念，而是不具备实现的条件。汉长安洛阳城都继承的是历史老城，魏晋又受限于国力，不能像北魏洛阳城那样"为所欲为"。南方的建康城主要受制于地形因素，建康城中平坦之处有限，丘陵之外，又有河流纵横其间，尽管如此，仍在朱雀门南五里开外遥立国门。因此，虽然实际地形不允许一条长十二至十三里的笔直平坦大道的存在，但这条观念上的中轴线是明确的。从文献记载来看，建康城的中轴线至少明确存在于从大司马门到朱雀门之间，这条长达七里的中轴线对北魏洛阳城产生了影响似乎没有什么不可以。换位思考，如果孝文帝在建康进行都城建设，恐怕也无法将北魏洛阳城完全复制到建康来，但其观念可能不会放弃，只是以变通的方式加以表达。

可进行补充的是对北魏洛阳城总体上没有超出中国古代都城规划的传统体系的论证。佐川对此似乎并没有专门的论证，这其实不足以打消那波利贞观点追随者的质疑。佐川对北魏洛阳城特质的强调甚至会加强北魏不同于汉晋，因而与北方胡族关系紧密的信念。不清楚佐川是否对这个问题另有考虑，但至少从这一著作的名称《中国古代都城的设计和思想——圆丘祭祀历史的展开》以及具体的讨论来看，佐川确实只关心了都城。不能说佐川是都城单线进化论者，但只要我们将眼光略微放开到都城以外的汉代城市，就可以发现北魏洛阳城这种严整的布局方式在汉代甚至更早的时期就已存在，可以举出的例子很多，比如山东高密城阴城、安徽固镇谷阳城等汉城。由自然聚落发展成的城市之外，人为规划的华北地区古代城市基本都是方形（含长方形），这是与中国古代房屋与院落以方形为主，以及里坊本身基本为方形相应的。汉长安、洛阳城不是新规划的城市，其中轴线只能在南部展开，但形成了比较严整的布局。如果将比较严整的汉代地方城市与汉长安、洛阳城的南郊相加，这几乎就是一个北魏洛阳城了。在这个意义上，可以更清楚地看出北魏洛阳城确是一个历史发展的产物，它的礼制色彩需予重视，但不宜过高估计。

编辑后记

魏 斌

本刊由中国魏晋南北朝史学会编辑，是1984年草创、2004年暂停编印的《魏晋南北朝史通讯》的复刊。复刊首卷的编辑工作，从确定体例到稿件约审，均由编委会同仁集思广益，分头承担，共同完成。楼劲先生仔细通读全卷初稿，提出了细致的修改意见。戴卫红女史操持编委会各项集议和联络杂务，花费精力尤多。在此谨向为本卷编辑付出诸多心血的同仁致以诚挚的谢意，同时也期待学界师友的批评指正，让这份同仁刊物能够越办越好。

2020年2月19日，武汉围城之中